Die Bürgschaft im deutsch-italienischen Rechtsverkehr

AF819641

Europäische Hochschulschriften
Publications Universitaires Européennes
European University Studies

Reihe II
Rechtswissenschaft

Série II Series II
Droit
Law

Bd./Vol. 3755

PETER LANG
Frankfurt am Main · Berlin · Bern · Bruxelles · New York · Oxford · Wien

Jürgen Reiß

Die Bürgschaft im deutsch-italienischen Rechtsverkehr

PETER LANG
Europäischer Verlag der Wissenschaften

Bibliografische Information Der Deutschen Bibliothek
Die Deutsche Bibliothek verzeichnet diese Publikation in der Deutschen Nationalbibliografie; detaillierte bibliografische Daten sind im Internet über <http://dnb.ddb.de> abrufbar.

Zugl.: Heidelberg, Univ., Diss., 2003

D 16
ISSN 0531-7312
ISBN 3-631-51351-8

© Peter Lang GmbH
Europäischer Verlag der Wissenschaften
Frankfurt am Main 2003
Alle Rechte vorbehalten.

Das Werk einschließlich aller seiner Teile ist urheberrechtlich geschützt. Jede Verwertung außerhalb der engen Grenzen des Urheberrechtsgesetzes ist ohne Zustimmung des Verlages unzulässig und strafbar. Das gilt insbesondere für Vervielfältigungen, Übersetzungen, Mikroverfilmungen und die Einspeicherung und Verarbeitung in elektronischen Systemen.

www.peterlang.de

Vorwort

Die vorliegende Arbeit wurde im Mai 2000 an der juristischen Fakultät der Universität Heidelberg als Dissertation eingereicht.

Danken möchte ich zunächst Herrn Prof. Dr. Herbert Kronke, welcher die Arbeit betreut hat.

Meinem Freund und Studienkollegen Herrn Priv. Doz. Dr. Matthias Casper danke ich für seine ständige Gesprächsbereitschaft sowie die wertvollen Anregungen.

Während der gesamten Zeit des Schreibens an dieser Arbeit hat meine Ehefrau Mitra Reiß-Sufi als verständnisvolle Partnerin zur Erstellung der Arbeit beigetragen.

Ebensolcher Dank gebührt meinen Eltern, welche mir das Gelingen der Arbeit, durch die gerade in der Anfangsphase notwendige Bereitstellung finanzieller Mittel, ermöglicht haben.

Nicht unerwähnt bleiben darf auch die Unterstützung meines gesamten Mitarbeiterteams, insbesondere Herrn Rechtsanwalt Holger Siegwart.

Widmen möchte ich die Arbeit meiner Frau und meinen Eltern.

Karlsruhe, im Mai 2003 — Jürgen Reiß

Gliederung

Literaturverzeichnis

Azara, Antonio/Eula, Ernesto: Novissimo Digesto Italiano, Band 7, Hrsg.: Azara - Eula, Stichwort: Fideiussione (diritto civile), Bearbeiter: Ravazzoni, Turin 1961, *zitiert: Ravazzoni*, Fideiussione, in: Novissimo Digesto Italiano

Balladore Pallieri, Giorgio: Diritto internazionale privato italiano, in: Trattato di diritto civile e commerciale, Band XLV, Mailand 1974, *zitiert: Balladore Pallieri*

Ballarino, Tito: Diritto internazionale privato, 3. Auflage, Padua 1999, *zitiert: Ballarino*

Bar, Christian von: Internationales Privatrecht, 2. Band, Besonderer Teil, 1. Auflage, München 1991, *zitiert: v. Bar* IPR

Baratta, Roberto: Il collegamento più stretto nel diritto internazionale privato dei contratti, 1. Auflage, Mailand 1991, *zitiert: Baratta* Collegamento più stretto

Baratta, Roberto: Sull'adattamento del diritto interno alla Convenzione di Roma del 1980, in: Riv. Dir. Int. 1993, S. 118 ff., *zitiert: Baratta* Riv. Dir. Int.

Barbero, Domenico: Il sistema del diritto privato, 1. Auflage, Turin 1988, *zitiert: Barbero*

Bauer, Max: Italienisches Zivilgesetzbuch – Codice Civile, 2. Auflage, Bozen 1992, *zitiert: Bauer* Cod. Civ.

Baumbach, Adolf/Hefermehl, Wolfgang: Wechselgesetz und Scheckgesetz, 19. Auflage, München 1995, *zitiert: Baumbach/Hefermehl*

Baur, Jürgen/ Stürner, Rolf: Sachenrecht, 17. Auflage, München 1999, *zitiert: Baur/Stürner*

Bayer, Walter: Der Ausgleich zwischen Höchstbetragsbürgen, in: ZIP 1990, S. 1523 ff., *zitiert: Bayer* ZIP

Beemelmans, Hubert: Das Statut der cessio legis, der action directe und der action oblique, in: RabelsZ 29 (1965), S. 511 ff., *zitiert: Beemelmans* RabelsZ

Berensmann, Wolfgang: Bürgschaft und Garantievertrag im englischen und deutschen Recht, 1. Auflage, Berlin 1986, *zitiert: Berensmann*

Behrens, Peter: Der ausländische Enteignungsstaat als Bürgschaftsgläubiger des Enteigneten, in: IPRax 1989, S. 217 ff., *zitiert: Behrens* IPRax

Betta, Linda: Sulla legge applicabile alle obbligazioni principali e alle obbligazioni accessorie, in: Giur. it. 1955, Spalte 899 ff., *zitiert: Betta* Giur. it.

Bianca, Cesare Massimo/Giardina, Andrea: Convenzione sulla legge applicabile alle obbligazioni contrattuali (Roma, 19 Giugno 1980) – Commentario, in: Le nuove leggi civili commentate, Band 2, Padua 1995, *zitiert: Bearbeiter* Convenzione di Roma

Birk, Rolf: Das Handelsvertreterrecht im deutsch-italienischen Wirtschaftsverkehr, in ZVglRW 79 (1980), *zitiert: Birk* ZVglRW

Bodenstein, Friedel/Jahn, Uwe: Kreditsicherung im Geschäftsverkehr mit dem Ausland, Band 2: Italien, 1. Auflage, Köln 1980, *zitiert: Bodenstein/Jahn*

Bonelli, Franco: Le garanzie bancarie nel commercio internazionale, in: Diritto del commercio internazionale, pratica internazionale e diritto interno, 1. Auflage, Mailand 1987, *zitiert: Bonelli* Garanzie bancarie

Bozzi, Giuseppe: La fideiussione, le figure affini e l'anticresi, in: Trattato di diritto privato – Obbligazioni e contratti, Band 5, Turin 1985, *zitiert: Bozzi*

Calia, Caterina: Bankvertrag und Höchstbetragsbürgschaft im neuen italienischen Transparenzgesetz, in: RIW 1994, S. 550 ff., *zitiert: Calia* RIW

Carpi, Federico/Taruffo, Michele: Codice di Procedura Civile, Commentario Breve, Padua 1995, zitiert: *Carpi/Taruffo*

Caemmerer, Ernst von/Schlechtriem, Peter: Kommentar zum einheitlichen UN-Kaufrecht – CISG, 1. Auflage, München 1990, *zitiert: v. Caemmerer/Schlechtriem*

Cian, Giorgio/Trabucchi, Alberto: Commentario breve al codice civile, 4. Auflage, Padua 1992, *zitiert:* Cian/Trabucchi/*Bearbeiter*[4]

Cian, Giorgio/Trabucchi, Alberto: Commentario breve al codice civile, 5. Auflage, Padua 1997, *zitiert:* Cian/Trabucchi/*Bearbeiter*

Cian, Giorgio/Trabucchi, Alberto: Commentario breve al codice civile, 6. Auflage, Padua 2001, *zitiert:* Cian/Trabucchi/*Bearbeiter*[6]

Ciappi, Salvatore: Anmerkung zu Cass., Urt. v. 8.6.1979, in: Foro It. 1980 I, Spalte 152 ff., *zitiert: Ciappi* Foro It.

De Semo, Giorgio: Trattato di diritto cambiario, 3. Auflage, Padua 1963, *zitiert: De Semo*

Di Giovanni, Francesco: Le lettere di patronage, 4. Auflage, Padua 1984, *zitiert: Di Giovanni*

Di Majo, Adolfo: La fideiussione „omnibus" e il limite della buona fede, Foro It. 1989 I, Spalte 2753 ff., *zitiert: Di Majo* Foro It.

Distaso, Nicola: Rassegna di giurisprudenza, in: Banca borsa 1967 I, S. 528 ff., *zitiert: Distaso* Banca borsa

Donati, Antigono: Trattato del diritto delle assicurazioni private, 3. Band, Mailand 1956, *zitiert: Donati*

Esser, Josef/Weyers, Hans-Leo: Schuldrecht, Band II, Besonderer Teil, 7. Auflage, Heidelberg 1991, *zitiert: Esser/Weyers*

Ferid, Murad: Internationales Privatrecht, 3. Auflage, Frankfurt a.M. 1986, *zitiert: Ferid*

Fikentscher, Wolfgang: Schuldrecht, 6. Auflage, Berlin – New York 1976, *zitiert: Fikentscher*
Finger, Peter: Die Konkurrenz der Rückgriffsansprüche von Pfandschuldner und Bürge, in: BB 1974, S. 1416 ff., *zitiert: Finger* BB
Firsching, Karl/Hoffmann, Bernd von: Internationales Privatrecht, 4. Auflage, München 1995, *zitiert: Firsching* IPR
Fischer, Gero: Aktuelle Rechtsprechung des Bundesgerichtshofs zur Bürgschaft und zum Schuldbeitritt, in: WM 1998, S. 1705 ff., *zitiert: Fischer* WM
Fischer, Gero: Die Bürgschaft zwischen Dogmatik, Verbraucherschutz und Praxis, in: WM 2000, S. 14 ff., *zitiert: Fischer* WM
Fleischer, Holger: Gegenwartsprobleme der Patronatserklärung im deutschen und europäischen Privatrecht, in: WM 1999, S. 666 ff., *zitiert: Fleischer* WM
Fragali, Michele: Assicurazione del credito, in: Enciclopedia del diritto III, Mailand 1958, *zitiert: Fragali* Voce Assicurazione del credito
Fragali, Michele: Fideiussione (dir. priv.), in: Enciclopedia del diritto, Band XVII, Varese 1968, *zitiert: Fragali* Voce Fideiussione
Fragali, Michele: Del mandato di credito, in: Commentario del Codice Civile a cura di Antonio Scialoja e Giuseppe Branca, Libro Quatro – Delle Obbligazioni, Art. 1936-1959, Bologna – Rom 1957, *zitiert: Fragali* Del mandato di credito
Fragali, Michele: Il richiamo a norme dell'avallo nel regolamento convenzionale della fideiussione, in: Banca borsa 1967 I, S. 313 ff., *zitiert: Fragali* Banca borsa
Fürnrohr, Gerhart: Das Devisenrecht im deutsch-italienischen Wirtschaftsverkehr, Dissertation, Augsburg 1984, *zitiert: Fürnrohr* Devisenrecht
Gaja, Giorgio: La riforma del diritto internazionale privato e processuale, 1. Auflage, Mailand 1994, *zitiert: Gaja* Riforma
Gazzoni, Francesco: Manuale di diritto privato, 2. Auflage, Neapel – Rom 1990, *zitiert: Gazzoni*
Geimer, Reinhold: Internationales Prozeßrecht, 2. Auflage, Köln 1993, *zitiert: Geimer* IZPR
Geimer, Reinhold/Schütze, Rolf: Internationale Urteilsanerkennung, Systematischer Kommentar, 1. Halbband, München 1983, *zitiert: Geimer/Schütze,* 1. Band
Geimer, Reinhold/Schütze, Rolf: Internationale Urteilsanerkennung, Systematischer Kommentar, 2. Halbband, München 1984, *zitiert: Geimer/Schütze,* 2. Band
Giardina, Andrea: La convenzione comunitaria sulla legge applicabile alle obbligazioni contrattuali e il diritto internazionale privato italiano, in: Riv. Dir. Int 1981, S. 795 ff., *zitiert: Giardina* Riv. Dir. Int.

Giardina, Andrea/Villani, Ugo: Garanzie bancarie, commercio internazionale e diritto internazionale privato, 1. Auflage, Padua 1984, *zitiert: Giardina/ Villani* Garanzie bancarie

Habersack, Mathias: Der Regreß bei akzessorischer Haftung, in: AcP 198 (1998), S. 152 ff., *zitiert: Habersack* AcP

Habersack, Mathias: Die Akzessorietät – Strukturprinzip der europäischen Zivilrechte und eines künftigen europäischen Grundpfandrechts, in: JZ 1997, S. 857 ff., *zitiert: Habersack* JZ

Halem, Carl von: Kreditversicherung, Schriftenreihe „Die Versicherung", Band 2, Wiesbaden 1964, *zitiert: von Halem*

Hanisch, Hans: Bürgschaft mit Auslandsbezug, in: IPRax 1987, S. 47 ff., *zitiert: Hanisch* IPRax

Hefermehl, Wolfgang: Wechselgesetz und Scheckgesetz, 18. Auflage, München 1993, *zitiert: Hefermehl*

Hohloch, Gerhard: Anmerkung zu BGH, Urt. v. 28.4.1988 – IX ZR 127/87, in: JuS 1998, S. 991, *zitiert: Hohloch* JuS

Horn, Norbert: Bürgschaft und Garantien, RWS-Skript, 7. Auflage, Köln 1997, *zitiert: Horn* Bürgschaft und Garantien

Hüffer, Uwe: Die Ausgleichung bei dem Zusammentreffen von Bürgschaft und dinglicher Kreditsicherung als Problem der Gesamtschuldlehre, in: AcP 171 (1971), S. 470 ff., *zitiert: Hüffer* AcP

Jayme, Erik: Anmerkung zu BGH, Urt. v. 3.12.1971 – V ZR 126/69, in: NJW 1972, S. 1618 f., *zitiert: Jayme* NJW

Jayme, Erik: Rechtshängigkeit kraft Verbunds im Ausland und inländisches gesondertes Unterhaltsverfahren, in: IPRax 1987, S. 295 ff., *zitiert: Jayme* IPRax

Jayme, Erik: L'articolo 10 della Convenzione di Roma del 1980 e l'arricchimento senza causa nel diritto internazionale privato, in: L'unificazione del diritto internazionale privato e processuale – Studi in memoria di Mario Giuliano, Padua 1989, S. 523 – 528, *zitiert: Jayme*, Studi in memoria di Mario Giuliano

Jochem, Reiner: Anmerkung zu BGH, Urt. v. 15.11.1976 – VIII ZR 76/75, in: NJW 1977, S. 1012 f., *zitiert: Jochem* NJW

Kaiser, Andreas: Italienische Rechtsprechung zum Handels- und Wirtschaftsrecht, in: RIW 1994, S. 781 ff., *zitiert: Kaiser* RIW

Kartzke, Ulrich: Renvoi und Sinn der Verweisung, in: IPRax 1988, S. 8 ff., *zitiert: Kartzke* IPRax

Kegel, Gerhard: Internationales Privatrecht, 7. Auflage, München 1995, *zitiert: Kegel* IPR

Kindler, Peter: Einführung in das italienische Recht, in: Schriftenreihe der Juristischen Schulung, 1. Auflage, München 1993, *zitiert: Kindler* Einführung

Kindler, Peter: Internationale Zuständigkeit und anwendbares Recht im italienischen IPR-Gesetz von 1995, in: RabelsZ 61 (1997), S. 227 ff., *zitiert: Kindler* RabelsZ

Kothe, Wolfhard: Die Stellung des Schuldbeitritts zwischen Bürgschaft und Schuldübernahme, in: JZ 1990, S. 997 ff., *zitiert: Kothe* JZ

Kreft, Gerhart: Die Rechtsprechung des Bundesgerichtshofs zur Bürgschaft, WM 1997, Sonderbeilage Nr. 5, *zitiert: Kreft* WM-Sonderbeilage 5/1997

Kropholler, Jan: Europäisches Zivilprozeßrecht, Kommentar zum EuGVÜ, 5. Auflage, Heidelberg 1995, *zitiert: Kropholler* EuGVÜ

Kropholler, Jan: Internationales Privatrecht, 2. Auflage, Tübingen 1994, *zitiert: Kropholler* IPR

Kühne, Gunther: Anmerkung zu BGH, Urt. v. 15.11.1976 – VIII ZR 76/75, in: JZ 1977, S. 439 ff., *zitiert: Kühne* JZ

Larenz, Karl: Lehrbuch des Schuldrechts, Band II, Besonderer Teil, 12. Auflage, München 1981, *zitiert: Larenz* SchR II

Larenz, Karl/Canaris, Claus Wilhelm: Lehrbuch des Schuldrechts, Zweiter Band, Besonderer Teil, 2. Halbband, 13. Auflage, München 1994, *zitiert: Larenz/ Canaris* SchR II/2

Letzgus, Ernst: Die Bürgschaft, in: RabelsZ 3 (1929), S. 827 ff., *zitiert: Letzgus* RabelsZ

Luzzatto, Ricardo: Stati giuridici e diritti assoluti nel diritto internazionale privato, Mailand 1965, *zitiert: Luzzatto*

Mallmann, Gangolf: Devisenrecht und internationales Privatrecht, Dissertation, Bonn 1972, *zitiert: Mallmann*

Max-Planck-Institut für Ausländisches und Internationales Privatrecht, Hamburg: Die Bürgschaft im Recht der Mitgliedstaaten der Europäischen Gemeinschaften, Reihe Wettbewerb – Rechtsangleichung Nr. 14, Brüssel 1971, *zitiert: Max-Planck-Institut (Hrsg.)* Die Bürgschaft im Recht der Mitgliedstaaten

Matscher, Franz: Einige Probleme der internationalen Urteilsanerkennung und -vollstreckung, in: ZZP 86 (1979), 404 ff., *zitiert: Matscher* ZZP

Meyer, Doris Maria: Der Regreß im internationalen Privatrecht, Dissertation, Zürich 1981, *zitiert: Meyer* Regreß im IPR

Micklitz, Hans.W./Brunetta d'Usseaux: Die Umsetzung der Richtlinie 93/13 in das italienische Recht, in: ZEuP 1998, S. 104 ff.

Minervini, Gustavo: Il mandato, la commissione, la spedizione, 2. Auflage, Turin 1957, *zitiert: Minervini*

Mosconi, Franco: Diritto internazionale privato e processuale, 2. Auflage, Turin 2002, *zitiert: Mosconi*

Münchener Kommentar: Münchener Kommentar zum Bürgerlichen Gesetzbuch, 3. Auflage, München 1993 ff., zitiert: MK/*Bearbeiter*

Navarrini, Umberto/Provinciali, Renzo: La cambiale e l'assegno bancario, 2. Auflage, Rom 1950, *zitiert: Navarrini/Provinciali*

Palandt: Bürgerliches Gesetzbuch, 47. Auflage, München 1988, *zitiert:* Palandt[47]/ *Bearbeiter*

Palandt: Bürgerliches Gesetzbuch, 59. Auflage, München 2000, *zitiert:* Palandt/ *Bearbeiter*

Pape, Gerhard: Die Entwicklung des Bürgschaftsrechts im Jahre 1995, in: NJW 1996, S. 887 ff., *zitiert: Pape* NJW

Patti, Salvatore: Sull'efficacia probatoria del telefax, in: Banca borsa 1990 I, S. 432 ff., *zitiert: Patti* Banca borsa

Pesce, Angelo: Die Reform des italienischen internationalen Privat- und Verfahrensrechts, in: RIW 1995, S. 977 ff., *zitiert: Pesce* RIW

Portale, Giuseppe B.: Nuovi sviluppi del contratto autonomo di garanzia, in: Banca borsa 1985 I, S. 169 ff., *zitiert: Portale* Banca borsa

Portale, Giuseppe B./Dolmetta, Aldo: Neueste Entwicklungen des italienischen Bankrechts, in: Jahrbuch für Italienisches Recht, Band 5, Heidelberg 1992, *zitiert: Portale/Dolmetta* Jahrbuch

Raape, Leo: Internationales Privatrecht, 5. Auflage, Berlin – Frankfurt a.M. 1961, *zitiert: Raape*

Reithmann, Christoph/Martiny, Dieter: Internationales Vertragsrecht, 4. Auflage, Köln 1988, *zitiert: Reithmann/Martiny*

Rescigno, Pietro: Le fonti del diritto italiano – Codice Civile, 2. Auflage, Mailand 1993, *zitiert: Rescigno* Cod. Civ., 2. Aufl.

Rescigno, Pietro: Le fonti del diritto italiano – Codice Civile, 3. Auflage, Mailand 1997, *zitiert: Rescigno* Cod. Civ.

Riehle, Gerhard: Markenrecht und Parallelimport, Stuttgart 1968, *zitiert: Riehle*

Rodotà, Stefano: Voce Espromissione, in: Enciclopedia del diritto, Band XV, Mailand 1966, *zitiert: Rodotà* Voce Espromissione

Schäfer, Carsten: Die harte Patronatserklärung – vergebliches Streben nach Sicherheit?, in: WM 1999, S. 153 ff., *zitiert: Schäfer* WM

Schefold, Dietrich: Neue Regelungen im französischen Bürgschaftsrecht, in: WM 1985, S. 1517 ff., *zitiert: Schefold* WM

Schmidt, Martin: Bestimmende Schriftsätze und eingescannte Unterschrift – Wahrung der Schriftform?, in: BB 1999, S. 1125 ff., *zitiert: Schmidt* BB

Schwachheim, Jürgen: Abschied vom Telefax im gerichtlichen Verfahren?, in: NJW 1999, S. 621 ff., *zitiert: Schwachheim* NJW

Schwung, Siegfried: Ordre public bei Anwendung inländischen materiellen Rechts mit Auslandsbezug?, in: RIW 1989, S. 482 ff., *zitiert: Schwung* RIW 1989, 482 ff.

Seipen, Christoph von der: Bürgschaften für zukünftige Verbindlichkeiten und Sorgfaltspflichten der Bank bei Erweiterung des Kredits im italienischen Recht – Tendenzen der Rechtsprechung, in: Jahrbuch für Italienisches Recht, Band 5, Heidelberg 1992, *zitiert: Seipen* Jahrbuch

Severain, Vero: Die Bürgschaft im deutschen internationalen Privatrecht, Dissertation, Mainz 1990, *zitiert: Severain* Bürgschaft

Soergel, Hans Theodor: Bürgerliches Gesetzbuch, Band 8, Einführungsgesetz, 11. Auflage, Stuttgart 1983, *zitiert:* Soergel/*Bearbeiter*

Soergel, Hans Theodor: Bürgerliches Gesetzbuch, 10. Auflage, Stuttgart 1969, *zitiert:* Soergel^{10}/*Bearbeiter*

Staub, Hermann: Handelsgesetzbuch – Großkommentar, 4. Auflage, Berlin – New York 1995, *zitiert:* Staub/*Bearbeiter*

Staudinger, Julius von: Julius von Staudingers Kommentar zum Bürgerlichen Gesetzbuch – mit Einführungsgesetz und Nebengesetzen, 10/11. Auflage, Berlin 1973 ff., *zitiert:* Staudinger/*Bearbeiter*

Staudinger, Julius von: Julius von Staudingers Kommentar zum Bürgerlichen Gesetzbuch – mit Einführungsgesetz und Nebengesetzen, 12. Auflage, Berlin 1980 ff., *zitiert:* Staudinger^{12}/*Bearbeiter*

Staudinger, Julius von: Julius von Staudingers Kommentar zum Bürgerlichen Gesetzbuch – mit Einführungsgesetz und Nebengesetzen, 13. Auflage, Stuttgart 1988 ff., *zitiert:* Staudinger^{13}/*Bearbeiter*

Stoll, Hans: Kollisionsrechtliche Fragen beim Komissionsgeschäft, in: RabelsZ 24 (1959), S. 601 ff., *zitiert: Stoll* RabelsZ

Tiedtke, Klaus: Die Rechtsprechung des Bundesgerichtshofs zum Bürgschaftsrecht seit 1980, in: ZIP 1986, S. 69 ff., *zitiert: Tiedtke* ZIP

Treves, Tullio: Il controllo dei cambi nel diritto internazionale privato, 1. Auflage, Padua 1967, *zitiert: Treves*

Ulmer, Peter/Brandner, Hans Erich/Hensen, Horst-Dieter: AGB-Gesetz: Kommentar zum Gesetz zur Regelung des Rechts der Allgemeinen Geschäftsbedingungen, 7. Auflage, Köln 1993, *zitiert: Ulmer/Brandner/Hensen* AGBG

Vacarella, Romano: Sull'efficacia probatoria della copia fotografica di scittura privata, in: Riv. dir. proc. 1969, S. 249 ff., *zitiert: Vacarella* Riv. dir. proc.

Venturini, Giancarlo: Diritto internazionale privato – diritti reali ed obbligazioni, in: Trattato di diritto internazionale, 1. Auflage, Padua 1956, *zitiert: Venturini*

Viale, Mirella: Le Garanzie Bancarie, in: Trattato di diritto commerciale e di diritto pubblico dell'economia, Band 18, Padua 1994, *zitiert: Viale* Garanzie bancarie

Vitta, Edoardo: Diritto internazionale privato, Band 1, 5. Auflage, Turin 1982, *zitiert: Vitta*

Vitta, Edoardo/Mosconi, Franco: Corso di diritto internazionale privato e processuale, 5. Auflage, Turin 1994, *zitiert: Vitta/Mosconi*

Wandt, Manfred: Zum Rückgriff im internationalen Privatrecht, in: ZVglRW 86 (1987), S. 272 ff., *zitiert: Wandt* ZVglRW 86 (1987)

Wengler, Wilhelm: Die Vorfrage im Kollisionsrecht, in: RabelsZ 8 (1934). S. 151 ff., *zitiert: Wengler* RabelsZ

Westphalen, Friedrich Graf von: Die Bankgarantie im internationalen Handelsverkehr, 2. Auflage, Heidelberg 1990, *zitiert: v. Westphalen* Bankgarantie

Winkler, Karl: Beurkundung im Ausland bei Geltung deutschen Rechts, in: NJW 1977, S. 981 ff., *zitiert: Winkler* NJW

Wolf, Manfred: Mitbürgen als Gesamtschuldner und Nebenschuldner, in: NJW 1987, S. 2472 ff., *zitiert: Wolf* NJW

Wolff, Martin: Das internationale Privatrecht Deutschlands, 3. Auflage, Berlin – Göttingen – Heidelberg 1954, *zitiert: Wolff*

1. Teil: Einleitung und Abgrenzung des Themas

§ 1 Einleitung

I. Untersuchungsgegenstand und Anliegen der Arbeit

Die Bürgschaft ist die wichtigste Form der Personalsicherheiten. Sie ist vom Grundsatz der Akzessorietät beherrscht. Darunter versteht man, daß das Entstehen und Fortbestehen der Bürgschaft von der wirksamen Begründung einer Hauptforderung und deren weiteren Entwicklung abhängt. Ferner besteht auch zwischen der Durchsetzbarkeit von Hauptforderung und Bürgschaft ein Abhängigkeitsverhältnis.[1] In der Praxis erfreut sich die Bürgschaft im Gegensatz zu anderen dinglich-akzessorischen Sicherungsrechten, wie dem Pfandrecht und der Hypothek, die weitgehend durch die abstrakten Sicherungsmittel der Sicherungsübereignung und der Grundschuld verdrängt worden sind, weiterhin großer Beliebtheit. Und dies, obwohl auch die Bürgschaft in Deutschland[2] in Form der Garantie ein nichtakzessorisches Gegenstück kennt. Von der Bedeutung der Bürgschaft zeugt nicht zuletzt die Vielzahl gerichtlicher Entscheidungen, die jedes Jahr zu diesem Rechtsinstitut ergehen.[3] Im Zeitalter zunehmender internationaler Verflechtungen und der fortschreitenden Vollendung des europäischen Binnenmarktes bleibt es nicht aus, daß immer häufiger Bürgschaften mit grenzüberschreitenden Sachverhalten abgeschlossen werden. Zum einen ist es möglich, daß die Vertragspartner des Haupt- oder des Bürgschaftsvertrages unterschiedlichen Rechtsordnungen unterstehen. Kollisionsrechtlich bedeutsamer ist aber das Auseinanderfallen des Statuts der Hauptschuld und das der Bürgschaft.[4] Ferner kann es vorkommen, daß für ein und dieselbe Hauptschuld mehrere Bürgschaften bestellt werden, wobei diese Mitbürgschaften dann unterschiedlichen Rechtsordnungen unterstehen, was insbesondere beim Mitbürgenausgleich zu kollisionsrechtlichen Problemen führen kann.

---

1 Zum Rechtsinstitut der Akzessorietät vgl. näher *Habersack* JZ 1997, 856, 862.

2 Zur Einordnung der Garantie in das Bürgschaftsrecht in Italien vgl. unten § 2 II 3.

3 Vgl. etwa die Rechtsprechungsübersichten bei *Fischer* WM 1998, 1705 ff., 1749 ff.; *Kreft* WM-Sonderbeilage 5/1997.

4 Zur selbständigen Anknüpfung von Hauptvertrags- und Bürgschaftsstatut vgl. unten §§ 3 I, 5 I.

Anliegen der vorliegenden Arbeit ist es, die kollisionsrechtlichen Probleme der Bürgschaft speziell im deutsch-italienischen Rechtsverkehr zu untersuchen. Nicht beabsichtigt ist es, eine rechtsvergleichende Untersuchung zur Bürgschaft in Deutschland und Italien zu erstellen, oder allen international-privatrechtlichen Problemen im Zusammenhang mit Bürgschaften im deutschen bzw. italienischen internationalen Privatrecht (IPR) nachzugehen. Diesbezüglich kann auf Vorarbeiten zurückgegriffen werden.[5] Vielmehr sind die Unterschiede im deutschen und italienischen Bürgschaftsrecht nur insoweit darzustellen, als sich hieraus möglicherweise kollisionsrechtliche Probleme gerade im deutsch-italienischen Rechtsverkehr ergeben. Ein Hauptaugenmerk gilt dabei dem materiellen Recht, daneben gilt es aber auch prozessuale Konflikte im Rahmen der Bürgschaft im deutsch-italienischen Rechtsverkehr zu untersuchen, um eine umfassende Bearbeitung der Fragestellungen zu gewährleisten.

Den Schwerpunkt der Untersuchung bilden praxisrelevante Fragestellungen. Der Verfasser hat sich bei führenden Großbanken, die im deutsch-italienischen Rechtsverkehr tätig sind, informiert, wo in der Bürgschaftspraxis am häufigsten kollisionsrechtliche Probleme auftauchen.[6] Ferner hat er deren Formularverträge ausgewertet. Bei dieser rechtstatsächlichen Untersuchung hat sich gezeigt, daß es bei Bürgschaftsverträgen mit Banken relativ selten zu kollisionsrechtlichen Streitigkeiten kommt. Dies liegt aber nicht etwa daran, daß kollisionsrechtliche Probleme im deutsch-italienischen Rechtsverkehr schon theoretisch nicht denkbar sind, sondern daran, daß sich die Banken durch entsprechende Rechtswahlklauseln hiervor weitgehend zu schützen wissen. Daß eine theoretische Fundierung dieser kollisionsrechtlichen Fragestellungen gleichwohl veranlaßt ist, zeigt sich an zweierlei: Zum einen können die Rechtswahlklauseln unwirksam sein, insbesondere dann, wenn sie durch Allgemeine Geschäftsbedingungen vereinbart wurden. Zum anderen ist zu bedenken, daß nicht nur Banken im deutsch-italienischen Rechtsverkehr Bürgschaften eingehen oder als Sicherheit verlangen. Auch von anderen gewerblich tätigen Wirtschaftssubjekten oder von Privatpersonen werden Bürgschaften übernommen, die deutsches wie italienisches Recht berühren. In diesen Fällen liegen regelmäßig keine ausgefeilten Formularverträge vor, die kollisionsrechtliche Konflikte weitgehend vermeiden. Dies gilt insbesondere bei der Bestellung mehrerer Bürgschaften für eine Hauptschuld, vor allem dann, wenn zwischen den Mitbürgen keine vertraglichen Beziehungen existieren und

---

5 Zur Rechtsvergleichung vgl. *Max-Planck-Institut (Hrsg.)* Die Bürgschaft im Recht der Mitgliedstaaten; zur Bürgschaft im IPR vgl. die Monographie von *Severain* Bürgschaft mit zahlreichen weiteren Nachweisen.

6 Insbesondere den Rechtsabteilungen der Deutschen Bank AG in Frankfurt und in Mailand sei an dieser Stelle für ihre Kooperationsbereitschaft gedankt.

diese oftmals gar nichts von der Existenz eines weiteren Mitbürgen wissen, der plötzlich von ihnen Regreß begehrt und seine Beziehung zum Hauptschuldner auf eine andere Rechtsordnung stützt. Gerade für diese Fallgestaltungen fehlt es bisher an einer eingehenden Untersuchung der Bürgschaft im deutsch-italienischen Rechtsverkehr. Ein besonderer Schwerpunkt wird deshalb auf die Untersuchung des Mitbürgenausgleichs zu legen sein.

II. Themenbegrenzung

Es ist bereits hervorgehoben worden, daß sich diese Arbeit auf die spezifischen kollisionsrechtlichen Probleme des deutsch-italienischen Rechtsverkehrs beschränkt und sich nicht als rechtsvergleichende Untersuchung des deutschen und italienischen Bürgschaftsrechts versteht.

Begrenzt wird die Arbeit ferner auf die Bürgschaft. Andere verwandte Formen von Personalsicherheiten können nicht berücksichtigt werden. Um den Untersuchungsgegenstand Bürgschaft näher einzugrenzen wird in einem ersten Kapitel die Bürgschaft von verwandten Personalsicherheiten unter Zugrundelegung des deutschen sowie des italienischen Rechts abgegrenzt.[7]

III. Gang der Untersuchung

Nach der bereits erwähnten Abgrenzung der Bürgschaft zu verwandten Rechtsinstituten im Rahmen der Themenbegrenzung, die mit dieser Einführung den ersten Teil der Arbeit bildet, gliedert sich die Arbeit in weitere drei Teile. Zunächst ist die Bürgschaft im deutschen internationalen Privatrecht näher zu verorten. Dabei ist herauszuarbeiten, wieso die Bürgschaft unabhängig vom Statut der Hauptschuld anzuknüpfen ist und welche Folgen dies mit sich bringt, wobei die Rechtswahl in einem eigenen Kapitel darzustellen ist. Daran anschließend ist die kollisionsrechtliche Anknüpfung der Bürgschaft im italienischen IPR nach dessen Reform durch das Gesetz Nr. 128 vom 31.5.1995 zu beleuchten. Nach dieser Fundierung der beiden Systeme zur Bestimmung des Sachrechts der Bürgschaft kann im vierten Teil der Arbeit, der zugleich den Hauptteil der Untersuchung bildet, den einzelnen kollisionsrechtlichen Problemen im deutsch-italienischen Rechtsverkehr nachgegangen werden. Dabei stehen zunächst Formprobleme im

---

7 Die nachfolgende Abgrenzung in § 2 hat also die Funktion einer Themenbegrenzung.

Zusammenhang mit dem Entstehen der Bürgschaft (§ 6) im Vordergrund. In dem anschließenden Kapitel (§ 7) geht es um den Ersatzanspruch des Bürgen gegen den Hauptschuldner, der entsteht, wenn der Bürge den Gläubiger anstelle des Hauptschuldners befriedigt hat. Insoweit ist zwischen vertraglichen Ersatzansprüchen infolge einer Abrede zwischen Hauptschuldner und Bürgen und dem Ersatzanspruch aufgrund der Legalzession nach § 774 BGB bzw. Art. 1205 cod. civ. zu unterscheiden. Ferner sind in diesem Zusammenhang auch Konkurrenzprobleme mit Ersatzansprüchen von anderen dinglichen Sicherungsgebern und deren kollisionsrechtliche Behandlung zu berücksichtigen. Im nächsten Kapitel (§ 8) untersucht die Arbeit die Frage, ob die deutschem Recht unterstehende, bereits erloschene Bürgschaft wieder auflebt, wenn die Hauptforderung infolge der Anwendbarkeit italienischen Konkursrechts wieder entsteht. Im folgenden neunten Kapitel wendet sich die Arbeit dem Mitbürgenregreß zu (§ 9). Dabei gilt das Hauptaugenmerk der Fragestellung, ob und inwieweit der den Gläubiger befriedigende Bürge von dem ausländischen Mitbürgen Regreß verlangen kann, wenn die Mitbürgschaft zwar nach dem Recht des leistenden Bürgen, das auch den Regreßanspruch begründet, wirksam ist, nach dem Bürgschaftsstatut des Mitbürgen jedoch nicht. Anschließend werden weitere Probleme infolge der unterschiedlichen Rechtsanwendung im Bürgschafts- und Hauptschuldverhältnis in Deutschland und Italien im Zusammenhang mit dem Entstehen und Fortbestehen der Bürgschaft untersucht, die vor allem aus den unterschiedlichen Regelungen über die Geschäftsfähigkeit und die Geltendmachung von Gestaltungsrechten des Hauptschuldners durch den Bürgen resultieren (§ 10). Danach werden in § 11 kollisionsrechtliche Probleme im Zusammenhang mit dem Parteiwechsel im Hauptschuldverhältnis untersucht. Schlußendlich werden die prozeßrechtlichen Konflikte bei Bürgschaftsprozessen und solche im Rahmen der Anerkennung und Vollstreckung einer Bürgschaftsentscheidung untersucht (§ 12). Die Arbeit schließt mit einer Zusammenfassung der wesentlichen Ergebnisse in Form von Thesen.

§ 2 Abgrenzung der Bürgschaft zu anderen Sicherungsrechten

I. Notwendigkeit einer Abgrenzung

1. Themenbegrenzung

Einleitend ist bereits darauf hingewiesen worden, daß die Abgrenzung der Bürgschaft zu anderen Erscheinungsformen der Personalsicherheit vonnöten ist, um den Untersuchungsgegenstand der Arbeit näher einzugrenzen. Dies gilt mit Blick auf den deutsch-italienischen Rechtsverkehr um so mehr, als in Italien der Begriff der Bürgschaft weiter verstanden wird. Dort ist die abstrakte Garantie als Unterfall der Bürgschaft entwickelt worden und nicht, wie in Deutschland, als eigenständiges Sicherungsrecht neben der Bürgschaft.

2. *Abstrakte Untersuchung von Kollisionsfällen*

Ferner besteht so die Möglichkeit, kollisionsrechtliche Probleme, die aus dem unterschiedlichen Bürgschaftsbegriff in Deutschland und Italien resultieren, aufzuzeigen. Die so gewonnenen kollisionsrechtlichen Probleme können dann, sofern sie auch eine Relevanz im deutsch-italienischen Rechtsverkehr aufweisen, dargestellt und erörtert werden.

II. Abgrenzung der Bürgschaft zu anderen Personalsicherheiten

Mit der Bürgschaft rechtlich oder funktionell vergleichbar sind die originäre gesamtschuldnerische Mitverpflichtung, der kumulative Schuldbeitritt, die Garantie, die Wechsel- und Scheckbürgschaft, das Delkredere, der Kreditauftrag, die Kreditversicherung sowie die harte Patronatserklärung.

1. *Abgrenzung zur originären gesamtschuldnerischen Mitverpflichtung und zum kumulativen Schuldbeitritt*

a) *Übereinstimmung zwischen Bürgschaft und Schuldbeitritt*

Bereits bei Abschluß des zu sichernden Vertrages kann sich ein Sicherungsgeber verpflichten, als weiterer Schuldner zu haften. Gleiches ist nach Abschluß des Vertrages durch den außerhalb der §§ 414 ff. BGB entwickelten Schuldbeitritt – teilweise auch als kumulative oder bestärkende Schuldübernahme bzw. als Schuldmitübernahme bezeichnet – möglich, wobei der ursprüngliche Schuldner im Gegensatz zur privativen Schuldübernahme des § 414 BGB nicht befreit wird.[8] Rechtsfolge ist in beiden Fällen die gesamtschuldnerische Haftung gem. § 421 ff. BGB neben dem Erstschuldner. Der wesentliche Unterschied zur Bürgschaft besteht darin, daß der Schuldbeitritt keine akzessorische, sondern eine gesamtschuldnerische Mitverpflichtung begründet, auch wenn die Entstehung des Schuldbeitritts insoweit akzessorisch ist, als der Schuldbeitritt nur wirksam wird,

8 Der Schuldbeitritt ist seit RG, RGZ 59, 232, 233 in ständiger Rechtsprechung anerkannt, vgl. etwa RG, RGZ 64, 318, 319; BGH WM 1976, 111, 112.

wenn auch die Schuld, zu der beigetreten werden soll, wirksam begründet worden ist. Neben dieser Begründungsakzessorietät gibt es aber keine Fortbestehens- oder Durchsetzungsakzessorietät wie bei der Bürgschaft.[9] Der Schuldbeitretende übernimmt also eine gleichrangige und nicht, wie der Bürge, eine subsidiäre Schuld. Deshalb kann sich der Bürge auch auf alle Einwendungen des Hauptschuldners berufen, während für den weiteren Verlauf der Gesamtschuld nach § 425 BGB der Grundsatz der Einzelwirkung gilt. Der Schuldbeitritt ist im Gegensatz zur Bürgschaft formfrei.[10]

b) Rechtliche Unterschiede

Auch in Italien begründet die kumulative Schuldübernahme eine gesamtschuldnerische, nichtakzessorische Mitverpflichtung nach Art. 1292, 1941 Abs. 1, 1945 cod. civ. Insoweit bestehen keine gravierenden Unterschiede gegenüber dem deutschen Recht.

c) Auslegungszweifel

Trotz dieser scheinbar eindeutigen Unterschiede zwischen Bürgschaft und Schuldbeitritt in Deutschland und Italien können Auslegungszweifel darüber entstehen, ob die Parteien im Einzelfall eine Bürgschaft oder eine Gesamtschuld vereinbaren wollten. Insbesondere die Abgrenzung zur selbstschuldnerischen Bürgschaft kann Schwierigkeiten bereiten. Dem Wortlaut in der Vertragsurkunde kommt zwar eine gewisse Indizfunktion zu, von allein ausschlaggebender Bedeutung ist die Wortwahl letztlich jedoch nicht.[11] Nach Ansicht des Bundesgerichtshofs soll eine bewußt und unter juristischer Beratung getroffene Einigung unter Verwendung des Begriffes Bürgschaft aber bindend sein.[12] Insbesondere bei Abweichung der Abreden der Parteien von den gesetzlichen Regeln über die Bürgschaft soll die Bezeichnung des Vertrages durch die Parteien aber nicht mehr maßgebend sein.[13] Entscheidend ist dann, ob die Parteien neben der Schuld des einen Schuldners für den anderen eine selbständige Verbindlichkeit haben

---

9 Vgl. näher MüKo/*Habersack* Vor § 765 Rdn. 10; Staudinger/*Horn* Vor § 765 ff. Rdn. 363.

10 RG, RGZ 64, 318, 320; BGH NJW 1972, 57; BGHZ 121, 1, 3; MüKo/*Habersack* Vor § 765 Rdn. 11; a.A. *Bydlinski* Bürgschaft, S. 45 m. weit. Nachw.

11 RG, RGZ 90, 415, 417; BGH NJW 1968, 2332; BGH WM 1976, 1109; Staudinger/*Horn* Vor §§ 765 ff. Rdn. 367.

12 BGH, BGHZ 6, 385, 396.

13 RG DR 40, 860.

schaffen wollen, die unabhängig von dem Schicksal der anderen Schuld bestehen soll.[14]

Ein wichtiges Indiz für die Annahme eines Schuldbeitritts wird darin erblickt, ob der Beitretende ein unmittelbares eigenes Interesse rechtlicher oder wirtschaftlicher Natur an der Schuldübernahme hat.[15] Ein lediglich persönliches Interesse (wie z.B. Schutz der Familie) genügt dagegen nicht.[16] Eine Bürgschaft liegt also mit anderen Worten dann vor, wenn die Haftung in erster Linie aus altruistischen oder sonstigen Motiven außerhalb der soeben genannten Formel übernommen wird.[17] Andere Ansätze zur Abgrenzung von Bürgschaft und Schuldbeitritt wie z.B. nach dem Grad der Gefährlichkeit haben sich nicht durchsetzen können.[18]

Bleiben Zweifel, so entscheiden sich die deutschen Gerichte für die Annahme einer Bürgschaft als den gesetzlichen Normaltyp und der weniger belastenden Form der persönlichen Sicherung,[19] das Entsprechende gilt für Italien.[20]

2. *Abgrenzung zur Garantie*

a) *Definition der Garantie*

Die Garantie ist das selbständige Versprechen eines Anderen, dafür einzustehen, daß ein bestimmter tatsächlicher oder rechtlicher Erfolg eintritt oder die Gefahr eines bestimmten künftigen Schadens sich nicht verwirklicht.[21] Die Garantie dient wie die Bürgschaft der Absicherung eines fremden Interesses, ist aber nicht wie diese akzessorisch.[22] Es gibt zwei Grundtypen der Garantie, die Forderungs-

---

14 In Deutschland BGH, BGHZ 6, 385, 397; in Italien: *Rodotà* Voce Espromissione, S. 781, 788; *Distaso* Banca borsa 1967 I, 528, 570 unten und 571 oben.

15 Vgl. etwa RG, RGZ 64, 318, 320; 68, 127, 129; 90, 415, 418; BGH, BGHZ 6, 385, 397; BGH NJW 1981, 47; NJW 1986, 580; aus dem Schrifttum etwa MüKo/*Möschel* Vor § 414 Rdn. 17 f.

16 RG, RGZ 71, 113; OLG München MDR 65, 573 unten; Staudinger/*Horn* Vor §§ 765 ff. Rdn. 368.

17 Dagegen aber *Kothe* JZ 1990, 997, 1000 f.

18 Vgl. dazu *Kothe* JZ 1990, 997, 1000, der auch nicht hinreichend deutlich machen kann, wieso der Schuldbeitritt immer gefährlicher sein soll als z.B. die selbstschuldnerische Bürgschaft.

19 BGH, BGHZ 6, 385, 397; *Tiedtke* ZIP 1986, 69, 71; siehe *Pape* NJW 1996, 887, 888 mit weiteren Rechtsprechungshinweisen.

20 *Rodotà* Voce Espromissione, S. 781, 788 unter Fußnote 73; *Distaso* Banca borsa 1967 I, 528, 571.

21 Vgl. etwa RG, RGZ 61, 157, 160; BGH, BGHZ 90, 287, 290 ff.; Staudinger/*Horn* Vor §§ 765 ff. Rdn. 194 ff. m. weit. Nachw.

22 RG, RGZ 72, 138, 140; 90, 415, 417; MüKo/*Habersack* Vor § 765 Rdn. 15.

bzw. Interzessionsgarantie und die Eigenschafts- bzw. Gewährleistungsgarantie.[23] Die Forderungsgarantie, die auch als Leistungsgarantie bezeichnet wird, soll die Erfüllung einer (primären) Geldforderung gegen einen Dritten sichern, und zwar ohne Rücksicht auf Bestand, Wirksamkeit und Umfang der zu sichernden Forderung. Der Garant verpflichtet sich, dem Gläubiger unbedingt dafür einzustehen, daß der Schuldner einer Geldverbindlichkeit diese vertragsgemäß erfüllen wird. Hier ergibt sich eine gewisse Ähnlichkeit zur Bürgschaft, der Unterschied liegt in der fehlenden Akzessorietät und Subsidiarität. Bei der Eigenschafts- bzw. Gewährleistungsgarantie übernimmt der Garant dagegen eine Einstandspflicht dahingehend, daß eine Sache bzw. ein Werk nicht mit Mängeln behaftet ist. Bei dieser Erscheinungsform der Garantie stellen sich kaum Abgrenzungsschwierigkeiten zur Bürgschaft, weshalb sie im folgenden außer acht bleiben kann. Die Garantie wird oft als ein abstraktes Zahlungsversprechen mit Sicherungsfunktion bezeichnet.[24] Dies ist insoweit richtig, als man unter der Abstraktheit Nichtakzessorietät versteht. Im übrigen ist die Garantie aber wie die Bürgschaft kein abstraktes, sondern ein kausales Sicherungsgeschäft, das seinen Zweck (den Sicherungszweck) in sich trägt.[25]

In Deutschland ist die Garantie ein eigenständiges, relativ klar umrissenes Institut *neben* der Bürgschaft. In Italien ist die Garantie dagegen *im Rahmen* der Bürgschaft entwickelt worden und bildet nichts anderes als eine durch Parteivereinbarung besonders ausgestaltete Form der Bürgschaft.

b) Abgrenzungskriterien der Rechtsprechung und der Literatur

In Deutschland haben Rechtsprechung und Literatur im Hinblick auf die Abgrenzung von Bürgschaft und Garantie verschiedene Kriterien entwickelt.

aa) Ansicht der Rechtsprechung und von Teilen der Literatur

Die Rechtsprechung und ein Großteil der Literatur sehen den Hauptunterschied zwischen diesen beiden Sicherungsrechten darin, daß die Garantie im Gegensatz zur Bürgschaft nicht akzessorisch ist.[26] Durch Auslegung ist deshalb zu ermitteln,

---

23 MüKo/*Habersack* Vor § 765 Rdn. 20.

24 Vgl. den Nachw. bei Staudinger/*Horn* Vor §§ 765 ff. Rdn. 198.

25 MüKo/*Habersack* Vor § 765 Rdn. 15; Staudinger/*Horn* Vor §§ 765 ff. Rdn. 199 ff., der zutreffend darauf hinweist, daß die Garantie durch entsprechende Ausgestaltung des Sicherungszwecks im Einzelfall durchaus zum abstrakten Geschäft ausgestaltet werden kann.

26 Vgl. den Nachw. oben in Fn. 22.

ob eine selbständige oder eine abhängige Schuld begründet werden sollte.[27] Hierbei ist allerdings zu beachten, daß ein Sicherungsgeschäft in der Vertragspraxis häufig vom gesetzlichen Leitbild der Bürgschaft, insbesondere hinsichtlich der Akzessorietät bei Einwendungen und Einreden, abweicht. Es muß dabei beachtet werden, daß ein Sicherungsgeschäft durch graduellen Einreden- und Einwendungsverzicht mehr oder weniger akzessorisch sein kann.[28] Diesbezüglich steht die Rechtsprechung auf dem Standpunkt, daß der Verzicht auf einzelne Einwendungen und Einreden aus dem Hauptschuldverhältnis der Qualifizierung eines Sicherungsverhältnisses als Bürgschaft nicht entgegensteht. Lediglich bei einem Verzicht auf sämtliche Einwendungen und Einreden liege eine Garantie vor.[29]

Ein weiterer Unterschied zwischen Garantie und Bürgschaft soll darüber hinaus vor allem in dem unterschiedlichen Sicherungsumfang bestehen. Hierbei soll die Sicherung durch eine Bürgschaft wesentlich weniger weit gehen als diejenige durch die Garantie. Diese setze also nicht voraus, daß die gesicherte Forderung rechtswirksam bestehe.[30] In Deutschland sind deshalb dem Garanten im Gegensatz zum Bürgen die Einreden aus der Person des Hauptschuldners abgeschnitten.

Jedenfalls soll, sofern die Auslegung nicht eindeutig ergibt, ob eine selbständige oder eine abhängige Schuld begründet werden soll, im Zweifel eine Bürgschaft anzunehmen sein.[31]

bb) Gegenansicht der Literatur

Von einigen Stimmen in der Literatur sind andere Anhaltspunkte für die Abgrenzung der beiden Sicherungsrechte entwickelt worden. Demnach soll für die Abgrenzung entscheidend sein, ob der Verpflichtete ein eigenes sachlich-wirtschaftliches Interesse an der Übernahme bzw. an der Erfüllung der Verbindlichkeit hat.[32] Soweit demzufolge ein eigenes Interesse des Sicherungsgebers vorliege, müsse von einem Garantievertrag ausgegangen werden. Sofern sich das Interesse des Sicherungsgebers hingegen auf die Person des Hauptschuldners richte, für den er einzutreten gedenke, spräche dies für die Übernahme einer Bürgschaft.[33] Am weitesten geht hierbei insbesondere eine Meinung in der Literatur, die sich

27 Staudinger/*Horn* Vor §§ 765 ff. Rdn. 217 mit weit. Rechtsprechungsnachw.
28 *Berensmann*, S. 132, 137.
29 OLG Frankfurt DB 1974, 2245.
30 BGH NJW 1967, 1020, 1021.
31 RG, RGZ 90, 417; BGH WM 1975, 348; 1985, 1417, 1418; BGH NJW 1967, 1020, 1021.
32 Palandt/*Thomas* Einf. vor § 765 Rdn. 16.
33 *Fikentscher*, § 92 II 6.

ausschließlich am Interesse des Sicherungsgebers orientiert und eine Abgrenzung nach der Akzessorietät nicht gelten läßt.[34]

cc) Stellungnahme

Die teilweise recht unterschiedlichen Ansatzpunkte hinsichtlich der Abgrenzung der Bürgschaft zur Garantie erfordern eine eigene Stellungnahme.

Auch wenn der Verzicht auf einzelne Einwendungen und Einreden die Akzessorietät der übernommenen Bürgschaft „schmälern" können, so bleibt die Akzessorietät bei einer Bürgschaft doch immer existent, zumal ein gänzlicher Verzicht auf die Einwendungen und Einreden nach der Rechtsprechung im Rahmen einer Bürgschaft nicht zulässig ist, und hierbei vielmehr von einer Garantie ausgegangen werden muß.[35] Somit kann auf das Abgrenzungskriterium der Akzessorietät nicht verzichtet werden.

Darüber hinaus hat das Abgrenzungskriterium der Akzessorietät eindeutig den Gesetzeswortlaut, insbesondere § 767 BGB, für sich, während für das Abgrenzungskriterium der Interessenlage keine derartige Stütze im Gesetz angeführt werden kann, sondern auf die gesetzlichen Schutzbestimmungen der §§ 766, 771, 775, 768, 777 BGB verwiesen wird, die es nahelegen, von der Modellvorstellung der im Interesse des Hauptschuldners übernommenen Freundesbürgschaft auszugehen[36].

Jedoch sollte auf das Interesse des Sicherungsgebers nicht, wie zum Teil gefordert[37], gänzlich verzichtet werden, zumal es als Auslegungshilfe gerade deshalb heranziehbar ist, weil ein Sicherungsgeschäft durch graduellen Einreden- und Einwendungsverzicht mehr oder weniger akzessorisch sein kann, und hierdurch eine Auslegung dahingehend, ob eine selbständige oder eine abhängige Schuld begründet werden soll, schwierig sein kann[38]. Beide Kriterien sind somit bei der Auslegung als Indizien in einer Gesamtwürdigung heranzuziehen.

c) Abgrenzungsprobleme bei der Bürgschaft „auf erstes Anfordern"

Abgrenzungsprobleme ergeben sich jedoch durch die von der BGH-Judikatur geschaffene und in mehreren Entscheidungen bestätigte Sonderfigur der Bürgschaft „auf erstes Anfordern"[39]. Bei der Bürgschaft „auf erstes Anfordern" soll der

34 *Boetius*, S. 37 ff.
35 Siehe Fußnote 29.
36 So *Berensmann*, S. 135.
37 Siehe *Berensmann*, S. 141.
38 Siehe oben unter Punkt 2 b aa.
39 BGH WM 1979, 691; BGH WM 1984, 44; BGH WM 1987, 553.

Gläubiger auf der Grundlage des Bürgschaftsrechts ähnlich wie bei der Garantie „auf erstes Anfordern" das Recht haben, zunächst einmal Zahlung zu verlangen, so daß der Streit über das Bestehen der Hauptschuld in einen etwaigen Rückforderungsprozeß verlagert wird. Darin liegt eine starke Abschwächung der Akzessorietät, nicht aber deren völlige Beseitigung, da sie in einem Rückforderungsprozeß gewahrt bleibt[40]. Hier läßt sich nicht einfach die Trennlinie zwischen den beiden Sicherungsrechten mittels des Kriteriums der Akzessorietät ziehen.[41] Es stellt sich hierbei die Frage, in welcher Weise die „auf erstes Anfordern" erstellte Bankgarantie von der auf „erstes Anfordern" gestellten Bürgschaft im Sinne der §§ 765 ff. BGB zu unterscheiden ist.[42] Insbesondere in der Entscheidung vom 24.11.1983 scheint der BGH eine Unterscheidung zwischen diesen beiden Sicherungsformen nicht mehr vorzunehmen, indem die Bürgschaft und die Garantie, die „auf erstes Anfordern" zahlbar gestellt sind, gleichgestellt werden.[43]

Aufgrund dieser Gleichstellung durch die Rechtsprechung stellt sich unweigerlich die Frage, wie nunmehr eine Abgrenzung im konkreten Fall vorzunehmen ist. Nach Literatur und BGH-Judikatur ist diesbezüglich als Abgrenzungskriterium die verwendete Terminologie entscheidend.[44] Somit entscheidet die zwischen den Parteien verwendete Bezeichnung „Garantie" oder „Bürgschaft", ob im konkreten Fall jeweils das eine oder das andere vorliegt.

3. *Abgrenzung zur Garantie in Italien*

In Italien hingegen ist die Garantie Bestandteil des Bürgschaftsrechts. Dort überläßt man es den Parteien, die Bürgschaftsregeln durch entsprechende Vereinbarungen den besonderen Zwecken der Garantie dienstbar zu machen.

Dabei knüpft man an die Bestimmung des Art. 1939 cod. civ. an, nach der die Bürgschaft auch dann wirksam bleibt, wenn die gesicherte Forderung wegen der fehlenden Geschäftsfähigkeit des Schuldners für nichtig erklärt wird. Rechtsprechung und Schrifttum gestatten den Parteien auch in anderen Fällen, durch vertragliche Abreden den Grundsatz der Akzessorietät von Bürgschaft und gesicherter Forderung zu durchbrechen. So ist ein Bürgschaftsvertrag wirksam, durch den der Bürge sich verpflichtet hat, auch dann zu zahlen, wenn die gesicherte Forderung angefochten oder für nichtig erklärt wird.[45] Der Kassationshof hat

40 *Larenz/Canaris* SchR II/2 § 64 IV 1; MüKo/*Habersack* § 765 Rdn. 99.
41 So *v. Westphalen* Bankgarantie, S. 51, 54.
42 So *v. Westphalen* Bankgarantie, S. 51, 59.
43 BGH WM 1984, 44, 45.
44 BGH WM 1984, 44 „Garantie"; BGH WM 1987, 553 „Bürgschaft"; *v. Westphalen* Bankgarantie, S. 51, 77.
45 Cass. 3.9.1966 Banca borsa 1967 II, 38; *Fragali* Banca borsa 1967 I, 313, 320 ff.

darüber hinaus bestätigt, daß der Bürge sich auch verpflichten kann, so zu haften, als ob er eine Wechselbürgschaft übernommen hätte.[46] Persönliche Sicherungen dieser Art werden als Bürgschaftsverträge mit atypischem Inhalt angesehen, auf die das Bürgschaftsrecht anzuwenden ist, allerdings mit den Einschränkungen, die sich aus der vertraglichen Aufhebung des Akzessorietätsgrundsatzes ergeben.[47]

a) *Garantiebürgschaft („garanzia fideiussoria")*

aa) *„Fideiussione bancaria"*

Dementsprechend ist auch die Bankgarantie dann akzessorisch und somit dem Bürgschaftsrecht unterstellt, wenn die Bank für die Erfüllung der Verbindlichkeiten des Hauptschuldners einsteht. In einem solchen Fall kann der Gläubiger, im Gegensatz zur abstrakten Garantie, direkt von der Bank die Leistung verlangen. Da jedoch bei der akzessorischen Bankgarantie der Gläubiger sich denselben Einwänden ausgesetzt sieht, die im Verhältnis zwischen Hauptschuldner und Gläubiger bestehen, wird die sog. „garanzia fideiussoria" im internationalen Handelsverkehr selten benutzt.[48]

Die abstrakte Garantie nach unserem Verständnis hat somit nicht die Funktion für die Erfüllung der Verpflichtung des Hauptschuldners einzustehen, sondern vielmehr die Befriedigung des wirtschaftlichen Interesses des Gläubigers abzusichern. Es soll das jeweils atypische Risiko des begünstigten Gläubigers abgedeckt werden, je nachdem, ob es sich um einen sog. „bid bond" (Bietungsgarantie), einen sog. „performance bond" (Leistungs- oder Lieferungsgarantie) oder gar um einen sog. „advance performance bond" (Anzahlungs- oder Rückzahlungsgarantie) handelt.[49]

Eine Unterscheidung zwischen der abstrakten autonomen Garantie und der akzessorischen Bankgarantie ist besonders deshalb geboten, weil die Bank nur im Falle einer akzessorischen Garantie einen Rückforderungsanspruch für nicht geschuldete Zahlungen gegenüber dem Gläubiger gem. Art. 1952 Abs. 2 und 3 cod. civ. hat. Im Falle der abstrakten Garantie hingegen hat die Bank die nicht geschuldete Zahlung nicht auf der Grundlage des Hauptvertrages zwischen Gläubiger und Hauptschuldner geleistet und somit diesbezüglich auch keinen Rückforderungsanspruch. Rückforderungsansprüche für nicht geschuldete Leistungen

---

46 Cass. 3.9.1966 Banca borsa 1967 II, 38; vgl. auch *Fragali* Banca borsa 1967 I, 313 ff.

47 Cass. 3.9.1966 Banca borsa 1967 II, 38.

48 *Bonelli* Garanzie bancarie, S. 127, 141.

49 *Bonelli* Garanzie bancarie, S. 127, 144, 145.

können somit lediglich auf den Garantievertrag (z.B. wegen Nichtigkeit oder fehlenden Rechtsgrunds) gestützt werden.[50]

Die somit notwendige Abgrenzung dieser doch unterschiedlichen Sicherungsformen kann oftmals, ähnlich wie im deutschen Recht[51], schwierig sein. In der italienischen Rechtsprechung und Literatur wird dabei dem Text des Vertrages entscheidende Bedeutung beigemessen. Allein die Bezeichnung reiche zu einer Abgrenzung oftmals nicht aus. Deshalb müsse gegebenenfalls der gesamte Vertragstext auf Hinweise untersucht werden, welche die vorliegende Garantie als autonom oder akzessorisch qualifizieren.[52]

bb) Die Klausel „auf erstes Anfordern"

Auch im italienischen Recht bereitet die Garantie bzw. die akzessorische Garantiebürgschaft „auf erstes Anfordern" besondere Abgrenzungsschwierigkeiten. Selbst die soeben beschriebene genaue Studie des Vertragstextes auf Anhaltspunkte für die Abstraktheit oder Akzessorietät kann bei der Garantie bzw. der Garantiebürgschaft nicht zum Erfolg führen. In einem solchen Fall, bei dem selbst die eingehende Prüfung des Vertragstextes nicht weiterhilft, gehen die Meinungen, für welchen Typus man sich entscheiden soll, auseinander.

Teilweise wird in einem solchen Zweifelsfalle für die akzessorische Bürgschaftsgarantie plädiert, weil sie den Hauptschuldner weniger schwer belasten würde.[53]

Die andere Ansicht tendiert in einem solchen Falle dazu, eine abstrakte Garantie anzunehmen, zumal die Bankgarantie nicht darauf angelegt sei, daß der Garant nicht in Anspruch genommen werden solle, sondern vielmehr Verwicklungen und Streitigkeiten im Hauptschuldverhältnis zwischen Gläubiger und Hauptschuldner vermieden werden sollen. Daher werde den Interessen des Begünstigten am besten Rechnung getragen, wenn im Zweifelsfalle eine autonome Garantie bejaht würde.[54]

---

50 *Portale* Banca borsa 1985 I, 169, 178; *Bonelli* Garanzie bancarie, S. 127, 146.

51 Siehe unter Punkt b.

52 Trib. Bologna Banca borsa 1986 II, 339, 351; *Bonelli* Garanzie bancarie, S. 127, 150.

53 *Portale* Banca borsa 1985 I, 169, 179, 180 m. weit. Nachw., *Portale* selbst bezieht allerdings keine Stellung; diese Gegenmeinung wird ebenfalls dargestellt in *Bonelli* Garanzie bancarie, S. 127, 155.

54 *Bonelli* Garanzie bancarie, S. 127, 155.

cc) Stellungnahme

Für eine Stellungnahme hat man sich zu vergegenwärtigen, daß beide Auffassungen letztlich eine Interessenabwägung vornehmen, die bei der ersten Ansicht einmal zugunsten des Bürgen ausgeht, bei der zweiten Ansicht dagegen zu dessen Ungunsten. Ferner muß man sich vor Augen führen, daß die Abgrenzungsschwierigkeit vor allem daraus resultiert, daß die Vertragsparteien den Inhalt des Vertrages nicht so eindeutig festgelegt haben, daß deutlich wird, ob eine Garantie oder Bürgschaft „auf erstes Anfordern" gewollt ist. Somit spitzt sich die Stellungnahme auf die Frage zu, welchem Vertragspartner eine solche Unklarheit zur Last fällt. Ist der Sicherungsvertrag, dessen Rechtsnatur zu ermitteln ist, durch Allgemeine Geschäftsbedingungen vorformuliert, so fällt die Antwort leicht. In diesem Fall greift die sog. Unklarheitenregelung ein, wonach Unklarheiten zu Lasten des Verwenders gehen. Die aus § 5 AGBG bekannte Unklarheitenregel gilt in Italien seit Umsetzung der EG-Richtlinie über mißbräuchliche Vertragsklauseln in Verbraucherverträgen ebenfalls (Art. 1469*quater* Abs. 2 cod. civ.), sofern der Vertrag zwischen einem Unternehmer und einem Verbraucher abgeschlossen worden ist.[55] Da der Sicherungsnehmer in aller Regel der Verwender und Unternehmer ist, muß im Zweifel vom Vorliegen einer Bürgschaft „auf erstes Anfordern" ausgegangen werden, da diese den Verbraucher weniger belastet. Dieses Ergebnis gilt aber dann nicht, wenn der Sicherungsvertrag individuell ausgehandelt worden ist, oder kein Verbrauchervertrag vorliegt. Insoweit kann zwar nicht die AGB-rechtliche Unklarheitenregelung des Art. 1469*quater* cod. civ. fruchtbar gemacht werden, jedoch ist es auch in diesem Fall sachgerecht, die Unklarheiten des Vertrages zu Lasten des Sicherungsnehmers gehen zu lassen. Denn allein dieser ist aus dem Sicherungsvertrag begünstigt.

b) Besondere Erscheinungsformen der Garantiebürgschaft („cauzione fideiussoria")

Eine besondere Erscheinungsform der Garantiebürgschaft stellt die sog. „cauzione fideiussoria" dar. Diese Form der Kreditsicherung hat erhebliche praktische Bedeutung. Trotz ihrer versicherungsrechtlichen Elemente handelt es sich hierbei um eine Bürgschaft.[56] Im Gegensatz zur Kautionsversicherung stellt die „cauzione fideiussoria" unmittelbar die persönliche Sicherung dar. In der Praxis wird sie

55 Zur Umsetzung der EG-Richtlinie über mißbräuchliche Klauseln (EWG/95/1993) durch Gesetz Nr. 52 v. 6.2.1996 vgl. näher *Micklitz/Brunetta d'Usseaux* ZEuP 1998, 104 ff.

56 *Foschini* N. riv. dir. comm. 1957, 232, 236 .

vorzugsweise zur Sicherung des Bestellers bei öffentlichen und privaten Werkverträgen, zur Sicherung der Ansprüche des Staates gegen Steuereinnehmer und zur Absicherung von Zollforderungen bei der vorübergehenden Einfuhr von Waren verwendet.[57]

Bei der „cauzione fideiussoria“ stehen dem Sicherungsnehmer zwar grundsätzlich die Einwendungen des Schuldners zu, es wird jedoch gerade hierbei vielfach die Akzessorietät der Sicherung vertraglich ausgeschlossen.[58]

c) *Fazit der Abgrenzung zur Garantie*

Hieraus ergibt sich, daß im deutschen Recht zumeist eine Abgrenzung der Bürgschaft von der Garantie möglich ist. Dies gilt auch für die besonderen Abgrenzungsschwierigkeiten unterworfenen Bürgschaft bzw. Garantie „auf erstes Anfordern“. Jedoch läßt sich gerade im deutschen Recht eine Unterscheidung nach der verwendeten Terminologie treffen. Anders ist dies im italienischen Recht. Gerade bei der Erscheinungsform der Garantiebürgschaft, der sog. „cauzione fideiussoria“, ist eine Abgrenzung oftmals nur anhand des Vertragstextes möglich.

Scheidet auch dieser als Abgrenzungsmöglichkeit aus, so wird man im Zweifel eine nichtakzessorische Garantie annehmen müssen.

4. *Wechsel- und Scheckbürgschaft*

Wechsel- und Scheckbürgschaft sind keine Bürgschaft im Sinne des BGB, sondern vielmehr selbständige Verpflichtungen eigener Art ohne strenge Akzessorietät gem. Art. 32 Wechselgesetz (WG) bzw. Art. 27 Scheckgesetz.[59] Teilweise wird die Wechsel- und Scheckbürgschaft daher als Garantie betrachtet, teilweise als Sicherungsgeschäft eigener Art.[60] Im Rahmen der Abgrenzung zur Bürgschaft darf die Verwendung des Begriffes „garantieren“ jedoch nicht als entscheidendes Abgrenzungskriterium herangezogen werden.[61] Es ist vielmehr entscheidend danach abzugrenzen, ob eine abstrakte oder akzessorische Absicherung gewollt ist, da die Wechselbürgschaft i.S.d. Art. 30 WG wie die Garantie nicht akzessorisch ist. Ergibt die Vertragsauslegung, daß eine akzessorische Absicherung einer Verbindlichkeit aus einer Wechselverpflichtung vorliegt, so handelt es sich um eine

---

57 *Fragali* Voce Assicurazione del credito, S. 528, 553.

58 Cass. 7.9.1968 Giur. It. Mass. 1968, 1058; Rep. Foro It. 1966, vgl. „Fideiussione e mandato di credito“ Nr. 22.

59 BGH, BGHZ 30, 108; 35, 19 = NJW 1961, 1112; *Baumbach/Hefermehl* Art. 30 Rdn. 1; MüKo/*Habersack* § 765 Rdn. 124 m. weit. Nachw.

60 So MüKo/*Habersack* § 765 Rdn. 124.

61 BGH, BGHZ 30, 108 = WM 1959, 881.

Bürgschaft für eine Wechselverbindlichkeit, die normalem Bürgschaftsrecht unterliegt. Für die Annahme einer Garantie für eine Wechselschuld muß sich bei der Auslegung der Erklärung desjenigen, der für die Einlösung des Wechsels einstehen will, ergeben, daß eine selbständige Verpflichtung begründet werden soll.[62]

In *Italien* wird, im Gegensatz zu Deutschland, die Wechsel- und Scheckbürgschaft als Bürgschaft angesehen.[63] Insbesondere durch die Genfer Einheitsgesetze existiert jedoch bis auf geringfügige Besonderheiten praktisch bereits Rechtseinheit.[64] Nach den Genfer einheitlichen Gesetzen über das Wechselrecht und das Scheckrecht ist eine solche Bürgschaft kraft ausdrücklicher Bestimmung selbst dann gültig, wenn die verbürgte Verbindlichkeit (außer wegen eines Formfehlers) nichtig ist.[65]

Demnach ergeben sich sowohl aus der Wechsel- als auch aus der Scheckbürgschaft keine kollisionsrechtlichen Probleme. Letztlich ist noch anzumerken, daß das UNCITRAL-Übereinkommen über international gezogene Wechsel und internationale eigene Wechsel vom 19.12.1988 noch nicht in Kraft getreten ist und ohnehin nur bei Parteivereinbarung zur Anwendung kommen wird.

5. Abgrenzung zum Delkredere

Gewisse Vermittler von Handelsgeschäften (wie Kommissionär und Handelsvertreter) können sich für die Erfüllung eines von ihnen vermittelten Geschäftes gegenüber dem Geschäftsherrn verpflichten.[66] Diese Einstandspflicht ist in §§ 86b, 394 HGB geregelt. Was zunächst das Delkredere des Handelsvertreters anbelangt, so ist dies mit der überwiegenden Ansicht in Deutschland als Bürgschaft zu qualifizieren.[67] Gegen eine Einordnung als Garantie spricht der zwingend ausgestaltete Akzessorietätsgrundsatz in § 86b Abs. 1 HGB. Daß § 86b Abs. 1 S. 1 HGB eine akzessorische Verpflichtung begründen will, folgt aus der fast identischen Formulierung dieser Norm und des § 765 Abs. 1 BGB. Demgegenüber ist das Delkredere des Kommissionärs nach §§ 394, 384 Abs. 3 HGB keine Bürg-

---

62 BGH, BGHZ 30, 108 = WM 1959, 881, 883.

63 *Navarrini/Provinciali*, S. 200, m. weit. Nachw. auch zur Rspr.; vgl. zur a.A. *De Semo*, S. 455.

64 *Baumbach/Hefermehl* Einleitung Rdn. 4, 5.

65 Art. 32 Abs. 2 Einheitliches Wechselgesetz; Art. 27 Abs. 2 Einheitliches Scheckgesetz.

66 In Deutschland gem. §§ 86b, 394 HGB; in Italien gem. Art. 1736 cod. civ.

67 Staub/*Brüggemann* § 86b Rdn. 3; MüKo/*Habersack* Vor § 765 Rdn. 42; a.A. – für Bürgschaft, Garantie oder Schuldbeitritt je nach Ausgestaltung des Vertrages – Baumbach/Hopt § 86b Rdn. 6 m. weit. Nachw; zur entsprechenden Diskussion in Italien vgl. *Minervini*, S. 110.

schaft, sondern eine eigenständige Haftungsform des Handelsrechts, da der Kommitent nicht Gläubiger des Dritten wird und der Kommissionär kein Eigeninteresse an der Erfüllung der Verbindlichkeit haben muß.[68] Da es folglich nicht im Belieben der Parteien steht, ob das Delkredere Bürgschaft oder Garantie ist,[69] sondern sich dies zwingend aus der Rechtsnatur ergibt, bestehen in diesem Zusammenhang keine Abgrenzungsschwierigkeiten. Auch in Italien wird das Delkredere als Bürgschaft qualifiziert.[70]

6. *Kreditauftrag*

Sowohl nach deutschem als auch nach italienischem Recht ist der Kreditauftrag ein Auftragsverhältnis mit dem Inhalt, daß der Beauftragte einem Dritten einen Kredit gewährt.[71] Gewährt ein Gläubiger im eigenen Namen, aber im Auftrag eines Dritten einen Kredit, so haftet der Auftraggeber dem Gläubiger kraft Gesetzes als Bürge für die Kreditschuld des Dritten.[72] Es handelt sich also um ein Auftragsverhältnis, bei dem eine von §§ 662 ff., 675 abweichende Rechtsfolge, nämlich die Bürgenhaftung, angeordnet wird.

Wesentliches Merkmal des Kreditauftrages im Hinblick auf die Unterscheidung zur Bürgschaft, insbesondere zur Kreditbürgschaft, ist, daß der antragende Auftraggeber einen Anspruch gegen den Beauftragten auf Kreditgewährung an einen Dritten erwerben will und in diesem Zusammenhang seinen rechtsgeschäftlichen Verpflichtungswillen erkennbar zum Ausdruck bringt, und daß andererseits der Beauftragte sich zur Ausführung des Vertrages verpflichtet. Hierin liegt der entscheidende Unterschied zur Kreditbürgschaft,[73] die immer dann gegeben ist, wenn eine solche Verpflichtung nicht vorliegt, sondern für eine im einzelnen unbestimmte Zahl künftiger Verbindlichkeiten aus einer fortdauernden Geschäftsbeziehung übernommen wird.[74]

Ganz ähnlich ist die Abgrenzung nach italienischem Recht zu beurteilen, jedoch liegt im Rahmen des Kreditauftrags gem. Art. 1958 cod. civ. kein Auftragsvertrag gem. Art. 1703 cod. civ. vor, da dieser im Gegensatz zum deutschen

---

68 Koller/*Roth*/Morck § 394 Rdn. 2; Staub/*Koller* § 394 Rdn. 2; MüKo/*Habersack* Vor § 765 Rdn. 43 jew. m. weit. Nachw. auch zur Gegenansicht, die für Bürgschaft oder Garantie plädiert.

69 So aber *Roth* in Baumbach/Hopt § 86b Rdn. 6; Koller/*Roth*/Morck § 86b Rdn. 1 für das Delkredere des Handelsvertreters.

70 Cass. 10.12.1954 Giur. it. 1956 I, 1. 453.

71 In Deutschland gem. § 778 BGB; in Italien gem. Art. 1958 Abs. 1 cod. civ.

72 *Kindler* Einführung § 14 Rdn. 70.

73 Palandt/*Thomas* § 778 Rdn. 2.

74 Vgl. zur Kreditbürgschaft MüKo/*Habersack* Vor § 765 Rdn. 199.

Auftrag gem. § 662 BGB entgeltlich ist.[75] Ungeachtet dessen ist jedoch der Verpflichtungsvertrag zwischen, nach italienischem Sprachgebrauch, Versprechendem und Versprechensempfänger hinsichtlich der nachfolgenden Kreditgewährung an den Dritten wie im deutschen Recht ausgestaltet,[76] so daß sich diesbezüglich keine Abweichungen hinsichtlich der Abgrenzung ergeben und darüber hinaus auch keine kollisionsrechtlichen Ansatzpunkte ersichtlich sind.

7. Abgrenzung zur Kreditversicherung

Die Kreditversicherung kann eine ähnliche wirtschaftliche Funktion erfüllen wie die Bürgschaft, wenn sie den Gläubiger gegen den Ausfall einer Forderung versichert. Mit der wirtschaftlichen Funktion einer Bürgschaft weitgehend vergleichbar sind auch die Warenkreditversicherung und die Kautionsversicherung.[77]

Im Vergleich mit der Bürgschaft fehlt der Kreditversicherung jedoch das für die Bürgschaft wesentliche Element der Akzessorietät. Die Kreditversicherung läßt sich demnach eher als ein besonders ausgestalteter Garantievertrag begreifen.

Einzelne Formen der Kreditversicherung ragen freilich unmittelbar in das Bürgschaftsrecht hinein. Dies gilt teilweise für die Kautionsversicherung. Hier übernimmt in Deutschland der Versicherer aufgrund eines Versicherungsvertrages eine Bürgschaft für bestimmte Verpflichtungen eines Schuldners. Der Versicherungsvertrag ist somit der Rechtsgrund für die Abgabe der Bürgschaft, diese wird in Erfüllung des Versicherungsvertrages übernommen. Für die Abgrenzung gilt insoweit in Deutschland wie in Italien das zur Garantie Gesagte. Kollisionsrechtliche Probleme stellen sich nicht.

8. Abgrenzung zur Patronatserklärung

a) Abgrenzung in Deutschland

Unter den Begriff der Patronatserklärung werden viele unterschiedliche Erklärungen einer Muttergesellschaft (des Patrons) gegenüber den Kreditgebern ihrer Tochtergesellschaft subsumiert, die das Ziel haben, die Aussicht auf die Rückzahlung eines Kredits des Dritten an die Tochtergesellschaft zu verbessern. Dabei

75 *Rescigno* Cod. Civ. Art. 1703 Ziff. 1.

76 Vgl. dazu *Fragali* Del mandato di credito, Art. 1958-59, S. 545.

77 Vgl. dazu die Darstellungen für Deutschland bei *von Halem*, S. 31 f. und für Italien bei *Donati*, Nr. 708-710.

sind zunächst sog. harte und weiche Patronatserklärungen zu unterscheiden.[78] Weiche Patronatserklärungen haben keinen rechtsgeschäftlichen Charakter und begründen somit keinen Anspruch des Drittgläubigers auf Liquiditätsausstattung der Tochter durch die Mutter.[79] Sie sind damit leicht von einer Bürgschaft zu unterscheiden und können somit im folgenden außer Betracht bleiben. Abgrenzungsschwierigkeiten zur Bürgschaft können sich allenfalls bei der harten Patronatserklärung ergeben. Kennzeichen einer harten Patronatserklärung ist das Versprechen der Muttergesellschaft, die Tochter mit ausreichender Liquidität auszustatten und damit die Erfüllung der Kreditverpflichtungen der Tochter zu sichern. Es handelt sich hierbei um eine vertragliche Verpflichtung, deren Zulässigkeit entgegen vereinzelten Bedenken in der instanzgerichtlichen Rechtsprechung nicht in Zweifel gezogen werden kann.[80] Umstritten ist jedoch der konkrete Inhalt der Patronatserklärung, also ihre Rechtsfolge. Überwiegend nimmt man an, daß die Patronatserklärung den Patron nicht zur unmittelbaren Zahlung an den Gläubiger der Tochtergesellschaft verpflichtet, wenn die Tochter ihre Verbindlichkeiten nicht mehr erfüllen kann. Vielmehr sei der Patron nur verpflichtet, die Tochter mit ausreichender Liquidität auszustatten, wobei es in seinem Ermessen stehe, in welcher Form er dieser vertraglichen Verpflichtung nachkomme.[81] Weder der Dritte noch die Tochter haben danach einen klagbaren Anspruch auf Durchführung der Liquiditätsausstattung, da sich der Klageantrag gar nicht hinreichend genau bestimmen lassen würde. Erfüllt der Patron jedoch seine Liquiditätsausstattungspflicht nicht, so erwirbt der Sicherungsnehmer gem. § 280 Abs. 1 BGB einen Schadensersatzanspruch gegen den Patron wegen Nichterfüllung der Verpflichtung aus dem Patronatsvertrag.[82] Gleiches soll bei Insolvenz der Tochtergesellschaft gelten; fällt auch der Patron in Konkurs, so wandelt sich der Anspruch des Dritten aus § 280 Abs. 1 BGB gem. § 43 InsO (§ 68 KO a.F.) in einen Anspruch aus einer normalen Bürgschaft um.[83] Geht man von dieser h.M. aus, dann

---

78 BGH, BGHZ 117, 127; Staudinger/*Horn* Vor §§ 765 ff. Rdn. 407 ff.; MüKo/*Habersack* Vor § 765 Rdn. 44.

79 MüKo/*Habersack* Vor § 765 Rdn. 49.

80 Bedenken gegen die Zulässigkeit von Patronatserklärungen vor allem wegen eines Verstoßes gegen den Bestimmtheitsgrundssatz bei LG München WM 1998, 1285; dagegen überzeugend *Schäfer* WM 1999, 153, 155 ff. und *Fleischer* WM 1999, 666, 668 ff.

81 BGH, BGHZ 112, 127, 130; Staudinger/*Horn* Vor §§ 765 ff. Rdn. 412 ff.; MüKo/*Habersack* Vor § 765 Rdn. 45 ff.; *Larenz/Canaris* SchR II/2, § 64 V 1.

82 BGH, BGHZ 117, 127, 133; OLG Stuttgart WM 1985, 669; Staudinger/*Horn* Vor §§ 765 ff. Rdn. 414; im Ergebnis auch *Larenz/Canaris* SchR II/2, § 64 V 1 c; MüKo/*Habersack* Vor § 765 Rdn. 47, die allerdings § 280 BGB nicht für anwendbar halten, sondern von einer ergänzenden Vertragsauslegung ausgehen.

83 BGH, BGHZ 117, 127 ff.; Staudinger/*Horn* Vor §§ 765 ff. Rdn. 415.

fällt die Abgrenzung zur Bürgschaft leicht. Solange nicht Patron und Tochter insolvent sind, ist im Wege der Vertragsauslegung zu ermitteln, ob der Dritte einen direkten Anspruch gegen die Muttergesellschaft auf Zahlung erwerben soll (dann Bürgschaft), oder ob diese erst beim Hinzutreten weiterer Umstände haften soll (dann Patronatserklärung). Schwieriger wird die Abgrenzung, wenn man mit einer jüngst im Schrifttum vertretenen Ansicht annimmt, daß die harte Patronatserklärung keine Finanzausstattungspflicht, sondern eine erst mit der Zahlungsunfähigkeit der Tochter entstehende, akzessorische Pflicht zur Erfüllung der gesicherten Verbindlichkeit begründe, wobei auf diese Einstandspflicht die bürgenrechtlichen Vorschriften entsprechend anwendbar sein sollen, die aus der Akzessorietät der Bürgschaft folgen.[84] Der Sache nach handelt es sich in diesem Fall nämlich um eine auf die Insolvenz der Tochter bedingte Bürgschaft. Bei der Abgrenzung hat man neben der Wortwahl in der Erklärung darauf abzustellen, ob im Falle der Insolvenz der Tochter auch die Bürgschaftsvorschriften anwendbar sein sollen, die keinen Zusammenhang zur Akzessorietät haben (dann Bürgschaft), oder ob diese unanwendbar bleiben sollen (dann Patronatserklärung).

b) Abgrenzung in Italien

Die Patronatserklärung in Italien, die sog. "lettera di patronage", definiert sich als eine unechte Form der Bürgschaft.[85] Grundsätzlich ist die Patronatserklärung als Sicherungsinstrument darauf gerichtet, Risiken, die mit finanziellen Operationen verbunden sind, zu verringern.[86] Die vielgestaltigen möglichen Formen der Patronatserklärung in Italien erlauben keine einheitliche und schemahafte Darstellung. Grundsätzlich jedoch informiert die Muttergesellschaft (Patron) die von der Tochtergesellschaft um Finanzierung nachgesuchte Bank mittels einer "lettera di patronage" über ihre eigene Stellung und ihren Einfluß in bezug auf diese abhängige Gesellschaft. Diese reine Information wird mit der Übernahme von Verpflichtungen unterschiedlichen Inhalts und Ausprägung verbunden, die darauf gerichtet sind, die Gewährung der Finanzierung seitens der Bank zu begünstigen oder zu bestärken.[87]

Diese Verpflichtungen können in sog. "schwache" und "starke" Erklärungen unterschieden werden. Während die Muttergesellschaft mit einer schwachen Erklärung lediglich die Verpflichtung eingeht, die Tochtergesellschaft bei der ordnungsgemäßen Erfüllung der gegenüber der Bank eingegangenen Pflichten zu

---

84 So insbesondere *Schäfer* WM 1999, 153, 160 ff.; ähnlich Fleischer WM 1999, 666, 669.

85 Cian/Trabucchi/*Perillo* Art. 1937 Rdn. VI 2.

86 *Rescigno* Cod. Civ. Art. 1936 Rdn. 3, S. 2172; *Di Giovanni,* S. 14.

87 *Viale* Garanzie bancarie, S. 154.

überwachen, so erwachsen aus der starken Erklärung schwerwiegendere Verpflichtungen, wie z.B. die Zahlungsfähigkeit der Tochtergesellschaft zu erhalten oder der Bank die Rückzahlung des gewährten Kredits zu versichern. Damit wird mit den starken bzw. nach deutscher Terminologie harten Patronatserklärungen das Risiko der Nichterfüllung seitens der Tochtergesellschaft von der Bank auf den Patron übertragen.[88]

Fraglich ist damit jedoch die rechtliche Einordnung dieser starken Patronatserklärung. Einerseits wird sie dem Rechtsinstitut des Art. 1381 cod. civ. zugeordnet, insbesondere dem Versprechen der Verpflichtung oder des Verhaltens eines Dritten. Diese Zuordnung findet jedoch ihre Grenze schon darin, daß die herrschende Gesellschaft mit einer Patronatserklärung allein ein eigenes Verhalten verspricht, nicht aber das eines Dritten.

Andererseits kann die Patronatserklärung ebensowenig als Form einer Bürgschaft angesehen werden, da im italienischen Recht gem. Art. 1937 cod. civ. der ausdrückliche Wille zur Abgabe einer Bürgschaftserklärung kundgegeben werden muß.[89] Dieser Wille ist nicht Bestandteil der Patronatserklärung. Die Patronatserklärung soll nicht die Erfüllung selbst garantieren, sondern allein dem Bankinstitut versichern, daß der Patron von den die Bonität des Rechtsgeschäftes begründenden Voraussetzungen Kenntnis hat.[90]

Gerade im Hinblick darauf, daß zwischen Muttergesellschaft und Bank keinerlei vertragliche Beziehungen bestehen, ist die "lettera di patronage" als eine Erklärung anzusehen, die einen Dritten dazu veranlaßt, einen Vertrag abzuschließen. Damit werden die Patronatserklärungen eher im Lichte von atypischen persönlichen Sicherheiten betrachtet. Erfüllt der Patron hingegen seine mittels der Patronatserklärung eingegangene Verpflichtung nicht, so haftet er nach Art. 2043 cod. civ. aus unerlaubter Handlung.[91] Damit begründet die "lettera di patronage" eine außervertragliche Haftung, während mit der Übernahme bürgschaftsrechtlicher Pflichten eine Haftung direkt aus dem Bürgschaftsvertrag hergeleitet werden kann. Bei Insolvenz der abhängigen Gesellschaft haftet der Patron somit nur auf Schadensersatz, wenn man ihm Vorsatz oder Fahrlässigkeit nachweisen kann.

Im Rahmen der kollisionsrechtlichen Bewertung der deutschen und italienischen Patronatserklärung ergeben sich keine bedeutenden Unterschiede hinsichtlich der Abgrenzung zur Bürgschaft. Unabhängig davon, welches Recht für anwendbar erklärt wird, muß sowohl im deutschen als auch im italienischen Rechtskreis der Wille zum Eingehen einer bürgschaftsrechtlichen Verpflichtung

---

88 *Viale* Garanzie bancarie, S. 158.
89 Corte d'Appello Giur. it. 1982 I 2, S. 781.
90 Cass. Le società 1985, 717 ff.
91 *Viale* Garanzie bancarie, S. 160.

aus der gegenüber der Bank abgegebenen Erklärung hervorgehen, um eine Haftung aus der Bürgschaft zu begründen.

III. Fazit der Abgrenzung und Folgerungen für den weiteren Gang der Untersuchung

1. Deutschland

Die vorgenommene Abgrenzung zu den anderen Sicherungsrechten hat gezeigt, daß sich die Bürgschaft in Deutschland, wie in Italien, durch das bei anderen Sicherungsrechten, wie beispielsweise bei der Kreditversicherung und der gesamtschuldnerischen Mitverpflichtung, zumeist fehlende Element der Akzessorietät unterscheiden läßt. Auch hinsichtlich der Abgrenzung zur Garantie ist grundsätzlich auf das Vorliegen der Akzessorietät bei der Bürgschaft als Abgrenzungskriterium abzustellen. Lediglich bei der im Bankenverkehr vorkommenden Bürgschaft bzw. Garantie „auf erstes Anfordern" ist diese substantielle Unterscheidung durch die Rechtsprechung des BGH aufgegeben worden. Als Unterscheidungsmerkmal genügt jedoch die hierbei verwendete Terminologie, zumal im Bankenverkehr der geringe Unterschied zwischen Garantie und Bürgschaft bekannt sein müßte. Zusammenfassend läßt sich somit sagen, daß die Bürgschaft hinreichend deutlich von anderen Sicherungsinstrumenten abgegrenzt werden kann und der Untersuchungsgegenstand somit klar zu Tage liegt.

2. Italien

Probleme hinsichtlich der Abgrenzung ergeben sich im italienischen Recht bei der Garantie, insbesondere bei der „cauzione fideiussoria". Die Abgrenzung der Bürgschaft zu anderen Sicherungsrechten nach deutschem und italienischem Recht hat ferner ergeben, daß Rechtsunterschiede im deutsch-italienischen Rechtsverkehr bestehen. Ob und wieweit sich hierdurch kollisionsrechtliche Probleme im deutsch-italienischen Rechtsverkehr ergeben, wird im Rahmen dieser Arbeit näher zu untersuchen sein. Dabei wird sich gegebenenfalls auch die Frage stellen, inwieweit sich beim Mitbürgenausgleich Schwierigkeiten ergeben, wenn eine deutsche Bürgschaft und eine „cauzione fideiussoria" zusammentreffen.[92]

92 Vgl. dazu unter § 9.

Ferner wird man untersuchen müssen, ob auch die nichtakzessorische Garantie nach italienischem Recht bei Abtretung der deutschem Recht unterstehenden Hauptforderung nach § 401 BGB auf den Zessionar übergeht.[93]

93 Vgl. dazu näher § 7 I.

2. Teil: Die Bürgschaft im deutschen internationalen Privatrecht

§ 3 Das Bürgschaftsstatut

I. Kollisionsrechtliche Anknüpfung der Bürgschaft nach derzeitigem EGBGB

1. Eigenständige kollisionsrechtliche Einordnung der Bürgschaft

Im Rahmen der kollisionsrechtlichen Betrachtung der Bürgschaft stellt sich die Frage, ob infolge des akzessorischen Charakters das Obligationsstatut der Hauptschuld zu dem der Bürgschaft wird. Es ist in Deutschland jedoch unstreitig, daß auf die Verbindlichkeit des Bürgen nicht automatisch das Recht der Hauptschuld anwendbar ist.[94] Das anwendbare Recht ist vielmehr selbständig zu ermitteln.[95] Die Bürgschaft hat demnach ein selbständiges Obligationsstatut.[96] Voraussetzung für eine akzessorische Anknüpfung an das Statut der Hauptschuld wäre zum einen, daß ein enger wirtschaftlicher Zusammenhang zwischen den einzelnen Verträgen bestünde[97], und darüber hinaus, daß der „Nebenvertrag" zwischen den gleichen Vertragsparteien abgeschlossen worden wäre wie der Hauptvertrag (Parteienidentität). Da die Parteien des Bürgschaftsvertrages aber gerade nicht identisch sind, muß eine akzessorische Anknüpfung des Bürgschaftsstatuts an das der Hauptschuld ausscheiden.[98]

---

94 OLG Hamburg IPRspr 1976, Nr. 147; LG Hamburg RIW 1993, 144; Soergel/*v. Hoffmann* Art. 28 Rdn. 258; *Reithmann/Martiny*, Rdn. 507.

95 Unbestritten, siehe MüKo/*Martiny* Art. 28 EGBGB Rdn. 220; Soergel/*Kegel* vor Art. 7 EGBGB Rdn. 427; *Reithmann/Martiny*, Rdn. 507; Palandt/*Heldrich* Art. 28 EGBGB Rdn. 20 jeweils m. weit. Nachw.; *Kropholler* IPR § 52 III; *Kegel* IPR § 18 I, S. 494.

96 Grundlegend *Letzgus* RabelsZ 3 (1929), S. 827, 839.

97 *Kegel* IPR S. 430.

98 BGH, BGHZ 121, 224, 228 = NJW 1993, 1126; OLG Frankfurt RIW 1995, 1033; LG Hamburg RIW 1993, 144; MüKo/*Martiny* Art. 28 Rdn. 220; Soergel/*v. Hoffmann* Art. 28 Rdn. 285; *Severain* Bürgschaft, S. 30 ff.; *v. Bar* IPR, Rdn. 496.

2. *Anknüpfung mangels Rechtswahl gem. Art. 28 Abs. 2 EGBGB*

In erster Linie bestimmt sich das Bürgschaftsstatut gem. Art. 27 EGBGB nach dem Parteiwillen. Hierauf ist im folgenden Abschnitt gesondert einzugehen (vgl. § 4). Fehlt eine Rechtswahl, führt eine objektive Anknüpfung[99] gem. Art. 28 Abs. 2 EGBGB zum Recht des gewöhnlichen Aufenthalts bzw. der gewöhnlichen Niederlassung des Bürgen im Zeitpunkt des Vertragsabschlusses, weil dieser die das Vertragsverhältnis kennzeichnende Leistung (Haftungsrisiko) zu erbringen hat.[100] Es kann jedoch die Bürgschaft so sehr mit anderen Geschäften verbunden sein, daß wegen der engeren Verbindung gem. Art. 28 Abs. 5 EGBGB das Recht am Ort des gewöhnlichen Aufenthalts bzw. der gewöhnlichen Niederlassung des Bürgen zurücktreten muß.[101] Dies wurde von der Rechtsprechung etwa dann bejaht, wenn der Bürge für neue Geschäftskredite zugleich auch Gesellschaftsanteile an der Hauptschuldnerin übernehmen mußte.[102] Die nach früherem Recht vertretene hilfsweise Anknüpfung der Bürgschaft an den Erfolgsort[103] ist nach der Neuregelung des EGBGB nicht mehr zulässig, da das römische EWG-Übereinkommen über das auf vertragliche Schuldverhältnisse anzuwendende Recht (EVÜ) und ihm folgend jetzt das internationale Schuldvertragsrecht des EGBGB den Erfüllungsort nicht mehr als selbständige Anknüpfung kennen[104].

II. Reichweite des Bürgschaftsstatuts

Hinsichtlich der Frage, was unter das Bürgschaftsstatut fällt, wird allgemein die Faustregel angewandt, daß „das Recht der Hauptschuld maßgebend dafür ist, *was* der Bürge zu leisten hat, und das Recht des Bürgschaftsvertrages, *ob* er zu leisten hat“[105]. Das Bürgschaftsstatut bestimmt somit vor allem die Art der Haftung des

---

99 Zur kollisionsrechtlichen Problematik bei einer Rechtswahl gem. Art. 27 EGBGB siehe unten § 4.

100 BGH, BGHZ 121, 224, 228; MüKo/*Martiny* Art. 28 Rdn. 220; *v. Bar* IPR, Rdn. 496; *Severain* Bürgschaft, S. 30 ff.

101 MüKo/*Martiny* Art. 28 Rdn. 220; Soergel/*v. Hoffmann* Art. 28 Rdn. 286.

102 OLG Oldenburg IPRspr 1975 Nr. 15; vgl. auch OLG Hamburg IPRspr. 1958/59 Nr. 61; Staudinger/*Magnus* Art. 28 Rdn. 498.

103 So insbesondere RG, RGZ 96, 292; RGZ 137, 1; OLG Hamburg MDR 1977, 759.

104 *Kegel* IPR, § 18 I e; Soergel/*v. Hoffmann* Art. 28 Rdn. 286; MüKo/*Martiny* Art. 28 Rdn. 220.

105 So schon *Letzgus* RabelsZ 3 (1929), 827, 838.

Bürgen.[106] Diese allgemeine Abgrenzungsformel soll im folgenden anhand einzelner Rechte des Bürgen näher dargestellt werden.

1. Einrede der Vorausklage

Demnach bestimmt sich nach dem Bürgschaftsstatut, ob dem Bürgen die Einrede der Vorausklage zusteht.[107] Dies ist daher von Bedeutung, daß dieser Rechtsbehelf des Bürgen nicht in allen Rechtskreisen selbstverständlich ist. Besonders in Italien hat der Bürge diese Einrede nur bei Vereinbarung gem. Art. 1944 cod. civ. Nach italienischem Recht haftet somit der Bürge grundsätzlich gesamtschuldnerisch mit dem Hauptschuldner.

2. Sonstige Leistungsverweigerungsrechte des Bürgen

Auch die Frage, ob der Bürge die Leistung verweigern kann, wenn ihm der Gläubiger nicht seine Ansprüche gegen den Hauptschuldner abtritt (sog. beneficium cedentarium actionum), entscheidet das Bürgschaftsstatut.[108] Teilweise wird diesbezüglich mit einer Analogie zu Art. 33 Abs. 1 S. 1 EGBGB argumentiert,[109] was jedoch keinen Unterschied macht, da das Ergebnis nicht umstritten und eine Analogie sicherlich vertretbar ist.

3. Akzessorietät der Haftung

Des weiteren bestimmt das Bürgschaftsstatut, ob, wieweit und wie lange der Bürge haftet.[110] Ob die Bürgschaft akzessorisch ist und demzufolge in ihrem Bestand von der Hauptschuld abhängig ist, entscheidet das Bürgschaftsstatut.[111] Hierunter fällt auch, unter welchen Umständen die Haftung des Bürgen endet und welche Wirkung die Tilgung der Hauptschuld auf die Bürgschaftsschuld hat.[112] Das Bürgschaftsstatut gilt demnach auch für Bereicherungsansprüche des Bürgen gegen den Schuldner bei unwirksamem Vertrag oder nicht einredefrei bestehender

---

106 MüKo/*Martiny* Art. 28 Rdn. 221; Staudinger/*Magnus* Art. 28 Rdn. 449; Soergel/v. *Hoffmann* Art. 28 Rdn. 287.

107 Soergel/v. *Hoffmann* Art. 28 Rdn. 287; MüKo/*Martiny* Art. 28 Rdn. 221; *Severain* Bürgschaft, S. 59 ff.; vgl. zum alten Recht ebenso RG, RGZ 9, 185, 188; 10, 282; 34, 15; 54, 311, 316.

108 *Reithmann/Martiny*, Rdn. 511.

109 So *Wandt* ZVglRW 86 (1987), 272, 311; MüKo/*Martiny* Art. 28 Rdn. 223.

110 *Reithmann/Martiny*, Rdn. 508, 509.

111 BGH NJW 1977, 1011 mit Anm. *Jochem*; Soergel/v. *Hoffmann* Art. 28 Rdn. 287.

112 *Reithmann/Martiny*, Rdn. 508.

Hauptschuld[113]. Darüber hinaus wird sogar behauptet, daß das Bürgschaftsstatut regeln solle, ob der Bürge auch für Zinsen, Vertragsstrafen, Schadensersatz wegen Nichterfüllung und dergleichen hafte, ob besondere Mitteilungspflichten gegenüber dem Bürgen bestehen sowie welche Folgen ihre Verletzung habe.[114] Dem ist jedoch nicht zuzustimmen, da sich der Umfang der Haftung nach einhelliger Meinung[115] nach dem Statut der Hauptforderung bestimmt.

4. Interzessionsverbote

Umstritten ist, ob sich sog. Interzessionsverbote – wie insbes. eherechtliche Verfügungsbeschränkungen nach § 1365 BGB – nach dem Bürgschaftsstatut oder aber nach dem Ehe- bzw. Güterrechtsstatut richten. Entgegen der Ansicht des BGH[116] ist mit der überwiegenden Lehre im Schrifttum[117] grundsätzlich nicht das Bürgschaftsstatut, sondern das Ehe- oder Güterrechtsstatut maßgebend. Die Frage, ob ein Ehepartner eine Bürgschaft abschließen darf, ist keine Frage des Bürgschaftsrechts, sondern eine selbständig anzuknüpfende Vorfrage.[118] Die Frage, ob zum Schutz des Gläubigers eine Analogie zu Art. 16 EGBGB erwogen werden kann, ist im Abschnitt über die Probleme im Zusammenhang mit der Rechtswahl zu erörtern.[119]

5. Regreß des Bürgen gegen den Hauptschuldner

Das Bürgschaftsstatut ist auch dafür maßgeblich, welche Folgen eine Inanspruchnahme des Bürgen hat. Dies gilt insbesondere für die Frage des Regresses des Bürgen, nachdem er den Bürgen befriedigt hat. Dieser ist, mangels vertraglicher Abrede zwischen Bürgen und Hauptschuldner, in Deutschland durch § 774 BGB im Wege der Legalzession geregelt. Kollisionsrechtlich ist die Frage in Art. 33 Abs. 3 S. 1 EGBGB geregelt. Der Regreß stellt den Ausgleich für die Verpflichtung des Bürgen dar und ist daher auch kollisionsrechtlich entsprechend

---

113 MüKo/Kreuzer I vor Art. 38 EGBGB Rdn. 17 m. weit. Nachw.

114 So wohl *Schefold* WM 1985, 1517, 1518.

115 MüKo/*Martiny* Art. 28 Rdn. 222 m. weit. Nachw.; *Severain* Bürgschaft, S. 42 ff.

116 BGH NJW 1977, 1011 m. abl. Anm. *Jochem* = BGH JZ 1977, 438 m. abl. Anm. *Kühne*.

117 Staudinger/*Magnus* Art. 28 Rdn. 501; MüKo/*Martiny* Art. 28 Rdn. 224; Palandt/*Heldrich* Art. 28 Rdn. 20; *Hanisch* IPRrax 1987, 47, 50; *v. Bar* IPR, Rdn. 496; *Severain* Bürgschaft, S. 65 ff.; *Jochem* und *Kühne* s. Fn 116.

118 *Severain* Bürgschaft, S. 65 ff.

119 Vgl. näher hierzu sogleich unter § 4.

anzuknüpfen.[120] Das Rückgriffsrecht des zahlenden Bürgen gegen den entlasteten Hauptschuldner folgt dem Bürgschaftsstatut, gleichgültig wie dieses Recht den Regreß rechtstechnisch ausgestaltet.

a) Derzeitige Regelung des Art. 33 Abs. 3 EGBGB

Entgegen der Rechtslage vor der IPR-Reform liegt nunmehr in Art. 33 Abs. 3 S. 1 EGBGB eine klare gesetzliche Regelung vor. Während sich die Absätze 1 und 2 mit der Forderungsabtretung befassen, betrifft Abs. 3 den gesetzlichen Forderungsübergang[121]. Über die Berechtigung des Bürgen zur Geltendmachung der Forderung entscheidet nach Art. 33 Abs. 3 S. 1 EGBGB die Rechtsordnung, die für die Verpflichtung des Dritten gegenüber dem alten Gläubiger maßgebend ist (sog. Zessionsgrundstatut).[122] Das Zessionsgrundstatut ist im Fall der Bürgschaft das Bürgschaftsstatut, da dieses die Verpflichtung des Bürgen begründet.[123] Das Forderungsstatut, im Fall der Bürgschaft also das Statut der Hauptforderung, ist hingegen nach der überwiegenden Meinung aufgrund der nunmehr geltenden Regelung unbeachtlich.[124] Anders als Art. 13 EVÜ erwähnt das Gesetz lediglich die Verpflichtung zur Befriedigung des Gläubigers, nicht aber die Schuldentilgung selbst. Eine inhaltliche Abweichung zum EVÜ ist damit aber nicht beabsichtigt.[125]

b) Exkurs zum Meinungsstand nach früherem Recht

Nach altem Recht wurde ein Schutz des Schuldners gegen eine ihm unbekannte cessio legis nach dem Recht der erfüllten Forderung (also dem Forderungsstatut) verlangt. Hierbei war es heftig umstritten, nach welchem Recht sich der gesetzliche Forderungsübergang richten sollte. Teilweise wurde hier auf die Alleinherrschaft des Forderungsstatuts abgestellt[126] oder, wie nach der neuen Gesetzeslage, auf die Alleinherrschaft des Zessionsstatuts[127]. Die überwiegende Literaturmeinung hatte diesbezüglich einen Mittelweg vertreten, wonach sich der gesetzliche

---

120 MüKo/*Martiny* Art. 28 Rdn. 223; Soergel/v. *Hoffmann* Art. 28 Rdn. 288; Staudinger/*Magnus* Art. 28 Rdn. 499; *Severain* Bürgschaft, S. 91 ff.

121 *Firsching* IPR, Rdn. 89.

122 MüKo/*Martiny* Art. 33 Rdn. 22.

123 *Firsching* IPR, Rdn. 89, 91; *Reithmann/Martiny*, Rdn. 512; MüKo/*Martiny* Art. 28 Rdn. 223.

124 *Firsching* IPR, Rdn. 89, 91; *Reithmann/Martiny*, Rdn. 512; MüKo/*Martiny* Art. 33 Rdn. 22.

125 MüKo/*Martiny* Art. 33 Rdn. 22.

126 So OLG Celle IPRax 1982, 203.

127 BGH NJW 1972, 387; LG München IPRax 1982, 78.

Forderungsübergang nach dem Recht, das für das Verhältnis zwischen dem Gläubiger und dem Bürgen maßgebend sei, also dem sog. Zessionsgrund- bzw. Bürgschaftsstatut, richten sollte. Lediglich der Schutz des Schuldners gegen eine ihm unbekannte cessio legis solle dem Recht unterliegen, das die erfüllte Forderung beherrscht, nämlich dem Forderungsstatut.[128]

c) Schuldnerschutz nach derzeitigem Recht

Aufgrund der nunmehr eindeutigen Regelung in Art. 33 Abs. 3 S. 1 EGBGB könnte man der Meinung sein, daß diese Auseinandersetzung auf sich beruhen könne, da eine Einschränkung der Legalzession bei fehlender Zulassung im Statut der zu zedierenden Hauptforderung nicht mehr in Betracht komme.[129] Schließlich ist im Unterschied zu Art. 33 Abs. 2 EGBGB, wonach bei der Abtretung die Schuldnerschutzvorschriften des Forderungsstatuts zum Zuge kommen, in Art. 33 Abs. 3 EGBGB trotz gleichen Schutzbedürfnisses nicht die Rede.

Wegen dieses identischen Schutzbedürfnisses stellt sich allerdings gleichwohl die Frage, ob nicht doch trotz des scheinbar eindeutigen Gesetzeswortlauts des Art. 33 Abs. 3 S. 1 EGBGB zugunsten des Schuldnerschutzes eine Abweichung hin zum Forderungsstatut möglich ist. Wie oben unter Punkt b) erwähnt, war der Schuldner vor Inkrafttreten des Art. 33 Abs. 3 EGBGB zumindest nach der überwiegenden Literaturmeinung nicht vollständig dem für ihn fremden Zessionsstatut ausgesetzt. Auch Art. 17 Abs. 2 EVÜ-Entwurf 1972 hatte die Übertragbarkeit sowie die Rechte und Pflichten des Schuldners dem Forderungsstatut überlassen.[130] Ob dieser Gesichtspunkt nach dem neuen Recht ganz unberücksichtigt bleiben soll oder ob eventuell eine Teilanalogie zu Art. 33 Abs. 2 EGBGB in Betracht zu ziehen ist, ist noch nicht abschließend geklärt.

Teilweise wird jedoch in der Literatur die Ansicht vertreten, der Schuldnerschutz sei auch hier dem Forderungsstatut zu entnehmen.[131]

d) Stellungnahme

Für eine Stellungnahme ist zunächst festzuhalten, daß sich der Wortlaut des Art. 33 Abs. 3 S. 1 EGBGB lediglich auf die Berechtigung des Dritten, also des Bürgen, nicht aber auf die Ausgestaltung des Regreßanspruchs im einzelnen bezieht.

---

128 Soergel/*Kegel* vor Art. 7 Rdn. 448; *Beemelmans* RabelsZ 29 (1965), S. 511 ff.

129 Vgl. etwa den Bericht von *Giuliano-Lagarde* in BT-Drucks. 10/503, S. 36, 67; *Wandt* ZVglRW 86 (1987), S. 272, 284 ff.

130 MüKo/*Martiny* Art. 33 Rdn. 25; *Beemelmans* RabelsZ 29 (1965), S. 511 ff.

130 MüKo/*Martiny* Art. 33 Rdn. 25.

131 *Kegel* IPR, § 18 VII 2; MüKo/*Martiny* Art. 33 Rdn. 25 m. weit. Nachw.

Infolge dieses klaren Wortlauts der Regelung, wie auch der Vorgabe aus dem EVÜ, ist die Auffassung, die allein auf das Forderungsstatut abstellen wollte, obsolet geworden. Damit ist aber noch nicht gesagt, daß eine Teileinschränkung der Legalzession aus Schuldnerschutzgesichtspunkten nicht auch mit Blick auf das Forderungsstatut in Betracht kommt. Eine derartige Teilanalogie zu Art. 33 Abs. 2 EGBGB kommt jedoch nur dann in Betracht, wenn der Schuldnerschutz auf Basis des durch Art. 33 Abs. 3 EGBGB zu bestimmenden Rechts lückenhaft ist. Bevor also die Schuldnerschutzvorschriften aus dem Forderungsstatut herangezogen werden können, ist sorgfältig zu prüfen, ob der Schuldnerschutz nach dem auf Basis des Zessionsgrundstatuts anwendbaren Rechts wirklich erheblich hinter den Schuldnerschutzmechanismen des Forderungsstatuts zurückbleibt.

Bezogen auf den Schutz des Hauptschuldners im deutsch-italienischen Rechtsverkehr vor einer ungerechtfertigten Inanspruchnahme durch den Bürgen ist also zu fragen, inwieweit das deutsche Bürgschaftsrecht den Schuldner schützt und ob dieser Schutz hinter dem italienischen Recht zurückbleibt. Ergibt sich aus Art. 33 Abs. 3 S. 1 EGBGB, daß sich der Bürge gem. § 774 Abs. 1 S. 1 BGB beim Hauptschuldner erholen kann, so ist zu berücksichtigen, daß über § 774 Abs. 1 S. 3 BGB die §§ 404 ff. BGB entsprechend Anwendung finden. Der Hauptschuldner kann dem Bürgen also die Einwendungen entgegenhalten, die ihm auch gegenüber dem Gläubiger zustanden, und kann weiterhin schuldbefreiend an den Gläubiger leisten, wenn er von der Befriedigung des Gläubigers durch den Bürgen keine Kenntnis hatte. Da diese Schutzvorschriften des Hauptschuldners nach deutschem Recht nicht hinter denen des italienischen Rechts zurückbleiben,[132] bedarf es einer Heranziehung der Schuldnerschutzvorschriften des ausländischen Rechts im deutsch-italienischen Rechtsverkehr nicht. Entsprechendes gilt, wenn sich das Bürgschaftsstatut und der Bürgenregreß gem. Art. 13 EVÜ nach italienischem Recht richten, für die Hauptforderung aber deutsches Recht gilt.

e) Vorrang der Vereinbarung zwischen Hauptschuldner und Bürgen

Aus § 774 Abs. 1 S. 3 BGB folgt, daß sich ein Ausgleichsanspruch aus dem Innenverhältnis zwischen Hauptschuldner und Bürgen ergeben kann und dieses mit

---

132 Im italienischen Recht hat der Hauptschuldner gegenüber dem Bürgen die gleichen Einwendungen wie gegenüber dem Gläubiger, da der Bürge gem. Art. 1949 cod. civ. in Verbindung mit Art. 1203 lit. 3 cod. civ. bei Zahlung der Schuld in die Rechte und Pflichten des Gläubigers eintritt. Dies ergibt sich schon aus der Surrogation gem. Art. 1949 cod. civ. (siehe hierzu auch die Ausführungen in *Rescigno* Cod. Civ. Art. 1949 Ziff. 1 m. weit. Nachw.); siehe insbesondere *Fragali* Voce Fideiussione, S. 355 u. 372.

Blick auf Einwendungen des Schuldners *vorrangig* zu prüfen ist. Die Einwendungen aus dem Innenverhältnis, bei dem es sich regelmäßig um einen Bürgschaftsauftrag handelt, schlagen auch auf die im Wege der cessio legis erworbene Forderung durch.[133] Ob sich das Innenverhältnis zwischen Hauptschuldner und Bürge kollisionsrechtlich nach dem Bürgschaftsstatut oder aber nach dem Recht des Kausalverhältnisses selbst richtet, ist umstritten.[134]

6. Anknüpfung der Hauptschuld und deren Verhältnis zur Bürgenverpflichtung

Was der Bürge im einzelnen zu leisten hat, bestimmt demgegenüber das Recht, dem die Hauptschuld untersteht.[135] Auch wenn demnach das Bürgschaftsstatut selbständig zu bestimmen ist, ergibt sich dennoch eine Verknüpfung der Bürgenverpflichtung mit der Hauptschuld. Unter Heranziehung des Art. 32 EGBGB kann der Grundsatz festgestellt werden, daß das Recht des Bürgschaftsvertrages bestimmt, wann es auf den Inhalt und den Bestand der Hauptforderung ankommt und somit das Recht der Hauptforderung zur Anwendung zu bringen ist.[136]

Das Verhältnis zwischen dem Recht der Bürgschaft und dem Recht der Hauptschuld ist hingegen von der Frage zu unterscheiden, wie das Recht der Hauptschuld festzustellen ist, wenn es von dem Recht des Bürgschaftsvertrages als relevant erachtet wird. Soweit es auf das Bestehen und den Umfang der Hauptschuld ankommt, stellt sich demnach die Frage, ob es sich um eine selbständig oder unselbständig anzuknüpfende Vorfrage handelt.[137] Teilweise wird hierzu vertreten, daß Vorfragen nach dem Kollisionsrecht derjenigen Rechtsordnung angeknüpft werden, die für die Hauptfrage maßgeblich ist (unselbständige Anknüpfung).[138] Hierbei wird die Wahrung des „äußeren Entscheidungseinklanges“ zur Begründung angeführt. Die überwiegende Rechtsprechung[139] und der größte Teil der Literatur[140] sprechen sich hingegen für eine selbständige Anknüpfung der Vorfrage aus, wobei der „innere Entscheidungseinklang“ in den Vordergrund gerückt wird. Im Rahmen des Bürgschaftsrechts ist dieser Meinungsstreit weitgehend ausgetragen, da sich die selbständige Anknüpfung durchgesetzt

---

133 Vgl. etwa MüKo/*Habersack* § 774 Rdn. 17, 20.
134 MüKo/*Martiny* Art. 33 EGBGB Rdn. 24 m. weit. Nachw. zum Streitstand.
135 *Letzgus* RabelsZ 3 (1929), 827, 838.
136 *Severain* Bürgschaft, S. 43.
137 *Letzgus* RabelsZ 3 (1929), 827, 853; MüKo/*Martiny* Art. 28 Rdn. 222.
138 OLG Hamm IPRspr 1972, Nr. 39; LG Stuttgart IPRspr. 1968/69, Nr. 73.
139 BGH, BGHZ 43, 213, 218, 220; OLG Hamm FamRZ 1982, 166 f.; *Wengler* RabelsZ 8, 151.
140 *Kegel* IPR, § 9 II 1, S. 276; *Kropholler* IPR, S. 205.

hat[141]. Begründet wird dies mit der unerträglichen internen Dissonanz, die auch von Vertretern, die ansonsten eine unselbständige Anknüpfung befürworten,[142] zugestanden wird. Ein kollisionsrechtlicher Konflikt kann aus dieser selbständigen Anknüpfung der Hauptschuld nur dann entstehen, wenn die beteiligten Rechtsordnungen bei der Anknüpfung der Hauptschuld zu unterschiedlichen Ergebnissen kommen, mit der Konsequenz, daß auf das Recht der Hauptforderung unterschiedliches Recht anzuwenden ist. Ein möglicher Konflikt ergibt sich zum Beispiel daraus, daß das Recht der einen Rechtsordnung von der Nichtigkeit der Hauptforderung ausgeht, während das Recht der anderen deren Gültigkeit annimmt.[143] Aufgrund der Geltung des EVÜ sowohl in Italien[144] als auch in Deutschland durch dessen Inkorporierung in das EGBGB, ist trotz selbständiger Anknüpfung der Hauptschuld eine gleichartige Zuordnung der Hauptforderung zu einer der beiden Rechtsordnungen gegeben, so daß diesbezüglich im deutsch-italienischen Rechtsverkehr keine kollisionsrechtlichen Konflikte anzunehmen sind.

III. Ausgleichsanspruch des leistenden Bürgen bei mehreren Sicherern

Im Rahmen der Absicherung einer Hauptforderung im internationalen Geschäftsverkehr wird es aufgrund der zunehmenden internationalen Verflechtungen immer häufiger vorkommen, daß mehrere Sicherungsrechte zur Absicherung einer Forderung bestellt werden. So kann es vorkommen, daß etwa zur Absicherung einer Forderung mehrere Bürgschaften (Mitbürgschaften) bestellt werden, die verschiedenen Rechtsordnungen unterliegen, oder eine Bürgschaft mit anderen Sicherungsrechten, wie etwa einer dinglichen Sicherheit, kollidiert, welche ebenfalls einer anderen Rechtsordnung als derjenigen der Bürgschaft unterliegen.

1. Ausgleichsanspruch des Bürgen gegenüber Mitbürgen

Bei der Bestellung mehrerer Bürgschaften zur Absicherung einer Forderung stellt sich die Frage der kollisionsrechtlichen Problematik. Da aus Art. 33 Abs. 3 S. 2 EGBGB folgt, daß der Rückgriff des Bürgen gegenüber Mitbürgen dem Bürgschaftsstatut unterliegt, kann folglich für die Verpflichtung der einzelnen Mitbürgen durchaus verschiedenes Recht gelten.[145] Sind mehrere Bürgen vorhanden, die

141 *Severain* Bürgschaft, S. 46; MüKo/*Martiny* Art. 28 Rdn. 222.
142 *Wengler* RabelsZ 8, 219; MüKo/*Martiny* Art. 28 Rdn. 222.
143 Siehe hierzu eingehender *Severain* Bürgschaft, S. 47, 48.
144 Siehe die Verweisungsnorm des Art. 2 dir. int. priv.
145 *Reithmann/Martiny*, Rdn. 513.

in verschiedenen Ländern ihren Wohnsitz bzw. Firmensitz haben, so sind die Forderungen gegen die einzelnen Bürgen in verschiedenen Ländern zu belegen, so daß sich hieraus eine unterschiedliche Anwendung von Eingriffsvorschriften ergibt. Haben sich demnach für eine Verbindlichkeit mehrere Personen verbürgt, können sich hieraus aufgrund der verschiedenartigen Rechtsordnungen, die bei unterschiedlichen Bürgschaftsstatuten Anwendung finden, kollisionsrechtliche Probleme ergeben. Diese können auch im deutsch-italienischen Rechtsverkehr auftreten. Sie sind deshalb im 4. Teil dieser Arbeit eingehender zu untersuchen.

2. *Ausgleichsanspruch des leistenden Bürgen gegenüber dinglichen Sicherern*

Leistet der Bürge an den Gläubiger der Hauptforderung und bestehen für diese außer der Bürgschaft noch weitere Sicherungsrechte, wie beispielsweise eine Hypothek an einem Grundstück, welches jedoch in einer anderen Rechtsordnung gelegen ist als diejenige, der die Bürgschaft untersteht, so ergeben sich ebenfalls kollisionsrechtliche Konflikte.

Aufgrund des gesetzlichen Forderungsübergangs gem. Art. 33 Abs. 3 EGBGB[146] hat das Bürgschaftsstatut, welches Rechtsgrund für die Leistung war, auch darüber zu befinden, ob die dinglichen Sicherheiten auf den leistenden Bürgen übergehen. Problematisch ist dies jedoch, wenn der Übergang von Hypotheken oder Pfandrechten in Frage steht, die im Ausland gelegen sind und somit von der jeweiligen lex rei sitae beherrscht werden.[147] In einem solchen Fall kann ein Übergang des dinglichen Sicherungsrechts auf den leistenden Bürgen nur dann angenommen werden, wenn auch die jeweilige lex rei sitae von einem derartigen Übergang ausgeht.[148] Es ist somit davon auszugehen, daß dingliche Rechte auf den leistenden Bürgen nur dann übergehen, wenn das Recht, dem die Bürgschaft untersteht, einen solchen Übergang anordnet und das Recht der dinglichen Sicherheit, die übergehen soll, diesen Übergang billigt.[149] Auch bei dieser kollisionsrechtlichen Problematik ist eine Relevanz im Hinblick auf den deutsch-italienischen Rechtsverkehr offensichtlich. Sie soll daher im 4. Teil dieser Untersuchung vertieft werden.

---

146 Siehe hierzu oben unter Punkt § 3 II 5.

147 Staudinger[12]/*Stoll* Internationales Sachenrecht Nach Art. 12 EGBGB Rdn. 177, 181 m. weit. Nachw.

148 *Reithmann/Martiny*, Rdn. 223.

149 Vgl. dazu *Beemelmans* RabelsZ 29 (1965), 526 ff.

IV. Anwendbarkeit des ordre public bei Enteignung des an der Hauptschuldnerin beteiligten Bürgen

Da, wie oben unter II geschildert, das Recht des Bürgschaftsvertrags (Bürgschaftsstatut) bestimmt, ob der Bürge zu leisten hat, so erscheint es zunächst unzweifelhaft, daß sich der Verfall einer Bürgschaftsverpflichtung nach dem Bürgschaftsstatut richtet.

1. Einführung in die Problematik

Probleme können dann auftreten, wenn die Bürgschaftsübernahme deutschem Recht unterliegt, der Bürge aber an der ausländischen Hauptschuldnerin beteiligt ist und seine Beteiligung infolge einer Enteignung verliert, die sich ebenfalls nach dem ausländischen Recht richtet. Auch hierbei kann man sich auf den Standpunkt stellen, daß die Enteignung und deren Anerkennung in einem anderen Staat unabhängig von der Verpflichtung des Bürgen zu beurteilen ist und dies auch bei Personenidentität gilt. Problematisch wird es jedoch, wenn durch die Enteignung Grundrechte des Bürgen wie etwa Art. 14 Abs. 3 GG tangiert werden und hierdurch Abweichungen von der strengen Einordnung der Bürgenverpflichtung unter das Bürgschaftsstatut unter dem Gesichtspunkt des Verstoßes gegen den ordre public des Art. 6 EGBGB zu erwägen sind.

2. Darstellung der Problematik anhand der Entscheidung des Bundesgerichtshofs (BGHZ 104, 240 ff.)

In dem vom Bundesgerichtshof entschiedenen Fall ging es darum, daß sich ein ausländischer Bürge mit Wohnsitz im Ausland für die Verbindlichkeiten eines im Ausland gelegenen Unternehmens verbürgt hatte, wobei sich die Bürgschaft nach deutschem Recht richtete. Die Bürgschaftsgläubigerin, eine Aktiengesellschaft deutschen Rechts, gehörte zu 85% dem Staat, welcher zuvor sämtliche Anteile des Bürgen an der Hauptschuldnerin entschädigungslos enteignet hatte. Nach der Enteignung zahlte die Hauptschuldnerin nicht mehr, weshalb die Gläubiger sie wegen der offenen Verbindlichkeiten nunmehr (durch Aufrechnung mit Festgeldguthaben) in Anspruch nahmen.[150]

Dabei war zu klären, ob die Inanspruchnahme des Bürgen durch die Bürgschaftsgläubigerin, deren Mehrheitsgesellschafter zuvor den Bürgen entschädigungslos enteignet hatte, nicht einen Verstoß gegen den ordre public des Art. 6

150 Vgl. näher die Sachverhaltsdarstellung in BGHZ 104, 240 ff. = BGH NJW 1988, 2173.

EGBGB in Verbindung mit Art. 14 Abs. 3 GG darstellte. Möglich wäre es aber auch gewesen, daß sich ein Leistungsverweigerungsrecht aus dem Bürgschaftsvertrag selbst im Wege des Wegfalls der Geschäftsgrundlage ergab.[151] Dies wurde von den deutschen Gerichten unterschiedlich beurteilt.

Die Vorinstanz nahm an, daß die Leistung aus der Bürgschaft gem. § 242 BGB verweigert werden könne. Das in der ersten Instanz befaßte Landgericht begründete ein Leistungsverweigerungsrecht dagegen mit dem Wegfall der Geschäftsgrundlage des Bürgschaftsvertrags.[152]

Der Bundesgerichtshof bestätigte die vorinstanzlichen Urteile im Ergebnis, stützte jedoch das Leistungsverweigerungsrecht nicht auf § 242 BGB, sondern vielmehr auf einen Verstoß gegen den ordre public i.S.d. Art. 6 EGBGB. Hierbei ließ er die Anwendung des Art. 6 EGBGB oder des Art. 30 a.F. EGBGB aufgrund der Übereinstimmung des sachlichen Gehalts der Vorschriften offen.[153] Demgegenüber ist in der Literatur angenommen worden, daß es sich bei der Enteignung um eine selbständig anzuknüpfende Vorfrage handele, die für den nach deutschem Recht zu beurteilenden Sachverhalt nur über nationale Generalklauseln zu berücksichtigen sei.[154]

3. *Stellungnahme*

Hinsichtlich einer Stellungnahme ist zunächst davon auszugehen, daß eine erneute Inanspruchnahme des Bürgen nicht in Betracht kommen kann, wenn die Leistung des Bürgen zumindest mittelbar dem Staat zugute kommt, der die entschädigungslose Enteignung des Bürgen an der Hauptschuldnerin durchgeführt hat, da der Bürge dann zweimal zu leisten hätte. Richtig ist auch, daß die Lösung nicht über Art. 6 EGBGB gesucht werden kann, da sich hier sowohl die Bürgschaft, als auch die Aufrechnung und wohl auch die Hauptschuld nach deutschem Recht richten.[155] Es fehlt also an der Anwendbarkeit ausländischen Rechts, die durch die Vorbehaltsklausel zugunsten des deutschen Rechts verhindert ist. Richtigerweise ist als Lösung auf die Grundsätze über den Wegfall der Geschäftsgrundlage zurückzugreifen. Richtig ist zwar, daß das Bestehenbleiben der Leistungsfähigkeit des Hauptschuldners nie Geschäftsgrundlage einer Bürgschaft

---

151 Vgl. dazu MüKo/*Martiny* Art. 28 Rdn. 222.

152 BGH NJW 1988, 2173, 2174; *Hohloch* JuS 1988, 990, 991.

153 Vgl. Palandt[47]/*Heldrich* Art. 6 EGBGB Rdn. 1 a; BGH NJW 1988, 2173, 2174.

154 MüKo/*Martiny* Art. 28 Rdn. 222; *Schwung* RIW 1989, 482 f.; *Behrens* IPRax 1989, 217 ff.; *Sonnenberger* EWiR Art. 6 EGBGB 1/88.

155 Letzteres wird in der Entscheidung BGH, BGHZ 104, 240 nicht hinreichend deutlich; vgl. ebenso *Sonnenberger* EWiR Art. 6 EGBGB 1/88; *Schwung* RIW 1989, 482 f.

ist.[156] Indes war die Geschäftsgrundlage der Bürgschaft hier nicht die Leistungsfähigkeit der Hauptschuldnerin als solche, sondern die Beteiligung des Bürgen als Alleinaktionär an der Hauptschuldnerin und die damit verbundene Möglichkeit, die Zahlungsverpflichtungen steuern zu können. Der unfreiwillige Verlust dieser Beteiligung führt zum Wegfall der Geschäftsgrundlage der Bürgschaft. Eines Rückgriffs auf Art. 6 EGBGB bedurfte es deshalb nicht. Der Rückgriff auf Art. 6 EGBGB wäre aber dann veranlaßt, wenn das Bürgschaftsstatut dem ausländischen Recht unterstehen würde und an der Verpflichtung des Bürgen trotz der Enteignung festhalten würde.[157] Im deutsch-italienischen Rechtsverkehr dürften derartige Fallgestaltungen derzeit aber nicht vorkommen, so daß sich enteignungsrechtliche Probleme im Zusammenhang mit der Bürgschaftsübernahme nicht stellen und im Besonderen Teil dieser Arbeit nicht weiter untersucht werden müssen.

§ 4 Kollisionsrechtliche Probleme im Rahmen der Rechtswahl gem. Art. 27 EGBGB

I. Einführung in die Problematik

Das Bürgschaftsstatut wird in erster Linie gem. Art. 27 EGBGB vom Parteiwillen bestimmt.[158] Dabei kann die Rechtswahl auch stillschweigend erfolgen.[159] Sofern eine Rechtswahl hinsichtlich des Bürgschaftsstatuts vorgenommen wird, ist es umstritten, ob sie sich lediglich auf die schuldrechtliche Verpflichtung oder auch auf die Geschäftsfähigkeit und etwaige eherechtliche Verfügungsbeschränkungen erstreckt.

1. Ansicht des BGH

Ausgangspunkt für die diversen Ansichten hierzu ist das BGH-Urteil vom 15.11.1976, damals noch zu Art. 7 des alten EGBGB. Da bislang die vom BGH eingeschlagene Linie nicht revidiert wurde, muß davon ausgegangen werden, daß diese Ansicht des BGH auch heute noch Bestand hätte. Sie ist daher auch hier als Ausgangspunkt zu berücksichtigen. In dieser Entscheidung unterstellt der BGH

---

156 BGH, BGHZ 104, 240, 242; BGH NJW-RR 1987, 1188; BGH ZIP 1987, 1035, 1036.

157 So zutreffend Soergel/*v. Hoffmann* Art. 28 Rdn. 287 mit Fn. 10.

158 MüKo/*Martiny* Art. 28 Rdn. 220; *Reithmann/Martiny*, Rdn. 507; Palandt/*Heldrich* Art. 28 EGBGB Rdn. 20.

159 LG Waldshut-Tiengen, in: IPRax 1984, 100 mit Anm. *Jayme*.

bei der Vereinbarung deutschen Rechts als Bürgschaftsstatut, daß alle mit der Bürgschaft sich ergebenden Fragen allein nach deutschem Recht zu beurteilen sind, zum Beispiel auch, wenn der Bürge nach seinem Heimatrecht zur Übernahme einer Bürgschaft der Zustimmung seines Ehegatten bedarf[160]. Somit unterstellt der BGH auch die Zustimmung des Ehegatten zur Bürgschaftserklärung dem Bürgschaftsstatut. Begründet wird dies damit, daß die Parteien durch die Rechtswahl in der Bürgschaftsurkunde sich ausdrücklich für die Geltung des deutschen Rechts ausgesprochen hätten. Die Parteien hätten grundsätzlich das Recht, die für ihre schuldrechtlichen Beziehungen maßgebende Rechtsordnung selbst zu bestimmen.[161] Demnach gelte das gewählte Bürgschaftsstatut auch für die Zustimmungserklärung der Ehefrau, sofern der Vertragspartner bei der Abgabe der Rechtswahlerklärung in seiner Geschäftsfähigkeit nicht beeinträchtigt sei, was im Fall des Bundesgerichtshofs nicht vorlag.[162]

2. Ansicht der Literatur

Nach Ansicht der Literatur erstreckt sich die Rechtswahl nur auf die schuldrechtliche Verpflichtung, nicht jedoch auf die Geschäftsfähigkeit und insbesondere[163] nicht auf eherechtliche Verpflichtungsbeschränkungen[164]. Somit untersteht das Erfordernis der Zustimmung eines Ehegatten zur Bürgschaftserklärung des anderen als eherechtliche Verpflichtungsbeschränkung nicht dem Bürgschafts-, sondern dem Ehewirkungs- oder Güterrechtsstatut gem. Art. 14 bzw. 15 EGBGB.[165] Im Rahmen der direkten Auseinandersetzung mit der Ansicht des Bundesgerichtshofs wird ins Feld geführt, daß die Dispositionsbefugnis der Parteien im internationalen Schuldvertragsrecht sich nur auf diejenigen Normbereiche erstrecke, welche nach den allgemeinen international-privatrechtlichen Grundsätzen als dem Komplex des Schuldvertragsrechts zugehörig zu qualifizieren seien.[166] Die in einigen Staaten existierenden Zustimmungserfordernisse eines Ehegatten bei Verbürgung und Schuldübernahme gegenüber Dritten, sog. Interzessionsbeschränkungen, sehen in der unbeschränkten Begründungsmöglichkeit solcher Verpflichtungen durch einen Ehegatten in aller Regel die Gefahr, daß da-

---

160 BGH, BGH JZ 1977, 438; ebenso BGH NJW 1977, 1011 ff.

161 BGH JZ 1977, 439.

162 BGH JZ 1977, 439.

163 Vom schweizerischen BG wurde das Zustimmungserfordernis des Ehegatten nach Art. 494 OR als eine Frage der Handlungs- und Geschäftsfähigkeit eingeordnet; siehe dazu *Hanisch* IPRax 1987, 47, 49.

164 *Reithmann/Martiny*, Rdn. 507.

165 MüKo/*Martiny* Art. 28 Rdn. 224.

166 So *Kühne* JZ 1977, 439.

durch die vermögensmäßige Grundlage der ehelichen Lebensgemeinschaft zerstört wird. Interzessionsbeschränkungen verfolgen deshalb den rechtspolitischen Zweck, die materielle Basis der ehelichen Lebensführung zu erhalten und zu sichern. In Übereinstimmung mit dieser Zweckrichtung werden diese Bestimmungen deshalb dem Ehewirkungsstatut oder, sofern sie Teil einer bestimmten Güterstandsregelung sind, dem Ehegüterrechtsstatut unterstellt.[167] Der Dogmatik des internationalen Privatrechts sei zu entnehmen, daß die Frage der Zustimmungsbedürftigkeit einer Bürgschaftsverpflichtung aus ehepersonen- und ehegüterrechtlichen Gründen im Rahmen des Bürgschaftsstatuts eine Vorfrage darstellt, die gesondert anzuknüpfen sei.

II. Lösungsansatz

1. Auseinandersetzung mit der Literaturmeinung

Auch wenn die Entscheidung des Bundesgerichtshofs sowie die Stellungnahmen der Literatur hierzu vor der Neuregelung des EGBGB erfolgten, ist deren Relevanz hinsichtlich der kollisionsrechtlichen Einordnung der Zustimmungsbedürftigkeit des Ehegatten im Rahmen der Bürgschaftsübernahme nach wie vor gegeben, zumal sie weder von der Rechtsprechung noch von der Literatur nach der Neuregelung des EGBGB berichtigt wurden.

Diesbezüglich erscheint die Auffassung der Literatur zunächst vom dogmatischen Standpunkt her einleuchtender, weil sie sich eindeutig für die Trennung der Statuten ausspricht und hierbei das Zustimmungserfordernis als kollisionsrechtlich selbständig anzuknüpfende Vorfrage qualifiziert. Sie spricht sich gegen die von Gerichten bei international-privatrechtlichen Fällen, sei es vor oder nach der Neuregelung, oftmals gezeigte Neigung zum „Heimwärtsstreben" aus.

2. Ansicht des BGH unter dem Gesichtspunkt des Verkehrsschutzes

Dennoch ist die Ansicht des BGH unter dem Gesichtspunkt des Verkehrsschutzes durchaus nicht von der Hand zu weisen. Insbesondere der gutgläubige Dritte, der die Zustimmungserfordernisse des Ehepartners in einem fremden Rechtssystem nicht kennt und auch nicht kennen mußte, ist in seinem Glauben an das Zustandekommen des Rechtsgeschäfts dann zu schützen, wenn ein hinreichender Inlandsbezug vorliegt. Hierbei stellt sich die Frage, wann ein hinreichender Inlandsbezug angenommen werden kann. Ansatzpunkt für einen hinreichenden In-

167 So *Kühne* JZ 1977, 439, 440.

landsbezug könnte es sein, wenn das Rechtsgeschäft in Deutschland vorgenommen wurde. Fraglich ist es jedoch, ob der Inlandsbezug nicht noch weiter gefaßt werden kann. Gerade bei der vorliegenden Bürgschaftsproblematik dürfte ein Inlandsbezug immer dann vorliegen, wenn das Bürgschaftsverhältnis deutschem Recht untersteht. Dies kann gerade auch im Rahmen einer Rechtswahl dann der Fall sein, wenn deutsches Recht vereinbart wurde, oder bei fehlender Rechtswahl, wenn der Bürge das Rechtsgeschäft zwar im Ausland vorgenommen hat, er seinen gewöhnlichen Aufenthaltsort jedoch in Deutschland hat und somit gem. Art. 28 Abs. 2 EGBGB deutsches Recht zur Anwendung gelangt. In diesen Fällen ist ein Inlandsbezug zu bejahen. In jedem Fall ist jedoch der Gesichtspunkt des Verkehrsschutzes durchaus beachtenswert und sollte nicht einer strengen Trennung der Statuten zum Opfer fallen.

3. Analoge Anwendung des Art. 16 Abs. 2 EGBGB

Es bietet sich daher zur Lösung dieses Problems eine *entsprechende Anwendung des Art. 16 EGBGB* an. Dabei stellt sich die Frage, ob eine entsprechende Heranziehung des Absatzes 1 oder vielmehr des Absatzes 2 des Art. 16 EGBGB sachgerecht ist. Zwar spricht Art. 16 Abs. 1 EGBGB von den güterrechtlichen Wirkungen einer Ehe, jedoch ergibt die Verweisung auf § 1412 BGB vorliegend wenig Sinn. Insbesondere ist es bei der Anwendung des Art. 16 Abs. 1 EGBGB nicht unbedingt erforderlich, daß der Geschäftsabschluß im Inland erfolgt.[168] Diesbezüglich wird teilweise im Rahmen des Schutzbedürfnisses des Kreditgebers sogar für eine Erweiterung seines Schutzes plädiert. Hierbei soll der Kreditgeber auch dann über den Gedanken des Verkehrsschutzes schützenswert sein, wenn die Bürgschaftserklärung in dem Land, welches das Interzessionsverbot statuiert hat, abgegeben wird, jedoch im Inland wirken soll. Diesbezüglich wird als Grundlage Art. 7 Abs. 3 EGBGB a.F. herangezogen.[169]

Diese Ansicht geht jedoch hinsichtlich des Schutzbedürfnisses des Kreditgebers zu weit, zumal der Begründungsansatz über Art. 7 Abs. 3 EGBGB a.F. nach der Neuregelung des EGBGB nicht mehr angebracht ist.

Weiterhin ist das Erfordernis des Vertragsabschlusses im Inland als Inlandsbezugsmerkmal bezüglich des Zustimmungserfordernisses bei der Bürgschaftsübernahme deshalb zu fordern, weil ansonsten die Interzessionsbeschränkungen der jeweils anderen Rechtsordnung nicht angemessen kollisionsrechtlich gewürdigt würden und demgemäß der von der Literatur oftmals erhobene Einwand des

---

168 Siehe MüKo/*Siehr* Art. 16 Rdn. 13 m. weit. Nachw.
169 So *Hanisch* IPRax 1987, 47, 51.

„Heimatstrebens" angebracht wäre. Folglich kommt eine analoge Anwendung des Art. 16 Abs. 1 EGBGB nicht in Betracht.

Somit ist eine analoge Anwendung des Art 16 Abs. 2 EGBGB zu erwägen. Eine solche entsprechende Anwendung ist grundsätzlich nicht ausgeschlossen.[170] Die Analogie ist besonders dann angebracht, wenn der Abschluß des Bürgschaftsvertrags im Inland erfolgte und der Geschäftspartner von der Interzessionsbeschränkung nichts wußte und nichts wissen konnte.[171] Aufgrund der Schutzwürdigkeit des in Unkenntnis gutgläubigen Dritten ist eine analoge Anwendung des Art. 16 Abs. 2 EGBGB auch von daher zu erwägen, weil es bei den Normen, auf die sich dieser Artikel bezieht, um solche handelt, bei denen es bei im Inland vorgenommenen Rechtsgeschäften auf die Kenntnis bzw. Unkenntnis des schützenswerten Inländers ankommt, wenn zwar ausländisches Recht anwendbar ist, gleichzeitig jedoch ein ausreichender Inlandsbezug gegeben ist.

III. Zusammenfassung

Grundsätzlich untersteht demnach das Zustimmungserfordernis eines Ehegatten zur Bürgschaftserklärung als eherechtliche Verpflichtungsbeschränkung nicht dem Bürgschaftsstatut, sondern dem Ehewirkungs- bzw. Güterrechtsstatut. Ausnahmsweise ist jedoch die Interzessionsbeschränkung des fremden Rechtssystems dann nicht zu beachten, wenn unter dem Gesichtspunkt des Verkehrsschutzes in analoger Anwendung des Art. 16 Abs. 2 EGBGB der Vertragspartner gutgläubig ist und der Vertragsabschluß im Inland vorgenommen wird.

---

170 Palandt/*Heldrich* Art. 16 EGBGB Rdn. 3.

171 Ähnlich, jedoch mit der Verweisung über den ordre public *Kühne* JZ 1977, 441; *Kegel* IPR, § 20 V.

3. Teil: Die Bürgschaft im italienischen internationalen Privatrecht

§ 5 Die Bürgschaft im italienischen internationalen Privatrecht nach der Reform von 1995

I. Das Verhältnis des EVÜ zu den italienischen internationalen Privatrechtsnormen („disposizioni preliminari") nach bisherigem Recht

Durch das Inkrafttreten des römischen EWG-Übereinkommens über das auf vertragliche Schuldverhältnisse anzuwendende Recht vom 19. Juni 1980 (EVÜ) in Italien am 1. April 1991 ergab sich in Italien eine Diskrepanz zwischen dem internationalen Vertragsübereinkommen und den nationalen internationalen Privatrechtsnormen („disposizioni sulla legge in generale", kurz: prel.).

Bis zum Inkrafttreten des EVÜ in Italien knüpfte der für das Recht der Schuldverhältnisse geltende Art. 25 prel. in erster Linie an das gemeinsame Heimatrecht der vertragsschließenden Parteien an. Mangels eines solchen Heimatsrechts war gem. Art. 25 Abs. 1 S. 2 prel. das Recht des Ortes maßgeblich, an dem der Vertrag geschlossen wurde. Gem. Art. 25 Abs. 1 S. 3 ging ein abweichender Wille der Vertragsparteien in jedem Fall vor.[172]

Gerade vor dem Hintergrund des Fehlens einer Norm wie der des Art. 3 Abs. 2 EGBGB stellte sich zunächst die Frage, wie das Verhältnis des Vertragsabkommens zu den bis dato alleinige Gültigkeit entfaltenden nationalen Kollisionsnormen war und wie ein Vorrang der Normen des EVÜ hergeleitet werden konnte.

Unbestritten hatte das Regelungswerk des EVÜ nach seinem Inkrafttreten in Italien Vorrang vor den nationalen Kollisionsnormen.[173] Lediglich für die vom Anwendungsbereich des EVÜ nicht betroffenen Tatbestände, insbesondere für den Art. 1 Abs. 2 EVÜ, verblieb es bei einer „Restanwendbarkeit" der nationalen Kollisionsnormen und somit des Art. 25 prel.[174]

---

172 Siehe Gesetzestext des Art. 25 prel. in *Bauer* Cod. Civ.

173 *Baratta* Riv. Dir. Int. 1993, 118, 124, 125; *Vitta/Mosconi,* S. 289, 297; *Giardina* Riv. Dir. Int. 1981, 795, 796; *Baratta* Collegamento più stretto, S. 55.

174 *Gaja* Riforma, S. 64; *Baratta* Riv. Dir. Int. 1993, 118, 124; *Vitta/Mosconi,* S. 289, 297.

Dieser unbestrittene Vorrang des EVÜ, ohne den die Ratifizierung des internationalen Vertragsabkommens auch wenig sinnvoll wäre, wurde in der italienischen Doktrin unter Verweis auf zwei alternative Lösungsansätze vertreten. Zum einen wurde auf den Grundsatz des lex posterior derogat legi priori verwiesen, da das EVÜ nach dem italienischen Codice Civile von 1942, in welchem die nationalen Kollisionsnormen enthalten waren, in Kraft getreten ist. Dieser Grundsatz deckte sich mit der in Art. 15 prel. kodifizierten Regel, die besagte, daß bestehende Gesetze nur durch spätere Gesetze aufgrund einer ausdrücklichen Erklärung des Gesetzgebers, infolge Unvereinbarkeit der neuen mit den früheren Bestimmungen oder weil das neue Gesetz den gesamten, bereits vom früheren Gesetz behandelten Sachbereich regelt aufgehoben werden können (Art. 75 der italienischen Verfassung).[175] Als weiterer Lösungsansatz wurde vertreten, das EVÜ gegenüber den nationalen Kollisionsnormen als lex specialis anzusehen.[176] Heute hat diese Frage allenfalls noch Bedeutung für Altfälle, also solche Verträge, die vor dem 1.9.1995 geschlossen wurden.

Meines Erachtens ist der letztere Lösungsansatz vorzugswürdig. Nach dem ersten Lösungsansatz könnte der nationale Gesetzgeber durch Erlaß eines Gesetzes nach der Inkraftsetzung des EVÜ das internationale Vertragsabkommen zumindest hinsichtlich seiner nationalen Geltung in Frage stellen. In concreto würde nach diesem Lösungsansatz die am 31.5.1995 in Italien in Kraft getretene Reform des italienischen internationalen Privatrechts dem Vertragswerk des EVÜ als lex posterior vorgehen, was sicherlich nicht gewollt ist.

Demnach erscheint der Ansatzpunkt, das EVÜ als lex specialis zu qualifizieren und hierdurch einen Vorrang vor den nationalen Kollisionsnormen zu begründen, zutreffender. Gerade jedoch durch diese Unstimmigkeiten zwischen nationalen Kollisionsnormen und der internationalen Vertragsregelung des EVÜ wurde in der italienischen Literatur die nunmehr erfolgte italienische Reform gefordert. Es wurde im Rahmen der Schuldverträge eine nationale Verweisung auf das EVÜ verlangt,[177] wie dies inzwischen auch umgesetzt worden ist, um eine „nationale" Gesetzesharmonie herzustellen.

---

175 Siehe Gesetzestext des Art. 15 prel. in *Bauer* Cod. Civ.

176 Siehe *Baratta* Riv. Dir. Int. 1993, 118, 124 m. weit. Nachw.

177 *Baratta* Riv. Dir. Int. 1993, 118, 127.

II. Das Reformgesetz Nr. 218 vom 31.5.1995 und seine Änderungen im Schuldvertragsrecht

Durch das Reformgesetz Nr. 218 vom 31.5.1995 (dir. int. priv.), welches in Italien am 1.9.1995 in Kraft getreten ist, wurde das italienische internationale Privatrecht grundlegend überarbeitet und den von Italien ratifizierten internationalen Verträgen angepaßt.[178] Ein Vergleich mit der grundlegenden Änderung des EGBGB vom 25.7.1986 ist durchaus angebracht. Mit der Reform wurde das bisher geltende Prinzip des Vorherrschens der italienischen Rechtsordnung fallengelassen.[179] Weiterhin wurde in Art. 2 dir. int. priv. der Vorrang der für Italien geltenden Übereinkommen vor den nationalen Kollisionsnormen ausgesprochen.[180]

Im schuldvertraglichen Bereich wurde die von der italienischen Literatur[181] nach Inkrafttreten des EVÜ für Italien geforderte Verweisung für Schuldverträge auf das EVÜ in Art. 57 des Reformgesetzes verwirklicht. Nach dem nunmehr geltenden Art. 57 dir. int. priv. besteht somit keine „eigene" nationale Regelung hinsichtlich der vertraglichen Schuldverhältnisse mehr, sondern es wird eine Verweisung auf das EVÜ vorgenommen. Im Rahmen dieser Verweisung werden die vertraglichen Regelungen des EVÜ „nationalisiert"[182] und somit in das eigene Regelungswerk integriert (sog. Inkorporierung)[183]. Hierdurch werden die von der Literatur kritisierten Spannungen der bis dato abweichenden nationalen Kollisionsnormen, wie zuvor in Art. 25 prel., vermieden. Durch die in Art. 57 dir. int. priv. vorgenommene Verweisung auf das Regelungswerk des EVÜ wird darüber hinaus der Anwendungsbereich des EVÜ über den in Art. 1 EVÜ bestimmten Bereich auf alle („in ogni caso") vertraglichen Verpflichtungen ausgedehnt. Es wird demnach mit anderen Worten die Anwendbarkeit der Bestimmungen des EVÜ auf der nationalen, kollisionsrechtlichen Ebene auch auf diejenigen vertraglichen Beziehungen erweitert, die vom Anwendungsbereich des EVÜ nicht erfaßt sind.[184]

Im Gegensatz hierzu wurden die nichtvertraglichen Schuldverhältnisse in den Art. 58 bis 61 dir. int. priv. detailliert geregelt. Unter die nichtvertraglichen Schuldverhältnisse wurde auch die gewerbliche Vertretung aufgenommen, auf die das am Geschäftssitz des Vertreters geltende Recht anzuwenden ist. Gem.

---

178 *Pesce* RIW 1995, 977.
179 *Pesce* RIW 1995, 977, 978.
180 Siehe auch *Mosconi*, S. 14.
181 *Baratta* Riv. Dir. Int. 1993, 118, 127.
182 *Mosconi*, S. 18.
183 *Mosconi*, S. 167.
184 *Mosconi*, S. 167.

Art. 60 dir. int. priv. sind ein Mandat oder eine Prokura zum Beispiel unabhängig davon gültig, ob sie der Form der Gesetze des Landes entsprechen, in dem sie erteilt wurden, oder den Formerfordernissen des Staates genügen, in dem der Vertretungsberechtigte im konkreten Fall seine Befugnisse ausübt. Die Form, in welcher die Vollmachtsurkunde errichtet wird, richtet sich nach dem Recht des Staates, in dem die Vollmacht verwendet wird.[185]

Eine für den schuldvertraglichen Bereich weitere beachtliche Änderung wurde hinsichtlich der Regelung des ordre public vorgenommen. Während nach dem bisherigen Art. 31 prel. Gesetze und Rechtshandlungen eines fremden Staates bei Verstoß gegen die italienischen Grundwertungen der Rechtsordnung oder die guten Sitten keine Wirkung entfalten, ist nach Art. 16 dir. int. priv. vor der Anwendung des italienischen Gesetzes zu ermitteln, ob für den geregelten Tatbestand eventuell andere Anknüpfungsmomente vorgesehen sind, durch die man auf ein anderes Verweisungsrecht stößt. Erst wenn dies ausgeschlossen ist, wird italienisches Recht angewandt.[186]

Zu untersuchen ist somit zunächst, welche kollisionsrechtlichen Spannungsfelder nach der Änderung des italienischen Kollisionsrechts im Bereich der Bürgschaft noch bestehen.

III. Kollisionsrechtliche Anknüpfung und Reichweite des Bürgschaftsstatuts in Italien

1. Meinungsstand hinsichtlich der Anknüpfung des Bürgschaftsstatuts

Im Rahmen der kollisionsrechtlichen Betrachtung der Bürgschaft aus italienischer Sicht stellt sich, wie bereits schon oben für das deutsche internationale Privatrecht dargestellt[187], die Frage, ob das Statut der Bürgschaft unabhängig von dem der Hauptschuld kollisionsrechtlich anzuknüpfen ist. Wie oben bereits geschildert, ist es aus deutscher Sicht unumstritten, daß trotz des akzessorischen Charakters der Bürgschaft das Obligationsstatut der Hauptschuld nicht zu dem der Bürgschaft wird und somit das anwendbare Recht selbständig zu ermitteln ist. Demnach hat die Bürgschaft vom deutschen Standpunkt aus ihr selbständiges Obligationsstatut.[188]

185 *Pesce* RIW 1995, 977, 981.
186 *Pesce* RIW 1995, 977, 980.
187 Siehe oben unter § 3 I 1.
188 *Letzgus* RabelsZ 3 (1929), 827, 839.

Diese aus deutscher Sicht schon vor der Reform des EGBGB unumstrittene Sichtweise hinsichtlich der kollisionsrechtlichen Einordnung der Bürgschaft stellt sich im italienischen Recht nicht ganz so eindeutig dar.

a) Entscheidung des Kassationshofs vom 4.10.1954

Der italienische Kassationshof vertrat in einer früheren Entscheidung[189] die Ansicht, daß das Recht des Hauptvertrages das Recht des Bürgschaftsvertrages nach sich ziehe und deshalb das Bürgschaftsstatut auch dasjenige des Hauptvertrages sei. Begründet wurde diese Ansicht mit der absoluten Akzessorietät zwischen Bürgschaft und Hauptschuld. Diese absolute Akzessorietät der Bürgschaft und deren fehlende Autonomie gegenüber dem Hauptvertrag gebiete dieselbe kollisionsrechtliche Anknüpfung der Bürgschaft wie diejenige der Hauptschuld.[190]

Diese Entscheidung des Kassationshofs wurde von der italienischen Lehre abgelehnt. Begründet wurde die gegenteilige Ansicht damit, daß die Akzessorietät und die dadurch bedingte Abhängigkeit von dem Hauptschuldverhältnis auf materieller Ebene nicht auf die internationale, kollisionsrechtliche Ebene übertragbar sei. Im übrigen sei die Akzessorietät der Bürgschaft nicht so streng, daß selbst bei Annahme einer Übertragbarkeit auf die kollisionsrechtliche Ebene die Akzessorietät selbst nicht als Begründung dafür angeführt werden könne, daß das Recht der Hauptschuld das Recht der Bürgschaft nach sich ziehe. Nach dieser kritischen Ansicht zu dem Urteil des Kassationshofs bestehe mit Verweis auf Art. 1936 Abs. 2 cod. civ. vielmehr eine gewisse Autonomie der Bürgschaft von dem Hauptschuldverhältnis, so daß jene kollisionsrechtlich selbständig anzuknüpfen sei.[191]

b) Gegenteilige Entscheidung des Kassationshofs von 1957 und derzeitiger Meinungsstand

Diese umstrittene Ansicht hat der Kassationshof bereits im Jahre 1957 aufgegeben und in einer Entscheidung zu dem damals anwendbaren Art. 25 prel. festgestellt, daß der Bürgschaftsvertrag unabhängig vom Hauptschuldverhältnis kollisionsrechtlich anzuknüpfen sei. Dies habe die Konsequenz, daß der Bürgschaftsvertrag durchaus einem anderen Recht unterstellt sein könne als der Hauptvertrag auf den sich die Bürgschaft bezieht.[192] Diese Ansicht ist auch in der italienischen

189 Cass., Urt. v. 04.10.1954, n. 3235, Giur. it. I,1, 1955, 899, 900.
190 Cass., Urt. v. 04.10.1954, n. 3235, Giur. it. I,1, 1955, 899, 903, 904.
191 So *Betta* Giur. it. I,1, 1955, 899, 901, 902.
192 Cass., Urt. v. 12.09.1957 (Transimport e Rauch & Bovelli), Riv. Dir. Int. 1958, 251.

Literatur unumstritten.[193] Trotz ihrer gegenseitigen Abhängigkeit ist hiernach sowohl der Bürgschaftsvertrag wie auch der gegebenenfalls vorliegende Vertrag zwischen Bürge und Hauptschuldner[194] unabhängig vom Hauptschuldverhältnis zwischen Gläubiger und Hauptschuldner kollisionsrechtlich anzuknüpfen.[195] Auch nach Inkrafttreten des EVÜ in Italien änderte sich an dieser mittlerweile unbestrittenen Auffassung nichts,[196] wie sich insbesondere aus der umfassenden Verweisung des Art. 57 dir. int. priv. ergibt. Somit ist festzustellen, daß auch nach italienischem Recht eine selbständige Anknüpfung des Bürgschaftsvertrages vorzunehmen ist.

Aufgrund dieses Gleichlaufs mit der Rechtslage in Deutschland ergeben sich zumindest hinsichtlich der grundsätzlichen Anknüpfung des Bürgschaftsvertrages keine kollisionsrechtlichen Probleme im deutsch-italienischen Rechtsverkehr.

2. Reichweite des Bürgschaftsstatuts nach italienischem Recht

Das Bürgschaftsstatut regelt nach italienischem Recht ebenso wie nach deutschem Recht[197] die Voraussetzungen für das Zustandekommen des Bürgschaftsvertrages mit Ausnahme der Form und der Fähigkeit zum Abschluß des Rechtsgeschäfts. Des weiteren regelt es die Wirkungen der Bürgschaft, also die Frage, ob, in welchem Umfang und wie lange der Bürge haftet, sowie die Beendigung der Bürgenhaftung. Darüber hinaus wird, wie im deutschen Recht, durch das Bürgschaftsstatut bestimmt, welche Einreden dem Bürgen gegenüber dem Gläubiger zustehen.[198]

Das Bürgschaftsstatut ist auch dafür maßgeblich, welche Folgen eine Inanspruchnahme des Bürgen hat. Dies gilt besonders für die Frage des Regresses, hinsichtlich derer Art. 13 EVÜ einschlägig ist.

Es ist somit festzuhalten, daß die Reichweite des Bürgschaftsstatuts in Deutschland und Italien nicht voneinander abweicht. Gerade auch durch die Regelung des gesetzlichen Forderungsübergangs in Art. 13 EVÜ bzw. Art. 33 Abs. 3 EGBGB ist auch die Frage des Regresses nach beiden Rechtssystemen dem Bürgschaftsstatut unterstellt, so daß auch insoweit eine übereinstimmende An-

---

193 *Balladore Pallieri,* S. 334, 335; *Rescigno* Codice Civile, 2. Auflage Art. 25 prel. Rdn. 2 m. weit. Nachw., Art. 25 prel. aufgehoben durch Art. 73 Reformgesetz Nr. 218 vom 31.5.1995, s. hierzu Cian/Trabucchi/*Barel* [6] Art. 73 L. 31.5.1995, n. 218, Rn. I.

194 Siehe hierzu unten unter § 10 Punkt 2.

195 *Venturini,* S. 202 m. weit. Nachw.

196 Siehe hierzu *Giardina/Villani* Garanzie bancarie, S. 97, 104.

197 Siehe § 3 Punkt II.

198 *Venturini,* S. 202.

knüpfung vorzunehmen ist. Daß trotz dieses Gleichlaufs beider Rechtsordnungen hinsichtlich der Anknüpfung und der Reichweite des Bürgschaftsstatuts kollisionsrechtliche Probleme auftreten können, wird im weiteren Verlauf dieser Arbeit näher dargestellt werden.

IV. Die vertragscharakteristische Leistung der Bürgschaft im italienischen Bankenverkehr

1. Die Bürgschaft der Banken im Normalfall

Wie oben bereits dargestellt,[199] wird im italienischen Recht die Garantie in das Bürgschaftsrecht einbezogen und es bleibt den Parteien überlassen, die Bürgschaftsregeln durch entsprechende Vereinbarung den besonderen Zwecken der Garantie dienstbar zu machen.

Die Bankgarantie kann sowohl abstrakt als auch akzessorisch (dann Garantiebürgschaft, sog. „garanzia fideiussoria") sein. Da beide Arten unter dem Begriff der Bankgarantie zusammengefaßt werden und die Abgrenzung insoweit für die nachfolgende Problematik ohne Belang ist, wird im folgenden jeweils nur von der Bankgarantie gesprochen werden.

Bei der kollisionsrechtlichen Anknüpfung der Bankgarantie ergeben sich grundsätzlich keine Probleme. Auf Grundlage des Art. 57 dir. int. priv. in Verbindung mit den Normen des EVÜ ist, sofern keine Rechtswahl der Parteien gem. Art. 3 EWG-Übereinkommen vorliegt, die kollisionsrechtliche Anknüpfung über Art. 4 EVÜ vorzunehmen. Gem. Art. 4 Abs. 1 EVÜ unterliegt der Vertrag dem Recht des Staates, zu dem er die engsten Verbindungen aufweist. Gem. Art. 4 Abs. 2 EVÜ ist die engste Verbindung zu dem Staat gegeben, in dem die Partei die vertragscharakteristische Leistung erbringt, ihren Aufenthalt, ihre Hauptverwaltung oder ihre Niederlassung hat. Auch Art. 4 Abs. 5 EVÜ, wonach Abs. 2 dann nicht anzuwenden ist, wenn der Vertrag eine engere Verbindung mit einem anderen Staat aufweist oder sich die vertragscharakteristische Leistung nicht bestimmen läßt, bereitet kollisionsrechtlich keine Probleme.

Auf der Grundlage des Art. 4 EVÜ wird die vertragscharakteristische Leistung für den Bankgarantievertrag unbestritten durch die garantierende bzw. bürgende Bank erbracht.[200] Demnach ist im Verhältnis zwischen bürgender bzw. ga-

---

199 Siehe oben unter § 2 II 3.

200 *Giardina/Villani* Garanzie bancarie, S. 97, 109; *Bonelli* Convenzione di Roma, S. 115, 116.

rantierender Bank und dem Gläubiger als Begünstigtem das Recht desjenigen Staates anwendbar, in welchem die Bank ihren Sitz hat.

2. *Sonderfälle im Bankenverkehr*

Es stellt sich jedoch die Frage, ob und in welchen Fällen eine Anknüpfung über die vertragscharakteristische Leistung im deutsch-italienischen Rechtsverkehr versagt resp. versagen könnte und wie diese Fälle kollisionsrechtlich anzuknüpfen sind.

Gerade im internationalen Bankenverkehr können sich bei der Anknüpfung über die vertragscharakteristische Leistung Unsicherheiten bezüglich des anwendbaren Rechts ergeben.

Da besonders in der italienischen Literatur die Anknüpfung des anwendbaren Rechts durch die vertragscharakteristische Leistung kritisiert wurde,[201] sollen Probleme in diesem Zusammenhang an dieser Stelle diskutiert werden. Bei Versagen der Anknüpfung über die vertragscharakteristische Leistung ergibt sich das kollisionsrechtliche Problem, daß eine Rechtsunsicherheit bezüglich des anwendbaren Rechts entsteht. Folglich stellt sich die Frage, ob und wann die Anknüpfung über die vertragscharakteristische Leistung versagt und wie eine etwaige Rechtsunsicherheit in einem solchen Fall aus kollisionsrechtlicher Sicht vermieden werden kann.

Nach Ansicht der italienischen Literatur versagt die Anknüpfung besonders in den beiden folgenden Fällen.[202]

a) Erste Fallkonstruktion

Im ersten Beispielsfall bürgt bzw. garantiert eine amerikanische Bank für die Verbindlichkeiten eines italienischen Unternehmens zugunsten eines anderen italienischen Unternehmens. Hierbei wird kritisiert, daß zwar auf der Grundlage des Art. 4 Abs. 2 EVÜ die amerikanische Bank die vertragscharakteristische Leistung erbringe, jedoch auf der anderen Seite sowohl die geschuldete Leistung aus der Garantie in Italien erbracht werden müsse, als auch der begünstigte Gläubiger ein italienisches Unternehmen sei. Im Fall der Inanspruchnahme aus der Garantie wäre somit unabhängig von Art. 4 Abs. 2 EVÜ eine starke Gewichtung zugunsten des italienischen Rechts zu verzeichnen.[203] Es stellt sich somit in diesem Sonder-

201 Siehe die nachfolgenden Fallkonstruktionen mit den entsprechenden Literaturverweisen.
202 *Giardina/Villani* Garanzie bancarie, S. 97, 111.
203 *Giardina/Villani* Garanzie bancarie, S. 97, 111.

fall die Frage, ob nicht vielmehr die Gesamtheit der Umstände eine engere Verbindung zu Italien gem. Art. 4 Abs. 5 EVÜ aufweist.

b) Zweite Fallkonstruktion

Im zweiten gebildeten Beispielsfall wird die Garantie von einer französischen Filiale (Niederlassung) der garantierenden italienischen Bank an den italienischen Gläubiger erteilt. In einer solchen Fallkonstellation sind im Rahmen des Art. 4 Abs. 2 EVÜ zwei Rechte alternativ anwendbar. Zum einen das Recht der Hauptniederlassung (italienisches Recht) und gleichzeitig das Recht der Niederlassung (französisches Recht). Gerade hierbei wird eine unerträgliche Rechtsunsicherheit hinsichtlich des anwendbaren Rechts festgestellt.[204]

Diese beiden Beispiele zeigen, daß die gerade im Bürgschafts- bzw. Garantierecht scheinbar eindeutige Anknüpfung an die vertragscharakteristische Leistung gem. Art. 4 Abs. 2 EVÜ durchaus versagen kann.

Noch verstrickter wird die Fallkonstellation, wenn sowohl von der Hauptniederlassung in Italien als auch von der Filiale in Frankreich Garantien an den Gläubiger erteilt werden und diese miteinander in Zusammenhang stehen, etwa derart, daß sie einander untergeordnet sind (sog. „garanzie subordinate“). Es stellt sich somit besonders dann im internationalen Bankenverkehr, wenn mit weiteren derartigen internationalen Verstrickungen zu rechnen ist, die Frage, wie solche Sonderfälle kollisionsrechtlich zu behandeln sind.

3. Lösungsansatz bei Versagen der Anknüpfung über die vertragscharakteristische Leistung

Beim Versagen der Anknüpfung über die vertragscharakteristische Leistung kommen zunächst verschiedene andere Anknüpfungskriterien in Betracht, etwa die Anknüpfung an den Ort der Vollstreckung der Garantie oder die Nationalität der Vertragsschließenden in Anlehnung an Art. 25 prel. (alter Fassung). In diesem Zusammenhang ist jedoch die Lösung der Frage sicherlich nicht durch eine mehr oder minder willkürliche Alternativanknüpfung, sondern vielmehr auf der Grundlage des EVÜ zu suchen.

Im Lichte des EVÜ muß daher in Zweifelsfällen die Anknüpfung am Hauptsitz der Bank erfolgen. Für die erste gebildete Fallkonstruktion heißt dies in concreto, daß dann, wenn nicht klar zu bestimmen ist, daß der Sachverhalt eine engere Verbindung zu einem anderen Staat gem. Art. 4 Abs. 5 EVÜ aufweist, die Anknüpfung an den Sitz der garantierenden bzw. bürgenden Bank vorgenommen

---

204 *Bonelli* Convenzione di Roma, S. 115, 121.

werden muß.[205] In der vorliegenden ersten Fallkonstruktion wäre dies folglich das Recht der Bank in Amerika (also das Recht des jeweiligen Bundesstaates). Die Tatsache, daß die Vereinigten Staaten nicht Vertragsstaat des EVÜ sind, ist gem. Art. 2 EVÜ unschädlich.

Im zweiten Beispielsfall ist im Zweifelsfall ebenfalls das Recht der Hauptniederlassung, demnach also das italienische Recht, anwendbar.

Bei darüber hinausgehenden Verstrickungen wird von der Literatur die Unterstellung der gesamtvertraglichen Operation unter das Gesetz, das die Hauptschuld regelt, gefordert, wobei hierbei wiederum zunächst eine Anknüpfung an die vertragscharakteristische Leistung erfolgen soll.[206]

Dies bedeutet, daß in der zweiten Fallabwandlung die gesamte vertragliche Regelung dem Recht unterstellt ist, dem der Hauptvertrag unterliegt. Wurde somit der untergeordnete Garantievertrag in der Filiale abgeschlossen, ist das Recht der Hauptniederlassung anwendbar, da in der Hauptniederlassung der „vorherrschende“ Garantievertrag abgeschlossen wurde. Diese Art der Anknüpfung widerspricht auch nicht der zuvor genannten, sondern stellt vielmehr eine Ergänzung für die Fälle dar, in denen die Verstrickung derart kompliziert ist, daß eine unabhängige Beurteilung der einzelnen Verträge nicht möglich ist. Bei derartigen Verstrickungen ist somit zunächst von dem Hauptvertrag als der Grundbeziehung auszugehen. Dieser ist sodann über die vertragscharakteristische Leistung anzuknüpfen. Sofern auch insoweit die Anknüpfung versagt, ist im Zweifel das Recht der Hauptniederlassung anzuwenden.

In Anbetracht der immer weiter fortschreitenden Verstrickung gerade bei der Bürgschafts- bzw. Garantieübernahme im internationalen Bankenverkehr ist eine derartige Anknüpfung besonders im Hinblick auf die Schaffung von Rechtsklarheit durchaus auch im „Lichte des EVÜ“ zu bewerten.

---

205 *Giardina/Villani* Garanzie bancarie, S. 97, 115.
206 *Giardina/Villani* Garanzie bancarie, S. 97, 116 und 117.

V. Kollisionsrechtliche Konflikte durch die Vorbehalte Italiens in Art. 22 Abs. 1 Lit. b EVÜ hinsichtlich Art. 10 EVÜ sowie Deutschlands hinsichtlich Art. 7 EVÜ gem. Art. 22 Abs. 1 Lit. a EVÜ

1. Der Vorbehalt Italiens gem. Art. 22 Abs. 1 Lit. b EVÜ hinsichtlich Art. 10 Abs. 1 Lit. e EVÜ und dessen kollisionsrechtliche Relevanz im deutsch-italienischen Bürgschaftsrecht

Aufgrund der umfassenden Verweisung[207] in Art. 57 dir. int. priv. scheint es zunächst, daß alle Rechtsfragen bezüglich vertraglicher Schuldverhältnisse durch das EVÜ geregelt werden.[208] Zu beachten ist jedoch, daß durch den Vorbehalt Italiens gem. Art. 22 Abs. 1 Lit. b EVÜ der Art. 10 Abs. 1 Lit. e EVÜ nicht anzuwenden ist.[209] Dies bedeutet, daß die Folgen der Nichtigkeit des (Bürgschafts-)Vertrages aufgrund des erklärten Vorbehaltes Italiens nicht vom EVÜ geregelt werden. Folglich werden aufgrund des Vorbehaltes Italiens die Folgen der Nichtigkeit des Bürgschaftsvertrages nicht von der umfassenden Verweisung des Art. 57 dir. int. priv. erfaßt,[210] sondern es ist kollisionsrechtlich selbständig anzuknüpfen.

Es stellt sich dennoch die Frage, ob sich aus dem erklärten Vorbehalt Italiens kollisionsrechtliche Konflikte im Bürgschaftsrecht im Verhältnis zu Deutschland ergeben.

Insbesondere ist zu prüfen, ob dieser von Italien erklärte Vorbehalt hinsichtlich der Folgen der Nichtigkeit des Vertrages im Rahmen des Bürgschaftsrechts im deutsch-italienischen Rechtsverkehr überhaupt relevant wird [211]. Das Bürgschaftsstatut regelt, welches nationale Recht im Verhältnis Deutschland zu Italien anzuwenden ist. Wird die Bürgschaft von einem deutschen Bürgen übernommen, so findet deutsches Bürgschaftsrecht Anwendung. Umgekehrt ist italienisches Bürgschaftsrecht mangels Rechtswahl auf die Bürgenverpflichtung eines italienischen Bürgen anzuwenden. Somit wird jeweils vom nationalen bürgerlichen Recht geregelt, welche die Folgen der Nichtigkeit eines Bürgschaftsvertrages sind. Daher ist diesbezüglich das jeweils anzuwendende nationale Recht hinsichtlich der Konkretisierung der Bürgenverpflichtung entscheidend.

---

207 „In ogni caso“ (in jedem Fall) gem. Art. 57 dir. int. priv.

208 Zur Bedeutung der Erstreckungsformel „in ogni caso“ siehe *Ballarino*, S. 610, 611; siehe auch *Kindler* RabelsZ 61 (1997), 235, 236.

209 Siehe auch *Mosconi*, S. 253 in Verbindung mit Kapitel I § 13, S. 19, 20.

210 *Baratta* Riv. Dir. Int. 1993, 118, 121; *Mosconi*, S. 253 in Verbindung mit Kapitel I § 13, S. 19, 20.

211 Hierzu ausführlich *Jayme*, Studi in memoria di Mario Giuliano.

Folglich ergeben sich durch den Vorbehalt Italiens in Art. 22 Abs. 1 Lit. b EVÜ keine kollisionsrechtlichen Konflikte im deutsch-italienischen Rechtsverkehr.

2. *Der Vorbehalt Deutschlands gem. Art. 22 Abs. 1 Lit. a EVÜ hinsichtlich Art. 7 EVÜ und dessen kollisionsrechtliche Relevanz im deutsch-italienischen Bürgschaftsrecht*

Ebenso hat Deutschland gem. Art. 22 Abs. 1 Lit. a EVÜ gegen die Anwendbarkeit des Art. 7 EVÜ den Vorbehalt erklärt.[212]

Jedoch ist diesbezüglich anzumerken, daß es durch diesen Vorbehalt Deutschlands schon von daher zu keinem kollisionsrechtlichen Konflikt kommt, als Art. 34 EGBGB eine fast gleichlautende Bestimmung enthält und folglich aufgrund der Inkorporierung auch aus deutschem Blickwinkel im deutsch-italienischen Rechtsverkehr Wirksamkeit entfaltet.

3. *Fazit*

Zusammenfassend ist festzuhalten, daß kollisionsrechtliche Konflikte hinsichtlich des Bürgschaftsrechts im deutsch-italienischen Rechtsverkehr durch die Vorbehalte Italiens in Art. 22 Abs. 1 Lit. b EVÜ hinsichtlich Art. 10 EVÜ sowie Deutschlands hinsichtlich Art. 7 EVÜ gem. Art. 22 Abs. 1 Lit. a EVÜ nicht ersichtlich sind.

212 Siehe auch *Ballarino*, S. 620.

4. Teil: Kollisionsrechtliche Probleme der Bürgschaft im deutsch-italienischen Rechtsverkehr

§ 6 Formvorschriften in Deutschland und Italien

I. Alternative Anknüpfung des Formstatuts

Die Formgültigkeit des Bürgschaftsvertrages beurteilt sich gem. Art. 11 Abs. 1 EGBGB bzw. Art. 9 Abs. 1 EVÜ alternativ nach dem Bürgschaftsstatut (1. Alternative) oder nach dem Ort der Vornahme, dem sog. Ortsrecht (2. Alternative).

Weitere für die Formanknüpfung des Bürgschaftsvertrages relevante Anknüpfungsalternativen ergeben sich aus den Absätzen 2 und 3 des Art. 11 EGBGB bzw. des Art. 9 EVÜ.

Kollisionsrechtliche Probleme im deutsch-italienischen Rechtsverkehr können sich hinsichtlich der Formgültigkeit von Bürgschaftsverträgen aufgrund der unterschiedlichen Anknüpfungsalternativen für die Form gem. Art. 11 EGBGB bzw. Art. 9 EVÜ ergeben.

1. Form der Bürgschaft nach deutschem und italienischem Recht

Nach deutschem Recht muß die Verpflichtungserklärung des Bürgen gem. § 766 BGB schriftlich abgegeben werden. Lediglich für die Bürgschaftserklärung eines Kaufmanns, die er im Rahmen seines Handelsgewerbes abgibt, bedarf es gem. §§ 350, 343 HGB keiner Schriftform. Auch das Delkredere des Handelsvertreters, das der Sache nach eine Bürgschaft darstellt,[213] muß gem. § 86b Abs. 1 S. 3 HGB schriftlich abgegeben werden.

Die Rechtsfolge bei Nichteinhaltung der Formvorschrift der Bürgschaftserklärung folgt in Deutschland aus § 125 BGB und bewirkt die Nichtigkeit der Bürgschaft. Eine Heilung der Nichtigkeit tritt gem. § 766 S. 2 BGB allerdings dann ein, wenn der Bürge tatsächlich leistet.

In Italien hingegen wird für die Bürgschaftsverpflichtung gem. Art. 1937 cod. civ. nur die ausdrückliche Erklärung verlangt, nicht jedoch die schriftliche Form.[214] Gem. Art. 2721 cod. civ. ist die Schriftform für die Bürgschaftsver-

---

213 Siehe oben unter § 2 II 5.

214 *Rescigno* Cod. Civ. Art. 1937 Rdn. 1; *Bodenstein/Jahn*, S. 77.

pflichtung nur zu Beweiszwecken im Prozeß erforderlich.[215] Im Rahmen dieser Vorschrift ist der Zeugenbeweis nämlich grundsätzlich dann ausgeschlossen, wenn der Wert des Vertragsgegenstandes 5000 Lire übersteigt, was bei Bürgschaften fast immer anzunehmen ist. Dies hat zur Konsequenz, daß deren Nichtbeachtung nur die Beweisbarkeit erschwert, jedoch die Gültigkeit des Bürgschaftsvertrages unberührt läßt.[216] Streitig ist in diesem Zusammenhang, ob es sich bei der Vorschrift des Art. 2721 cod. civ. überhaupt um eine kollisionsrechtlich beachtliche Formvorschrift handelt. Dies wird von der italienischen Rechtsprechung bejaht,[217] während die Literatur den zivilrechtlichen Beweisformen nur einen rein prozessualen Charakter beimißt[218]. Gerade aus deutscher Sicht, und somit für den deutsch-italienischen Rechtsverkehr bedeutsam, wird der Vorschrift des Art. 2721 cod. civ. Formcharakter zugesprochen.[219] Begründet wird dies damit, daß sich die Verknüpfung mit dem materiellen Recht in Abgrenzung zum Prozeßrecht schon rein „äußerlich" darin zeige, daß die Vorschrift nicht in der italienischen Zivilprozeßordnung enthalten sei, sondern vielmehr im Codice Civile stehen würde. Es entspräche der Tendenz der Verweisungsnormen des deutschen IPR, insbesondere des Art. 11 EGBGB, sich von den Bedeutungskriterien leiten zu lassen, welche die Norm gerade für die ausländische Rechtsordnung entfalten würde. Nur so könne vermieden werden, daß derselbe Vertrag „ohne Zutun der Parteien vor dem einen Gericht beweisbar und vor dem anderen Gericht unbeweisbar"[220] sei.

2. *Kollisionsrechtliche Konflikte aus den unterschiedlichen Formvorschriften*

a) Darstellung des Meinungsstands in Deutschland

Verpflichtet sich beispielsweise in Italien eine deutsche Privatperson gegenüber einer italienischen Bank für die Verpflichtung eines Dritten zu bürgen, so ist im Rahmen des Art. 11 Abs. 1 EGBGB bzw. des Art. 9 EVÜ sowohl das deutsche Recht als Geschäftsrecht, da der deutsche Bürge die vertragscharakteristische Leistung gem. Art. 28 Abs. 2 EGBGB bzw. Art. 4 Abs. 2 EVÜ erbringt, als auch

215 *Bodenstein/Jahn,* S. 78.
216 *Max-Planck-Institut (Hrsg.)* Die Bürgschaft im Recht der Mitgliedstaaten.
217 Cass. Riv. Dir. Int. Proc. 1975, 786.
218 *Gazzoni,* Kapitel XLIII Nr. 3; siehe auch *Cian/Trabucchi*[4] Art. 26 prel. Anm. II 3 m. weit. Nachw.
219 LG Mannheim NJW 1971, 2129, 2130, unter Bezugnahme auf ein Rechtgutachten des Instituts für ausländisches und internationales Privat- und Wirtschaftsrechts der Universität Heidelberg.
220 LG Mannheim NJW 1971, 2129, 2130.

das italienische Recht als Recht des Vornahmeortes der Bürgschaftsübernahme (Ortsrecht) anwendbar. Grundsätzlich ist hierbei unbestritten von einer Gleichrangigkeit von Ortsrecht und Geschäftsrecht auszugehen.[221]

Wird nun die Bürgschaft von dem deutschen Bürgen nicht schriftlich gem. § 766 BGB abgegeben, so ist diese zwar nach deutschem Recht gem. § 125 BGB nichtig, jedoch nach der Ortsform, also nach italienischem Recht, gültig.

Aufgrund der Gleichrangigkeit der lex causae mit der Ortsform ergibt sich somit die Gültigkeit des Bürgschaftsvertrages.

In diesem Zusammenhang stellt sich die Frage, ob diese Gültigkeit der Bürgschaft trotz Verstoßes gegen das zwingende Formerfordernis gemäß nationalen Rechts nicht ein Verstoß gegen Art. 6 EGBGB darstellt oder zumindest ein Verstoß gegen Art. 34 EGBGB vorliegt. Beide Ansatzpunkte, doch noch kollisionsrechtlich zur Nichtigkeit der Bürgschaft zu kommen, scheitern jedoch nach ganz unbestrittener Auffassung.

Ein Verstoß gegen Art. 34 EGBGB kann schon von daher nicht vorliegen, weil Art. 34 EGBGB nach seinem mit dem Willen des Gesetzgebers übereinstimmenden Wortlaut und insoweit bewußt abweichend von Art. 7 Abs. 2 EVÜ allein auf den Ersten Unterabschnitt des Ersten Abschnitts des Zweiten Kapitels des EGBGB und damit nicht auch auf Art. 11 EGBGB, der zum Zweiten Abschnitt dieses Kapitels gehört, Bezug nimmt.[222]

Ebenfalls ist nach unbestrittener Ansicht ein Verstoß gegen den ordre public in diesem Fall nicht gegeben, zumal eine solche Regelung bei Art. 11 EGBGB und der damit wortgetreuen Inkorporierung des Art. 9 EVÜ bewußt vom deutschen Gesetzgeber in Kauf genommen wurde.[223]

Da der Gesetzgeber selbst die Ortsform genügen läßt, käme eine Nichtanerkennung dieser Form wegen Gesetzesumgehung nach überwiegender Auffassung auch dann nicht in Betracht, wenn der Abschlußort gerade wegen der Formerleichterung oder um Kosten zu ersparen ins Ausland verlegt worden ist.[224] Nach der Gegenansicht wird die grundsätzliche Gleichwertigkeit von Ortsrecht und Geschäftsrecht in Abrede gestellt. Hiernach stellt der Satz „locus regit actum" lediglich eine Ausnahmevorschrift dar, die gerade auch in Hinblick auf die Formvorschriften des deutschen Rechts eng auszulegen sei.[225] Zu diesen unterschiedlichen Ansichten ist sogleich nach Darstellung des Meinungsstands in Italien Stellung zu beziehen.

---

221 Palandt/*Heldrich* Art. 11 EGBGB Rdn. 11.
222 BGH NJW 1993, 1126, 1128.
223 Palandt/*Heldrich* Art. 11 EGBGB Rdn. 1; MüKo/*Spellenberg* Art. 11 Rdn. 35, 59.
224 OLG Düsseldorf RIW 1989, 225; MüKo/*Spellenberg* Art. 11 Rdn. 59, 61.
225 *Winkler* NJW 1972, 981, 984.

b) Meinungsstand in Italien

Sowohl von der italienischen Lehre als auch von der italienischen Rechtsprechung wird überwiegend die Gleichwertigkeit des Ortsstatuts und des Geschäftsstatuts angenommen.[226] Hierbei wird im Rahmen der Interpretationen des Art. 9 EVÜ auf die Art. 26 prel. entsprechende Alternativanknüpfung Bezug genommen.[227] Begründet wird diese gleichrangige Alternativanknüpfung mit dem Prinzip des „favor negotii", wonach das Rechtsgeschäft in jedem Fall zustande kommen und nicht etwa an den „strengeren" Formvorschriften eines der Vertragsstaaten scheitern soll.[228] In diesem Zusammenhang müssen nach Ansicht der Rechtsprechung gegebenenfalls auch besondere nationale Formvorschriften, wie etwa Art. 1341, 1342 cod. civ., zugunsten eines ausländischen Rechts zurücktreten.[229]

Jedoch wird auch diese Ansicht nicht widerspruchslos hingenommen. Insbesondere in der italienischen Literatur wird eine Gleichwertigkeit von Geschäfts- und Ortsform in Abrede gestellt. Begründet wird diese Gegenansicht damit, daß die Gleichwertigkeit der Ortsform die Rechtswahl der Parteien hinsichtlich der Formvoraussetzungen ignorieren würde.[230] Eine automatische nationale Geltung des Rechtsgeschäfts aufgrund der ausländischen Ortsform würde eine Entziehung des Rechtsgeschäfts von dem zuständigen Recht bedeuten.[231] Der Hinweis auf die verschiedenen Anknüpfungspunkte hinsichtlich der Form könne somit keine andere Bedeutung haben, als eine positive Antwort auf die Existenz von mehreren möglichen Formvorschriften zu geben, die von den materiellrechtlichen Normen, welche für das jeweilige Rechtsgeschäft gälten, vorgesehen seien.[232] Somit sei auch die Form in das juristische System eingegliedert, welches auf das jeweilige Rechtsgeschäft anzuwenden sei.[233]

c) Stellungnahme

Die Gleichwertigkeit der Ortsform und der Geschäftsform im Rahmen des Art. 11 Abs. 1 EGBGB bzw. des Art. 9 EVÜ ist sowohl in Deutschland als auch in

---

226 Cass., Urt. v. 08.11.1976, n. 4082, Foro It. 1977 I, 2756; *Rescigno* Cod. Civ., 2. Auflage Art. 16 prel. Rdn. 1 m. weit. Nachw.
227 *Rescigno* Cod. Civile, 2. Aufl. Art. 16 prel. Rdn. 1.
228 *Mosconi*, S. 251; *Vitta/Mosconi*, S. 308.
229 Cass. Urt. v. 25.02.1970, n. 439, Giur. it. 1970 I, 1666.
230 *Luzzatto*, S. 289.
231 *Luzzatto*, S. 285.
232 *Luzzatto*, S. 289.
233 *Luzzatto*, S. 290.

Italien zu bejahen. Zweck der alternativen Anknüpfung ist es, das Rechtsgeschäft möglichst bestehen zu lassen.[234] Auch die jeweils inländischen Schutzfunktionen der Formvorschriften, wie etwa im deutschen Recht § 313 BGB oder § 766 BGB (Warnfunktion, Beweisfunktion und Beratungsfunktion), können es im internationalen Rechtsverkehr nicht rechtfertigen, der lex causae den Vorrang vor der Ortsform einzuräumen. Gerade durch die Alternativanknüpfung in Art. 11 EGBGB haben der deutsche Gesetzgeber bei der Inkorporierung des Staatsvertrages des EVÜ bzw. der italienische Staat durch die Verweisung in Art. 57 dir. int. priv. auf das EVÜ zu erkennen gegeben, daß man auch die gegebenenfalls weniger strengen Formvorschriften der anderen Vertragsstaaten als gleichwertig anerkennt. Auch die Beurteilung einer möglichen Umgehung dieser Schutzvorschriften durch bewußte Gesetzesumgehung kann nicht den Vorrang der lex causae begründen, sondern muß im jeweiligen Einzelfall auf den ordre public gem. Art. 16 EVÜ bzw. 6 EGBGB gestützt werden.[235]

Auch wenn im italienischen Recht Schutzvorschriften für den „schwächeren" Vertragspartner, wie etwa § 313 BGB oder § 766 BGB, nicht bestehen, so muß gerade im deutsch-italienischen Rechtsverkehr beachtet werden, daß auf der anderen Seite, bei Annahme eines Vorrangs der lex causae, der „stärkere" Vertragspartner den italienischen Vertragsgegner im Glauben an die Formgültigkeit des Geschäfts zu einer Leistung veranlassen könnte, die dieser bei Kenntnis der Unwirksamkeit wegen Formmangels nicht tätigen würde. Speziell für die Bürgschaft könnte der italienische Kreditgeber, auf die Wirksamkeit der in Italien abgeschlossenen, mündlichen Bürgschaft einer deutschen Privatperson vertrauend, den Kredit an den Hauptschuldner auszahlen, obgleich dessen Bonität alleine eine Auszahlung nicht rechtfertigen würde. Würde man in einem solchen Fall den Vorrang der lex causae bejahen, wäre die Bürgschaft wegen Verstoßes gegen § 766 BGB gem. § 125 BGB nichtig. Dem italienischen Kreditgeber darf, indem er auf die Wirksamkeit der Bürgschaft nach italienischem Recht (Ortsform) in Unkenntnis der deutschen Formvorschrift des § 766 BGB vertraut, kein Nachteil entstehen. Somit ist nach dem oben angesprochenen Grundsatz des „favor negotii"[236] der Gültigkeit des Rechtsgeschäfts auch im Hinblick auf das Vertrauen des internationalen Rechtsverkehrs auf das Zustandekommen des Vertrages der Vorrang einzuräumen. Auch die gegenteiligen Stimmen der italienischen Literatur zu dem damals geltenden Art. 26 prel. überzeugen nicht, zumal auch aus der bisherigen Regelung des Art. 26 prel. keine Anhaltspunkte dafür ersichtlich waren, daß lediglich auf die Existenz von möglichen anderen Anknüpfungsmöglichkeiten

---

234 *Jayme* NJW 1972, 1618; Palandt/*Heldrich* Art. 11 EGBGB Rdn. 10.
235 *Winkler* NJW 1972, 981, 983 mit Darstellung des damaligen Meinungsstands.
236 Siehe *Vitta/Mosconi*, S. 308.

hingewiesen werden sollte, jedoch letztlich der Form der lex causae Vorrang zukommen sollte. Darüber hinaus liegt zwar ein Teilentzug des auf das Rechtsgeschäft anwendbaren Rechts bei Anwendbarkeit der Ortsform vor, jedoch muß dieser zugunsten des „favor negotii“ hingenommen werden, zumal der Wortlaut des Art. 9 EVÜ hierfür spricht.

Die Gleichwertigkeit der Ortsform und der Geschäftsform bewirkt somit einen gerechten Ausgleich der bestehenden Interessenlagen im internationalen Vertragsgeschäft, da die Formvorschriften beider Vertragsparteien berücksichtigt werden und hierdurch für beide Seiten das Vertrauen in das Zustandekommen des Rechtsgeschäfts hinreichend geschützt wird. Gerade hierdurch wird ein eventueller Mißbrauch einer Vertragspartei zu Lasten der anderen unterbunden.

3. *Ausschluß der Ortsform durch Rechtswahl*

a) Deutschland

Fraglich ist, ob die grundsätzliche Alternativanknüpfungsmöglichkeit im Rahmen des Art. 11 Abs. 1 EGBGB durch Rechtswahl im Sinne des Art. 27 EGBGB ausgeschlossen werden kann. Hierbei kann die Rechtswahl für den Vertragsgegenstand auch dahingehend ausgelegt werden, daß sie sich auch auf das Formstatut erstreckt (sog. stillschweigender Ausschluß der Ortsform).[237] In Deutschland hält die überwiegende Ansicht eine solche Abbedingung des Ortsrechts als alternative Formanknüpfung durch Rechtswahl für zulässig.[238] Hierbei reicht es für den Ausschluß der Ortsform aus, wenn die Parteien ausdrücklich oder eindeutig erkennbar auch für die Form ein bestimmtes Recht gewählt haben[239] oder die Vertragsauslegung einen stillschweigenden Ausschluß der Ortsform ergibt[240].

Hiergegen wenden sich jedoch Stimmen in der Lehre, die einen solchen Ausschluß der Ortsform für nicht zulässig halten. Begründet wird dies damit, daß von den Parteien vor allem die Wirksamkeit des Geschäfts gewollt ist. Die Unklarheit über die anzuwendenden Formvorschriften weiche hierbei der Klarheit über das Zustandekommen des Vertrages.[241] Auch unter dem Gesichtspunkt der Vertragsfreiheit sei eine Rechtswahl zugunsten der lex causae nicht zu begründen, da die

237 BGH, BGHZ 57 S. 337, 338.

238 MüKo/*Spellenberg* Art. 11 Rdn. 31; BGH, BGHZ 57, 337, 340; *Hanisch* IPRax 1987, 47, 48; *Severain* Bürgschaft, S. 71 f.

239 *Hanisch* IPRax 1987, 47, 48.

240 BGH, BGHZ 57, 337, 338.

241 *Jayme* NJW 1972, 1618.

vom Gesetzgeber verfaßte ausdrückliche Regel des Art. 11 Abs. 1 EGBGB die alternative Geltung des Ortsrechts nicht vom Parteiwillen abhängig mache.[242]

b) Italien

Im Gegensatz zu der vorherrschenden Ansicht in Deutschland, die einen Ausschluß der Ortsform im Rahmen des Formstatuts für zulässig hält, war nach der überwiegenden Ansicht in der italienischen Literatur und Rechtsprechung zum bisherigen Art. 26 prel. ein Ausschluß der Ortsform zugunsten des Geschäftsstatuts nicht zulässig[243].

Vereinzelt wurde jedoch auch hier bereits die Ansicht vertreten, daß zumindest bei Rechtsgeschäften vermögensrechtlicher Natur, unter die zweifelsohne auch die Bürgschaftsverpflichtung zu zählen ist, die Rechtswahl der Vertragsparteien hinsichtlich von Formfragen zugunsten des Geschäftsstatuts beachtlich ist[244].

c) Kollisionsrechtlicher Lösungsansatz

Wie bereits oben[245] erörtert, ist dem Geschäftsrecht im Rahmen der Alternativanknüpfung des Art. 11 Abs. 1 EGBGB bzw. des Art. 9 Abs. 1 EVÜ kein Vorrang einzuräumen. Sicherlich spielt der Grundsatz der Vertragsfreiheit auch im internationalen Vertragsregelwerk eine nicht zu unterschätzende Rolle. Dennoch stellt sich die Frage, warum die Vertragsstaaten des EVÜ die Alternativanknüpfung des Absatzes 1 sowie des Absatzes 2 des Art. 9 EVÜ gesetzlich für die Form der Verträge geregelt haben. Die Vertragsfreiheit ist für den Hauptvertrag gem. Art. 3 EVÜ bzw. 27 EGBGB zulässig. Insofern ist der Vertragsfreiheitsgrundsatz auch im EVÜ bzw. EGBGB verankert. Jedoch gilt dies nur für den Vertrag und dessen Geltungsbereich gem. Art. 10 EVÜ bzw. 31 EGBGB. Im Hinblick auf den Geltungsbereich des Vertrages ist es beachtlich, daß sowohl das EVÜ als auch das EGBGB den Geltungsbereich nicht auf die Form des Vertrages erstrecken. Die Form soll demnach unabhängig vom Vertrag betrachtet werden. Auch wenn demnach grundsätzlich das Vertragsstatut der Parteidisposition mit-

---

242 *Jayme* NJW 1972, 1618.

243 *Mengozzi*, S. 465; Cass., Urt. v. 08.11.1976, n. 4082, Foro It. 1977 I, 2756; *Rescigno* Cod. Civ., 2. Aufl. Art. 16 prel. Rdn. 1 m. weit. Nachw.

244 *Ballarino*, S. 623 f.; *Ballarino* Forma, S. 313 ff.

245 Siehe unter Punkt 2 c.

tels Rechtswahl unterliegt, so gilt dies jedoch nach der Systematik des EVÜ wie auch des EGBGB nicht auch für die Form.[246]

Auch rechtfertigt der Schutzzweck der inländischen Formvorschriften keine Zulassung der Rechtswahl im Rahmen der Formvorschriften des Art. 11 EGBGB bzw. des Art. 9 EVÜ, zumal sich der Gesetzgeber eindeutig für eine Alternativanknüpfung und somit für eine internationale Entscheidungsharmonie zu Lasten einer nationalen Harmonie ausgesprochen hat.

Der verständliche Versuch deutscher Gerichte, inländische Formvorschriften zugunsten der nationalen Harmonie zu wahren, wird dennoch der internationalen Harmonie nicht gerecht. Gerade das Bestreben, die internationale Gültigkeit von Verträgen über den nationalen Geltungsbereich hinaus zu erreichen, spricht für die Unabdingbarkeit der Ortsform durch stillschweigende oder ausdrückliche Rechtswahl, auch wenn hierdurch nationale Schutzinteressen vernachlässigt werden sollten.

II. Konflikte bei Distanzverträgen

1. Abbedingung der Ortsform

Eine Ergänzung bezüglich der Ortsform enthalten die Absätze 2 und 3 des Art. 11 EGBGB bzw. Art. 9 EVÜ. Gem. Absatz 3 wird bei einem Bürgschaftsvertragsabschluß durch einen Stellvertreter die einzuhaltende Ortsform durch den Aufenthaltsort des Vertreters und nicht des Vertretenen bestimmt.[247]

Bei den sog. Distanzverträgen, bei denen sich die Vertragsparteien in verschiedenen Staaten befinden, genügt für die Formgültigkeit des Bürgschaftsvertrages neben der Einhaltung des Geschäftsrechts (lex causae) die Wahrung der Formerfordernisse derjenigen Staaten, in welchen sich die Vertragsschließenden aufhalten.[248] Im deutsch-italienischen Rechtsverkehr fällt hierunter etwa, daß ein deutscher Bürge in Frankreich zugunsten einer italienischen Bank mit Sitz in Italien für einen Dritten bürgt. In einer solchen, mit Sicherheit im internationalen Geschäftsverkehr immer weiter zunehmenden, Fallkonstruktion ist nun neben dem Geschäftsrecht (deutsches Recht) auch das italienische sowie das französische Ortsrecht alternativ anwendbar.

---

246 Dies wird verkannt von *Severain* Bürgschaft, S. 72, der sich unter Verweis auf Art. 27 Abs. 1 S. 2 EGBGB für die Abdingbarkeit ausspricht.

247 BGH NJW 1993, 1126, 1128.

248 BGH NJW 1993, 1126, 1128.

In diesem Zusammenhang stellt sich wiederum die Frage nach der Abbedingung des Ortsrechts bzw. der Ortsrechte durch eine Rechtswahl zugunsten der lex causae. Entsprechend der unter Punkt I 3 erörterten Diskussion muß entsprechend auch bei Distanzgeschäften eine solche Abbedingung der Ortsform für nicht zulässig gehalten werden, zumal die Interessenlage der Parteien genau die gleiche ist wie bei Art. 11 Abs. 1 EGBGB.

2. Bürgschaftserklärung bei Distanzgeschäften mittels Telefax

Problematisch in diesem Zusammenhang ist jedoch bei einem angenommenen Ausschluß der Ortsform die Bürgschaftserklärung mittels Telefax. Im soeben gebildeten Beispielsfall wäre demnach zu fragen, ob eine Bürgschaftserklärung mittels Telefax von Frankreich aus durch Rechtswahl der lex causae (deutsches Recht), welche vom deutschen Bundesgerichtshof als zulässig erachtet wird, der Schriftform des § 766 BGB genügt.

a) Vorherrschende Meinung in Deutschland

Hierzu hat der Bundesgerichtshof in mehreren Urteilen eindeutig Stellung bezogen. Nach der Ansicht des Bundesgerichtshofs reicht eine Übermittlung der Bürgschaftserklärung mittels Telefax nicht aus, um die Schriftform gem. §§ 766, 126 BGB zu wahren. Eine Telekopie enthalte, so der Bundesgerichtshof, keine eigenhändige Unterzeichnung.[249] Aufgrund des Schutzbedürfnisses des Bürgen könne die Rechtsprechung zur Zulässigkeit der Rechtsmittel und Rechtsmittelbegründungsfristen mittels Telefax[250] nicht auf die Bürgschaftsverpflichtungserklärung übertragen werden.[251] Der Bürge soll durch die Schriftform vor einer Übereilung und unzureichender Folgenabwägung bei der Übernahme der Bürgschaft geschützt werden.

Aus diesen Überlegungen hatte es der Bundesgerichtshof bereits im Jahre 1957 abgelehnt, in der Übermittlung eines Telegramms die Erteilung einer schriftlichen Bürgschaftserklärung zu sehen.[252]

---

249 So auch die neueste Rechtsprechung des Bundesfinanzhofs zur Unterschrift auf Faxausdruck in NJW 1999, 1422 ff. Nach der Rechtsprechung des Bundesfinanzhofs stellt die Unterschrift auf dem Telefaxausdruck keine eigenhändige Unterschrift im Sinne des § 6 Abs. 3 InvZulG 1993 dar.

250 BGH NJW 1990, 187, 188 f.; zur Zulässigkeit schriftlicher Nachrichten im gerichtlichen Verfahren siehe auch *Schwachheim* NJW 1999, 621.

251 BGH, BGHZ 121, 224, 235 f. = BGH NJW 1993, 1126, 1127 m. weit. Nachw.; MüKo/*Habersack* § 766 Rdn. 20; siehe auch *Pape* NJW 1996, 887, 889.

252 BGH NJW 1957, 1275, 1276.

b) Eigene Gegenansicht

Gegen die Ansicht des Bundesgerichtshofs sind Bedenken angebracht. Ein Telegramm ist nicht mit einem Telefax vergleichbar und zwar insbesondere nicht bezüglich des Erfordernisses der eigenhändigen Unterschrift gem. § 126 BGB. Bei einem Telegramm enthält lediglich das Aufgabetelegramm die eigenhändige Unterschrift, nicht jedoch das übermittelte Telegramm, welches nur den Text des Aufgabetelegramms wiedergibt. Das übermittelte Telegramm wird mangels eigenhändiger Unterschrift ohne Zweifel dem Schriftformerfordernis der §§ 766, 126 BGB nicht gerecht. Insofern ist auch der Rechtsprechung des Bundesgerichtshofs zum Telegramm zuzustimmen.

Demgegenüber enthält jedoch das übermittelte Telefax die eigenhändige Unterschrift des Bürgen. Der Unterschied zum Original besteht lediglich darin, daß es sich um eine Telekopie handelt. Die Erteilung einer Abschrift der Bürgschaftsurkunde wird von Stimmen des Schrifttums und der Rechtsprechung dann als ausreichend für das Zustandekommen eines Bürgschaftsvertrages erachtet, wenn die Abschrift der Bürgschaftsurkunde mit Wissen und Wollen des Bürgen an den Gläubiger ausgehändigt wird.[253] Dies zeigt, daß eine Fotokopie der Bürgschaftsurkunde generell durchaus dem Schriftformerfordernis genügen kann.

Der Unterschied zwischen Telefax und Telegramm liegt darin, daß bei einem Telefax der wortgetreue Text einschließlich der eigenhändigen Unterschrift übermittelt wird, während bei einem Telegramm nur der Text dem Inhalt nach übermittelt wird. Es liegt somit beim Telefax durchaus eine eigenhändige Unterschrift des Bürgen vor.

Dieser entscheidende Unterschied zwischen Telegramm und Telefax rechtfertigt es auch, den mit der Schriftform bezweckten Schutz vor Übereilung und unzureichender Folgenabwägung (Warnfunktion) bei Übernahme der Bürgschaft mittels Telefax als erfüllt anzusehen. Die Schutzfunktion der eigenhändigen Unterschrift, wodurch der Bürge nochmals die Folgen seines Handelns überdenken soll, ist gerade in der obigen Fallkonstellation bei Distanzgeschäften gewahrt. Hierin liegt auch der Unterschied zur Rechtsmitteleinlegung mittels Telefax, bei der eine solche Schutzfunktion der Schriftform nicht vom Gesetzgeber vorgesehen ist.

Der deutsche Bürge, der sich von Frankreich aus für die Verbindlichkeiten eines Dritten zugunsten einer italienischen Bank verbürgt, wird sich seines Handelns beim Unterschreiben der Bürgschaftserklärung in Frankreich genauso bewußt sein, als wenn er dies direkt in den Räumen der italienischen Bank täte.

---

253 BGH LM § 766 BGB Nr. 1; OLG Köln NJW-RR 1992, 555 f.; Staudinger[13]/*Horn* § 766 Rdn. 33 m. weit. Nachw. auch zur gegenteiligen Ansicht.

Darüber hinaus könnte man sogar anführen, daß der Bürge, der seine Bürgschaftserklärung im Ausland unterschreibt und sie mittels Telefax übermittelt, bei der Übermittlung nochmals sein Handeln überdenken kann und eventuell die bereits unterschriebene Erklärung nicht an den begünstigten Gläubiger absendet. Der Bürge, der seine Bürgschaftserklärung eigenhändig unterschrieben hat, kann sie nun mittels Brief oder direkt mittels Telefax übermitteln. Der Unterschied liegt hierbei doch lediglich in der Übermittlungsart, nachdem er durch seine bereits geleistete Unterschrift seinen Rechtsbindungswillen bewußt auf der Urkunde dokumentiert hat. Anders liegt es, wie zu Recht vom Bundesgerichtshof entschieden, bei der Übermittlung mittels Telegramm. Hierbei hat der Bürge zwar auch das Aufgabetelegramm bereits unterzeichnet, jedoch wird dieses gerade nicht übermittelt. Insofern wird der durch die Unterschrift dokumentierte Rechtsbindungswille hinsichtlich der Übernahme einer Bürgschaft gerade nicht an den Gläubiger übermittelt. Er verläßt noch nicht einmal die Sphäre des Bürgen.

Auch die Beweisfunktion ist bei der Übermittlung der Bürgschaftserklärung mittels Telefax gewährleistet. Aufgrund der Tatsache, daß es sich bei einem Telefax um eine wortgetreue und authentische Telekopie des Originals handelt, die, wie oben bereits geschildert, auch den Unterschriftszug des Verpflichteten trägt, kann durch das Telefax der volle Beweis erbracht werden. Abschließend sei hierzu noch erwähnt, daß der Beratungsfunktion im Rahmen der Bürgschaftsverpflichtung keine Relevanz zukommt, sondern vielmehr nur bei dem Formerfordernis der notariellen Beurkundung, wie etwa beim Grundstückskaufvertrag sowie bei erbrechtlichen und ehevertraglichen Regelungen, besondere Bedeutung erlangt.[254]

Somit greift der Einwand, die Schutzfunktion der Formvorschriften sei bei der Bürgschaftserklärung mittels Telefax nicht gewährleistet, nicht durch. Demnach ist das Schriftformerfordernis gem. §§ 766, 126 BGB auch bei der Bürgschaftsübermittlung mittels Telefax als gewahrt anzusehen, auch wenn die Bürgschaftsübernahme nicht unbedingt in allen Punkten mit der Rechtsmitteleinlegung vergleichbar ist, sofern das Telefax von dem Bürgen eigenhändig unterschrieben und bewußt und gewollt von diesem oder einem Vertreter übermittelt worden ist.

c) Meinungsstand in der italienischen Rechtsprechung und Literatur

In diesem Zusammenhang stellt sich ferner die Frage, ob eine Telefax-Mitteilung den privatschriftlichen Formerfordernissen nach italienischem Recht gerecht wird. Auch wenn die Bürgenverpflichtung nach italienischem Recht gem. Art. 1937 cod. civ. formfrei ist, so wird sie in der Praxis dennoch, schon zu Beweis-

254 MüKo/*Förschler* § 125 Rdn. 5.

zwecken, zumeist schriftlich vorgenommen,[255] zumal die Beweisvorschrift des Art. 2721 cod. civ., wie oben bereits geschildert[256], eine schriftliche Form vorsieht. Kollisionsrechtlich bedeutsam für den deutsch-italienischen Rechtsverkehr ist dies insofern, als sich die Frage stellt, ob eine durch Telefax übermittelte Bürgschaftserklärung eines deutschen Bürgen als Beweisurkunde im italienischen Prozeß anerkannt wird. Nach unbestrittener Auffassung wird durch die Telefax-Mitteilung die privatschriftliche Form gewahrt. Die italienische Rechtsprechung folgert dies aus Art. 2712 cod. civ., wonach mechanische Wiedergaben von Urkunden beweiskräftig sind, wenn derjenige, dem die Wiedergabe entgegengehalten wird, die Übereinstimmung mit dem Original bestreitet.[257] In der Lehre hat diese Rechtsprechung Zustimmung gefunden, wenn auch die Zulässigkeit der Telefaxübermittlung nicht auf Art. 2712 cod. civ., sondern vielmehr auf Art. 2719 cod. civ. gestützt wird.[258]

Im Hinblick auf die soeben dargelegte Begründung für das deutsche Recht ist es erwähnenswert, daß in der italienischen Lehre eine Analogie zum Telegramm gem. Art. 2705 cod. civ., welcher dem Telegramm die Beweiskraft von Urkunden zuspricht, abgelehnt wird. Begründet wird dies damit, daß dem Telegramm, verglichen mit dem Telefax, eine unterschiedliche Natur zukomme.[259] Darüber hinaus wird auf das Erfordernis der kennzeichnenden, eigenhändigen Unterschrift im Unterschied etwa zu der Unterschrift mittels Stempel abgestellt. Sofern eine eigenhändige Unterschrift auf dem Original mittels Telefax übermittelt wird, soll dieser übermittelten Telekopie der gleiche Beweiswert wie der Originalurkunde zukommen.[260]

Somit ist nach italienischem Recht dem Schriftformerfordernis auch durch eine Bürgschaftsverpflichtung, welche mittels Telefax übermittelt wird, genüge getan.

d) Ausblick hinsichtlich neuer Übermittlungsarten

In diesem Zusammenhang drängt sich unweigerlich die Frage auf, ob und wie bei den im modernen Geschäftsverkehr immer weiter reichenden Datenübermittlungsarten dem Formerfordernis bei der Bürgschaftsübernahme Rechnung getragen wird. Ohne auf die einzelnen neueren Übermittlungsarten näher eingehen zu wollen, muß jedenfalls der Bürgschaftstext von dem Bürgen eigenhändig unter-

---

255 *Bodenstein/Jahn*, S. 77.
256 Siehe unter Punkt I 1.
257 Cass. Banca borsa 1990 II, 429.
258 *Patti* Banca borsa 1990 II, 432, 436.
259 *Patti* Banca borsa 1990 II, 432, 434, 435.
260 *Vacarella* Riv. Dir. Proc. 1969, 249 ff.; *Patti* Banca borsa 1990 II, 432, 436.

schrieben worden sein, so daß einerseits in Deutschland der vom Gesetzgeber beabsichtigte Schutzzweck des Schriftformerfordernisses gewahrt ist und andererseits in Italien die Beweiskraft der Urkunden und die Übereinstimmung mit dem Original gewährleistet sind. Insoweit reicht auch eine vollständige Übermittlung des Bürgschaftstextes, etwa mittels direkter Datenübermittlung, dann nicht aus, wenn eine eigenhändige Unterschrift des Bürgen fehlt, wie dies beispielsweise bei einer Erklärung per E-Mail der Fall wäre.[261] Ebenso genügt ein sog. Computerfax mit einer digitalisierten Faksimileunterschrift nicht, da es auch insoweit an der Eigenhändigkeit fehlt.[262] Nur durch die eigenhändige Unterschrift unter ein ausgedrucktes Schriftstück wird der Bürge auf der einen Seite zur nochmaligen Reflexion seines Handelns und gegebenenfalls zum nochmaligen Durchlesen des Bürgschaftstextes angehalten und somit vor einer eventuellen Übereilung geschützt. Auf der anderen Seite, vom italienischen Standpunkt aus betrachtet, wird die Identität der Fotokopie mit dem Original und somit der Beweiswert im Prozeß durch die eigenhändige Unterschrift gewährleistet.

§ 7 Der Übergang der Hauptschuld auf den Bürgen bei Konkurrenz mit anderen Sicherungsrechten

I. Übergang der Garantie als Nebenrecht

1. Fragestellung und Einführung in die Problematik

Der Grundsatz der Akzessorietät hat Folgen für den Übergang der gesicherten Forderung. Grundsätzlich gehen im Wege der cessio legis gem. §§ 774 Abs. 1, 412, 401 BGB neben der Hauptforderung auch Nebenrechte auf den neuen Gläubiger über. Gleiches gilt gem. Art. 1263 cod. civ. für das italienische Recht. Demnach geht folglich sowohl nach der deutschen Rechtsordnung als auch nach italienischem Recht mit der besicherten Forderung auch ein weiteres, für diese

---

261 Es bleibt abzuwarten, ob der Diskussionsentwurf zur Änderung der §§ 126 ff. BGB (vgl. WM 1999, 1903 f.) sich durchsetzen wird und insofern Erleichterungen bringen wird. Das 1997 verabschiedete Signaturgesetz regelt die bürgerlich-rechtlichen Formfragen nicht.

262 Technisch handelt es sich dabei um ein Computerfax mit eingescannter Unterschrift. Beim Empfänger ist ein Unterschied zur eigenhändig unterzeichneten Urkunde, die dann per Fax versandt wird, nicht erkennbar. Zwischen den deutschen Obergerichten ist derzeit umstritten, ob ein per Computerfax eingereichter Schriftsatz fristwahrend ist. Eine Entscheidung hierzu ist beim Gemeinsamen Senat der obersten Gerichtshöfe des Bundes derzeit anhängig, vgl. dazu *Schmidt* BB 1999, 1125 m. weit. Nachw. zur Rspr.

Forderung bestelltes Sicherungsrecht auf den neuen Gläubiger über. Hierbei werden nach deutschem Recht das „Hauptrecht" und das akzessorische „Nebenrecht" so miteinander verknüpft, daß die für das Hauptrecht getroffene Regelung unmittelbar auf das akzessorische Recht einwirkt und somit letzteres in Entstehung, Inhalt, Fortbestand, Zuständigkeit und Durchsetzbarkeit von ersterem abhängig ist.[263] Die Verknüpfung der beiden Rechte ist somit umfassender Natur und kann daher im Sinne einer dynamischen Bezugnahme des Nebenrechts auf das Hauptrecht verstanden werden.[264]

Im Rahmen des Übergangs der Hauptforderung auf den Bürgen ist jedoch zu beachten, daß eine ebenfalls zur Sicherung der Hauptforderung bestellte Garantie nach deutschem Recht nicht zu den Nebenrechten im Sinne des § 401 BGB zählt.[265] Im italienischen Recht hingegen geht die Garantie gem. Art. 1263 cod. civ. mit dem Übergang der Hauptforderung als akzessorisches Nebenrecht auf den Bürgen als neuen Gläubiger über. Hierbei bewirkt allein schon die Übertragung der Hauptforderung den Übergang der Garantie. Dies kann nur dadurch verhindert werden, daß der Gläubiger vor der Übertragung der Hauptforderung auf die Garantie verzichtet.[266] Folglich ist hier hinsichtlich des Nebenrechts der Garantie ein Unterschied beider Rechtsordnungen gegeben.

Befriedigt nun im deutsch-italienischen Rechtsverkehr der deutsche Bürge den Gläubiger, so entscheidet über die Berechtigung des Bürgen zur Geltendmachung der Forderung nach Art. 33 Abs. 3 S. 1 EGBGB die Rechtsordnung, die für die Verpflichtung des Bürgen gegenüber dem alten Gläubiger maßgebend ist (sog. Zessionsgrundstatut).[267] Da das auf die Verpflichtung des Bürgen gegenüber dem Gläubiger der Forderung anzuwendende Recht dasjenige des Bürgschaftsstatuts ist, ist somit aufgrund der eindeutigen Regelung des Art. 33 Abs. 3 S. 1 EGBGB beziehungsweise des Art. 13 Abs. 1 EVÜ dieses auch für das Zessionsgrundstatut maßgeblich.[268] Nach dem Zessionsgrundstatut richtet sich nicht nur, welche Voraussetzungen für den gesetzlichen Forderungsübergang erfüllt sein müssen, sondern auch, ob und in welchem Ausmaß die Forderung des Gläubigers kraft Gesetzes auf den Legalzessionar übergeht und von ihm geltend gemacht werden darf.[269] Befriedigt somit der deutsche Bürge den Gläubiger, so fin-

---

263 Vgl. bereits oben § 1 I m. weit. Nachw.

264 *Habersack* AcP 198 (1998), 152, 153.

265 Siehe auch MüKo § 412 Rdn. 3-14.

266 *Rescigno* Cod. Civ. Art. 1263 Rdn. 2.

267 MüKo/*Martiny* Art. 33 Rdn. 22.

268 *Firsching* IPR, Rdn. 89, 91; *Reithmann/Martiny*, Rdn. 512; MüKo/*Martiny* Art. 28 Rdn. 223.

269 MüKo/*Martiny* Art. 33 Rdn. 23.

det auf den gesetzlichen Forderungsübergang gem. Art. 33 Abs. 3 EGBGB bzw. Art. 13 Abs. 1 EVÜ deutsches Recht Anwendung.

Ist nun für die Erfüllung der Hauptverbindlichkeit als Sicherheit neben der deutschem Recht unterliegenden Bürgschaft auch eine Garantie nach italienischem Recht bestellt worden, so stellt sich die Frage, ob diese Garantie im Rahmen der cessio legis nach deutschem Recht ebenfalls übergeht. Wie schon oben dargestellt worden ist,[270] können Garantien nach italienischem Recht durchaus auch akzessorisch gestaltet sein, was nach deutschem Recht nicht möglich ist. Dies gilt namentlich im Bankenverkehr für die „garanzia fideiussoria“, je nach Parteiabrede aber auch für die Garantiebürgschaft („cauzione fideiussoria“). Daraus ergibt sich die kollisionsrechtliche Problematik, ob der leistende deutsche Bürge nicht eines akzessorischen Rechts im Rahmen des gesetzlichen Forderungsübergangs verlustig geht, wenn die Garantie nach italienischem Recht nicht zu den Nebenrechten im Sinne des § 401 BGB zu zählen ist. Mit anderen Worten ist zu fragen, ob der Erwerb der Garantie nach italienischem Recht durch den leistenden Bürgen davon abhängen soll, ob die Garantie akzessorisch oder nichtakzessorisch ausgestaltet ist.

2. *Rechtsübergang von akzessorischen Garantien*

In einem ersten Schritt soll die Anwendbarkeit der §§ 774 Abs. 1, 401 BGB auf die nach italienischem Recht akzessorisch ausgestaltete Garantie untersucht werden.

Der Wortlaut des § 401 BGB ergibt klar, daß eine Garantie nicht erfaßt ist, sondern lediglich die Bürgschaft sowie die anderen dort aufgeführten Sicherungsrechte. Ebenso ergibt sich aus dem Telos der Vorschrift, daß eine Garantie, welche im Gegensatz zur Bürgschaft ein nichtakzessorisches Sicherungsrecht nach deutschem Recht darstellt, weder unmittelbar noch im Wege einer analogen Anwendung vom Anwendungsbereich des § 401 BGB erfaßt ist. Dies ergibt sich auch daraus, daß die in § 401 Abs. 1 BGB genannten Sicherungsrechte, wie die Bürgschaft, das Pfandrecht und die Hypothek, akzessorischer Natur sind und demzufolge für eine analoge Anwendung auf ein nichtakzessorisches Sicherungsrecht keine Vergleichbarkeit vorliegt.

Im hier zu untersuchenden Kollisionsfall ist jedoch gerade bei einer akzessorisch ausgestalteten Garantie, wie etwa der Garantiebürgschaft („cauzione fideiussoria“) nach italienischem Recht, das ausschlaggebende Kriterium der Akzessorietät gegeben. Hinzu kommt als weiteres Argument, daß sich die akzessorisch ausgestaltete Garantie im italienischen Recht nach dem Bürgschaftsrecht richtet.

270 Vgl. oben § 2 II 3.

Aufgrund dieser Anwendung des italienischen Bürgschaftsrechts ist die akzessorische Garantie wie eine Bürgschaft zu behandeln. Der Sache nach handelt es sich aus Sicht des deutschen Bürgen, aber auch aus der Sicht des italienischen Hauptschuldners um eine Bürgschaft mit einer abweichenden Terminologie. Da bei der Verabschiedung des § 401 BGB an solche kollisionsrechtlichen Schwierigkeiten nicht gedacht wurde, läßt sich § 401 BGB auf eine akzessorisch ausgestaltete Garantie wie etwa die Garantiebürgschaft („cauzione fideiussoria") nach italienischem Recht analog anwenden. Hinzu kommt, daß § 401 BGB auch auf andere unselbständige Sicherungsrechte, die nicht im Wortlaut des § 401 BGB auftauchen, analog angewendet wird, beispielsweise auf den Anspruch auf Bestellung einer Sicherungsgrundschuld[271], auf die Vormerkung[272] und auf den aus einer Hypothek entstandenen Anspruch auf Befriedigung aus dem Versteigerungserlös[273]. Hingegen wird eine analoge Anwendung des § 401 BGB gerade bei den Sicherungsrechten abgelehnt, welche als selbständige Sicherungsrechte unabhängig (abstrakt) von der Hauptverbindlichkeit sind.[274] Da die Sicherungsgrundschuld eine Akzessorietät nur durch schuldrechtliche Abreden im wirtschaftlichen Ergebnis nachbildet, bestehen gegen eine analoge Anwendung des § 401 BGB auf die akzessorisch ausgestaltete Garantie nach italienischem Recht keine Bedenken. Durch die analoge Anwendung des § 401 BGB lassen sich kollisionsrechtliche Spannungen im deutsch-italienischen Rechtsverkehr vermeiden.

3. Rechtsübergang von nichtakzessorischen Garantien?

Ferner stellt sich die Frage, ob auch auf die nach italienischem Recht nichtakzessorisch ausgestaltete Garantie, die somit einer deutschen Garantie vergleichbar ist, §§ 774 Abs. 1, 401 BGB analog anzuwenden sind. Aufgrund der Möglichkeit nach italienischem Recht, eine Garantie wahlweise abstrakt oder akzessorisch auszugestalten, ergeben sich, wie bereits unter § 2 II 3 dargestellt, bei der Abgrenzung zur Bürgschaft nicht unerhebliche Probleme. Die Abgrenzung dieser unterschiedlichen Sicherungsformen kann oftmals, ähnlich wie im deutschen Recht[275], schwierig sein. In der italienischen Rechtsprechung wie Literatur wird dabei dem Text des Vertrages entscheidende Bedeutung beigemessen. Allein die Bezeichnung reicht jedoch oftmals zu einer Abgrenzung nicht aus. Deshalb muß gegebenenfalls der gesamte Vertragstext auf Hinweise untersucht werden, die die

---

271 RG, RGZ 126, 384.

272 BGH, BGHZ 25, 23 = BGH NJW 1994, 2947.

273 RG, RGZ 65, 418.

274 Siehe beispielsweise BGH NJW 1974, 101 für die Sicherungsgrundschuld.

275 Siehe unter § 2 II 2.

vorliegende Garantie als abstrakt oder akzessorisch qualifizieren.[276] Im Zweifel wird man jedoch eine abstrakte Garantie annehmen müssen.

Es stellt sich folglich im weiteren die Frage, ob auch eine solche abstrakte Garantie nach italienischem Recht als Neben- bzw. Vorzugsrecht im Sinne des § 401 BGB anzusehen ist. Dies ist aufgrund der Ausführungen soeben unter § 7 I 2 zu verneinen. Aufgrund der Tatsache, daß es sich um ein abstraktes Sicherungsrecht handelt, fehlt es an einer Vergleichbarkeit. Allein die Tatsache, daß die abstrakte Garantie im Rahmen des italienischen Bürgschaftsrechts entwickelt worden ist, führt noch nicht zu einer Vergleichbarkeit, da es am zentralen Strukturelement der Akzessorietät fehlt. Man kann auch nicht für eine analoge Anwendung des § 401 BGB ins Feld führen, daß es im Einzelfall für den deutschen Bürgen zufällig sein kann, ob eine akzessorische oder abstrakte Garantie vereinbart wird. Denn es entspricht der klaren Wertentscheidung des Gesetzgebers, daß der Zessionar nur in den Genuß von akzessorischen Rechten kommen soll. Für ihn ist es ebenso zufällig, ob für die an ihn abgetretene Forderung ein Pfandrecht bestellt wurde oder zur Absicherung eine Sicherungsübereignung vorgenommen wurde. Folglich führt dieses Ergebnis auch nicht zu kollisionsrechtlichen Konflikten, da der deutsche Bürge nicht schlechter steht als bei vergleichbaren nationalen Sachverhalten.

4. Ergebnis

Hinsichtlich der italienischen Garantiebürgschaft („cauzione fideiussoria"), auf welche italienisches Bürgschaftsrecht Anwendung findet, ist eine analoge Anwendung des § 401 BGB im Rahmen des gesetzlichen Forderungsübergangs anzunehmen. Folglich hat der leistende deutsche Bürge im Rahmen der cessio legis im deutsch-italienischen Rechtsverkehr keine Nachteile, da er kein akzessorisch ausgestaltetes Nebenrecht verliert.

Eine abstrakt ausgestaltete Garantie nach italienischem Recht fällt ebensowenig wie eine abstrakte Garantie nach deutschem Recht unter § 401 BGB. Kollisionsrechtliche Konflikte im deutsch-italienischen Rechtsverkehr sind folglich aufgrund dieser gleichartigen Behandlung nicht ersichtlich.

---

276 Trib. Bologna Banca borsa 1986 II, 339, 351; *Bonelli* Garanzie bancarie, S. 127, 150.

II. Unterschiede zwischen § 774 Abs. 1 S. 2 BGB und Art. 1205 cod. civ. und deren kollisionsrechtliche Relevanz

Weiterhin bestimmt die deutsche Rechtsordnung in § 774 Abs. 1 S. 2 BGB, daß der Bürge als Sicherungsgeber den auf ihn übergegangenen Teil der gesicherten Forderung nicht zum Nachteil des Gläubigers geltend machen kann. Die italienische Rechtsordnung versagt dagegen dem Gläubiger eine derartige Priorität seines Anspruchs. Dort haben sich vielmehr Gläubiger und Sicherungsgeber die Sicherung nach dem Verhältnis ihrer beiderseitigen Ansprüche gem. Art. 1205 cod. civ. zu teilen.

Es stellt sich folglich die Frage, ob aus dieser Diskrepanz der Rechtssysteme kollisionsrechtliche Konflikte erwachsen können. Bedeutung kommt der Priorität des Gläubigers vor den anderen Sicherungsgebern (hier: des Bürgen) nach deutschem Recht gem. § 774 Abs. 1 S. 2 BGB nur dann zu, wenn sowohl der Gläubiger als auch der Bürge, dieser kraft der auf ihn übergegangenen Forderung, Rechte an einer dinglichen Sicherung in Anspruch nehmen, welche für die gesicherte Forderung bestellt worden ist und die zur Befriedigung beider Ansprüche nicht ausreicht. In diesem Fall sollen die Ansprüche des Gläubigers vor denen des Bürgen als Sicherungsgeber befriedigt werden.

Kollisionsrechtliche Konflikte können sich immer dann ergeben, wenn dem Bürgen nach einer der beiden Rechtsordnungen Rechte aufgrund der unterschiedlichen rechtlichen Regelungen abgeschnitten werden und dies zu untragbaren Ergebnissen führt. Kollisionsrechtlich denkbare Probleme können sich aufgrund dieser unterschiedlichen rechtlichen Regelungen lediglich im Verhältnis Gläubiger/Bürge ergeben. Gerade im Verhältnis des Bürgen zum Gläubiger ist jedoch, im Unterschied zum Mitbürgenverhältnis, kollisionsrechtlich das geltende Recht gemäß dem Bürgschaftsstatut klar bestimmt. Es ist entweder deutsches *oder* italienisches Recht anwendbar und nicht wie bei der Mitbürgschaft eines deutschen und eines italienischen Bürgen deutsches *und* italienisches Recht. Aufgrund der Anwendung lediglich einer Rechtsordnung im Verhältnis des Bürgen zum Gläubiger nach dem Bürgschaftsstatut ergeben sich also keine kollisionsrechtlichen Konflikte im deutsch-italienischen Rechtsverkehr.

Somit ergeben sich im Verhältnis des Bürgen zum Gläubiger trotz der rechtlichen Unterschiede zwischen dem deutschen und dem italienischen Recht bezüglich § 774 Abs. 1 Satz 2 BGB und Art. 1205 cod. civ. keine kollisionsrechtlichen Konflikte.

III. Sonderfragen beim Ausgleich von persönlichen und dinglichen Sicherungsgebern im deutsch-italienischen Rechtsverkehr

1. Ausgleich zwischen persönlichen und dinglichen Sicherungsgebern nach deutschem Recht

Ebenfalls erörterungswürdig ist die Frage, ob bei einer Konkurrenz hinsichtlich der Besicherung einer Hauptforderung mit verschiedenen Sicherheiten im deutsch-italienischen Rechtsverkehr kollisionsrechtliche Probleme auftreten können. Hintergrund dieser Fragestellung ist der im deutschen Recht diskutierte sog. „Wettlauf der Sicherungsgeber". Eine solche Konstellation ist nach deutschem Recht dann möglich, wenn eine Hauptschuld etwa durch eine Bürgschaft und eine Hypothek besichert ist. Zahlt der Bürge für den Schuldner an den Gläubiger, so erwirbt er gem. § 774 Abs. 1 S. 1 BGB die Hauptforderung, welche nach §§ 412, 401 BGB gesichert wird durch die Hypothek am Grundstück. Zahlt umgekehrt der Besteller der Hypothek für den Schuldner an den Gläubiger, so scheint nach § 1143 Abs. 1 S. 1 BGB die Hauptforderung auf ihn überzugehen, und zwar gesichert durch die Bürgschaft gem. §§ 412, 401 BGB.

Danach sieht es so aus, als sei der zuerst leistende Sicherungsgeber im Vorteil. Er erwirbt mit der Forderung des Gläubigers die andere Sicherung und kann sich aus dieser befriedigen. Dieser sog. „Wettlauf der Sicherungsgeber" wird nach deutschem Recht für unerträglich gehalten. Als Lösungsvorschlag vertritt die vorherrschende Meinung, die Regelungen des Gesetzes über die Mitbürgschaft resp. die Gesamtschuld (§§ 769, 774 Abs. 2, 426 BGB) entsprechend anzuwenden.[277] Eine andere Ansicht möchte dagegen den Bürgen mit Verweis auf die Grundwertung des § 776 BGB bevorzugen.[278] Der zuletzt dargestellten Auffassung liegt der Gedanke zugrunde, daß sich der dingliche Sicherungsgeber weniger stark für den Schuldner eingesetzt habe als der persönliche und demnach der Bürge mehr Schutz verdiene, da nur dieser unbegrenzt mit seinem persönlichen Vermögen hafte. Aufgrund der Tatsache, daß die §§ 1143 Abs. 1 S. 2, 1225 S. 2 BGB auf § 774 BGB und damit auf den Bürgenregreß verweisen und somit das Gesetz den Bürgenregreß zum Verpfänderregreß als gleichwertig ansieht, leuchtet die vorherrschende Ansicht eher ein, welche die Regelungen über den Mitbürgen- bzw. Gesamtschuldnerausgleich entsprechend anwendet. Dies be-

---

277 BGH, BGHZ 108, 179, 182 ff. = BGH NJW 1989, 2530 ff.; BGH NJW 1992, 3228 f.; *Esser/Weyers* § 40 IV 3; *Larenz/Canaris* SchR II/2, S. 16 f.; *Finger* BB 1974, 1416, 1420 ff.; *Hüffer* AcP 171 (1971), 470, 479 ff.; Palandt/*Sprau* § 774 Rdn. 13.

278 *Larenz* SchR II, § 64 III, S. 480 f.; *Baur/Stürner*, § 38 IX 3 a, S. 450 f.; Staudinger[13]/*Horn* § 774 Rdn. 68.; für umfangr. Nachw. vgl. *Hüffer* AcP 171 (1971), 470, 474 (selbst jedoch a.A.).

deutet, daß derjenige, der zuerst zahlt, das andere Sicherungsrecht im Zweifel zur Hälfte erwirbt und somit das Risiko des Rückgriffs gegen den Hauptschuldner unter die Sicherungsgeber verteilt wird.

Unabhängig jedoch davon, welche der vertretenen Ansichten mehr oder weniger einleuchtend ist, ist zu konstatieren, daß im deutschen Rechtsverkehr beim Ausgleich zwischen den persönlichen und dinglichen Sicherungsgebern Rechtsunsicherheiten dahingehend bestehen, ob und wie ein Ausgleich zwischen persönlichen Sicherungsgebern (hier: Bürgen) und dinglichen Sicherungsgebern stattfinden soll, nachdem einer der Sicherungsgeber den Gläubiger befriedigt hat. Demzufolge stellt sich zunächst die Frage, wie der Ausgleich im italienischen Recht stattfindet und ob gegebenenfalls kollisionsrechtliche Konflikte im deutsch-italienischen Rechtsverkehr entstehen können.

2. *Ausgleich zwischen persönlichen und dinglichen Sicherungsgebern nach italienischem Recht*

Im italienischen Recht haften der persönliche und der dingliche Sicherungsgeber zwar nicht direkt nach Kopfteilen, sondern jeweils in Höhe ihrer Sicherungsverpflichtung, jedoch führt auch dieser Ausgleich zu dem Ergebnis, daß derjenige, der zuerst zahlt, das andere Sicherungsrecht im Zweifel zur Hälfte erwirbt, und somit das Risiko des Rückgriffs gegen den Hauptschuldner unter die Sicherungsgeber verteilt wird.[279] Diese Auffassung führt zu dem gleichen Ergebnis wie die vorherrschende Ansicht in Deutschland, wonach die Regelungen des Gesetzes für Mitbürgen bzw. Gesamtschuldner entsprechend angewandt werden sollen, wenn sowohl die Bürgschaft wie das dingliche Sicherungsrecht den Betrag der gesicherten Forderung voll decken. Jeder Sicherungsgeber haftet dann im Innenverhältnis dem anderen zu gleichen Teilen. Decken dagegen die Bürgschaft, die dingliche Sicherheit oder beide nicht den Betrag der gesicherten Forderung, so bestimmt sich der Ausgleich im Innenverhältnis nach dem Betrag der jeweiligen Sicherungsverpflichtung. Diese Aufteilung im Verhältnis eines Hypothekengläubigers zum Bürgen eines Schuldners ordnet Art. 2871 Abs. 2 cod. civ. ausdrücklich an. Hierbei wird von der Rechtsprechung in analoger Anwendung des Art. 2871 cod. civ. vertreten, daß der solvente Drittbesteller, welcher den Gläubiger befriedigt, einen Direktanspruch gegen die anderen Mitsicherheitengeber erhält und sich nicht zuvor an den Hauptschuldner wenden muß.[280] Somit ergibt sich nach italienischen Recht, ähnlich wie bei der vorherrschenden deutschen Ansicht,

279 *Cian/Trabucchi* Art. 2871 Rdn. 2; *Rescigno* Cod. Civ. Art. 2871, S. 3169.
280 *Rescigno* Cod. Civ. Art. 2871, S. 3169; Cass. Foro It. 1980 I, Spalte 152 mit Anm. *Ciappi*.

ein Ausgleich zwischen den persönlichen und dinglichen Sicherungsgebern dergestalt, daß derjenige, der zuerst zahlt, das andere Sicherungsrecht im Zweifel zur Hälfte erwirbt und somit das Risiko des Rückgriffs gegen den Hauptschuldner unter die Sicherungsgeber verteilt wird.

3. Kollisionsrechtliche Konsequenzen

Kollisionsrechtliche Konflikte können sich nur dann ergeben, wenn die Bürgschaftsverpflichtung deutschem Recht untersteht und die dingliche Sicherheit nach den Grundsätzen der lex rei sitae italienischem Recht oder umgekehrt. Hierbei ist jedoch schon im Vorfeld der Betrachtung der etwaigen Rechtsunterschiede anzuführen, daß aufgrund des Grundsatzes der Trennung der Statuten gewisse nationale Rechtsunterschiede hingenommen werden müssen, sofern sie nicht zu gravierenden, kollisionsrechtlich nicht hinnehmbaren Spannungen führen. Aufgrund der oben dargestellten, ähnlichen Betrachtungsweise des Ausgleiches zwischen dinglichen und persönlichen Sicherungsgebern, insbesondere der vorherrschenden in Deutschland vertretenen Auffassung und der italienischen Rechtsprechung, ist eine kollisionsrechtlich unerträgliche Situation nicht ersichtlich. Selbst wenn ein mit einem Rechtsstreit befaßtes Gericht in Deutschland der nicht vorherrschenden Ansicht folgen würde, wonach mit Verweis auf § 776 BGB der Bürge gegenüber dem dinglichen Sicherungsgeber zu bevorzugen ist, so wäre diese nationale Diskrepanz kollisionsrechtlich im deutsch-italienischen Rechtsverkehr hinzunehmen, zumal eine andere nationale richterliche Einschätzung der Rechtslage, sofern diese vertretbar ist, in jedem Fall mit den kollisionsrechtlichen Grundsätzen vereinbar ist.

4. Fazit

Es ergeben sich aufgrund der im wesentlichen übereinstimmenden Betrachtungsweisen des Ausgleichs zwischen persönlichen und dinglichen Sicherungsgebern nach deutschem und italienischem Recht keine kollisionsrechtlichen Konflikte. Die geringfügigen Abweichungen der unterschiedlichen Rechtsordnungen sind kollisionsrechtlich vertretbar, zumal zu beachten ist, daß der Grundsatz der strikten Trennung des dinglichen Statuts (lex rei sitae) und des Bürgschaftsstatuts dies zulassen.

IV. Rechtsübergang dinglicher Rechte nach der lex rei sitae

Weiterhin zu untersuchen ist, ob nach dem italienischen Recht als lex rei sitae bei dem gesetzlichen Forderungsübergang die dinglichen Rechte mit übergehen oder ob die lex rei sitae dies nicht vorsieht mit der Konsequenz kollisionsrechtlicher Konflikte im deutsch-italienischen Rechtsverkehr. Diese Fragestellung ist sowohl nach der deutschen wie nach der italienischen Rechtsordnung identisch geregelt. Wie bereits oben ausgeführt, ordnet sowohl die italienische Rechtsordnung gem. Art. 1949, 1203 Nr. 1, 1204 Abs. 1 cod. civ. als auch die deutsche Rechtsordnung gem. § 774 BGB in Verbindung mit §§ 412, 401 BGB an, daß mit der Leistung des Bürgen als Sicherungsgeber die gesicherte Leistung auf ihn übergeht. Hierbei gehen akzessorische Sicherungsrechte und Vorzugsrechte, die mit der Forderung verbunden sind, ebenfalls über. In bezug auf die dinglichen Rechte bedeutet dies sowohl nach deutschem als auch nach italienischem Recht, daß nur die akzessorischen dinglichen Sicherungsrechte übergehen. Als akzessorische dingliche Sicherungsrechte werden nach dem italienischen Recht, ähnlich wie im deutschen Recht, nur das Pfandrecht und die Sicherungshypothek eingeordnet.[281] Aufgrund der Tatsache, daß nach beiden Rechtsordnungen die akzessorischen dinglichen Sicherungsrechte übergehen, ergeben sich also hinsichtlich des Übergangs dinglicher Rechte beim gesetzlichen Forderungsübergang im Rahmen der lex rei sitae keine kollisionsrechtlichen Konflikte im deutsch-italienischen Rechtsverkehr.

§ 8 Konkursrechtliche Konflikte nach Erlöschen der Bürgschaft, insbesondere im Zusammenhang mit der Übernahme von Bankbürgschaften

I. Wiederaufleben der Hauptforderung nach italienischem Konkursrecht

Nach dem italienischen Konkursrecht können im Gegensatz zum deutschen Insolvenzrecht bereits geleistete Zahlungen des in Konkurs geratenen Schuldners von dem Konkursverwalter zurückverlangt werden. Dies gilt für Zahlungen des Konkursschuldners, die bis zu zwei Jahre vor die Konkurseröffnung zurückreichen.[282] Dieses dem deutschen Insolvenzrecht unbekannte, unbeschränkte und von einem Anfechtungsgrund unabhängige Rückforderungsrecht für bereits geleistete Zahlungen des Konkursschuldners *vor* der Konkurseröffnung, das sich am ehesten mit einem pauschalen Anfechtungsrecht vergleichen läßt, eröffnet im

281 *Kindler* Einführung, § 14 Rdn. 57.
282 Siehe Art. 67 Abs. 2 Regio Decreto Nr. 267, v. 16.03.1942.

deutsch-italienischen Rechtsverkehr in bezug auf die Bürgschaft dann kollisionsrechtliche Konflikte, wenn sich die Bürgschaftsübernahme nach deutschem Recht richtet und die Konkursforderung (Hauptforderung) dem italienischen Recht unterstellt ist. In einem solchen Falle ergibt sich die Problematik des Wiederauflebens der bereits geleisteten und somit erfüllten Hauptforderung des (Konkurs-)Schuldners vor der Konkurseröffnung, wenn der italienische Konkursverwalter von seinem Recht Gebrauch macht und diese bereits bis zu zwei Jahre vor der Konkurseröffnung geleisteten Forderungen wieder von dem Gläubiger zurückfordert. In diesem Fall stellt sich zunächst die grundsätzliche Frage, ob die mit Bezahlung der Hauptforderung bereits erloschene Bürgschaftsforderung wieder auflebt.

II. Wiederbegründungsakzessorietät der Bürgschaft ohne vertragliche Abrede?

Es stellt sich folglich die Frage, ob die Akzessorietät der Bürgschaft so stark ist, daß sie beim Wiederaufleben der Hauptforderung auch zum Wiederaufleben der Bürgschaft führt, also ob es neben der Begründungs-, Fortbestehens- und Durchsetzungsakzessorietät auch eine „Wiederbegründungsakzessorietät" gibt.

Nach einhelliger Ansicht in der deutschen Rechtsprechung[283] und Literatur[284] führt eine Wiederbegründung des deutschem Recht unterliegenden Hauptschuldverhältnisses nicht zum Wiederaufleben der Bürgschaft. Dieser Ansicht ist zuzustimmen, da die Akzessorietät nicht so stark ist, daß sie über das Erlöschen der Bürgschaft hinausreicht. Einer Wiederbegründungsakzessorietät stehen schutzwürdige Belange des Bürgen entgegen. Aufgrund dieser einhelligen Rechtsansicht bezüglich des Nichtwiederauflebens der Bürgschaft ergibt sich, daß kollisionsrechtliche Konflikte durch die abweichenden Regelungen im deutschen und italienischen Insolvenzrecht in bezug auf die Bürgschaft im deutsch-italienischen Rechtsverkehr nicht ersichtlich sind.

Auch die Trennung der Statuten spricht dafür, daß ein Wiederaufleben der italienischen Hauptforderung keinen Einfluß auf die bereits erloschene deutsche Bürgschaft hat. Somit ist zunächst festzuhalten, daß mangels abweichender Vereinbarung ein Wiederaufleben der Hauptforderung grundsätzlich nicht zur Wiederentstehung der Bürgschaft führt.

Das Ergebnis ist auch mit Blick auf den Schutz des deutschen Bürgen interessengerecht. Das gilt besonders dann, wenn es sich um eine Privatperson handelt,

---

283 BGH NJW 1989, 27, 28; WM 1969, 1276, 1277.
284 MüKo/*Habersack* § 767 Rdn. 3.

der nicht abverlangt werden kann, daß sie von den Besonderheiten des italienischen Konkursrechts Kenntnis hat.

III. Zulässigkeit einer vertraglichen Abrede über das Wiederaufleben der Bürgschaft insbesondere im Bankenverkehr

Wenn also das Wiederaufleben der Hauptforderung nach allgemeinem Recht nicht zum Wiederaufleben der Bürgschaft führt, stellt sich die Frage, ob die Parteien des Bürgschaftsvertrages das gegenteilige Ergebnis stipulieren können.

Eine solche Fallkonstellation ist im Bankenverkehr gängige Praxis.[285] Ein Bedürfnis für eine solche Abrede folgt beispielsweise daraus, daß die bürgende Bank ihren Kunden als besonderen Service eine möglichst umfassende Bürgschaft bieten möchte, die auch den Erfordernissen des italienischen Rechts der Hauptforderung Rechnung trägt. Übernimmt demnach eine deutsche Bank eine Bürgschaft für einen italienischen Kunden, so wird sie zunächst in ihren Formularverträgen im Rahmen einer Rechtswahlklausel gem. Art. 27 EGBGB die Bürgschaftsverpflichtung dem deutschen Recht unterstellen.[286] Dies hat jedoch zur Konsequenz, daß der Kunde als Sicherungsnehmer nicht optimal abgesichert ist. Unterstellt, daß die Hauptforderung dem italienischen Vertragsstatut untersteht und somit italienisches Konkursrecht anwendbar ist, würde die Bürgschaft für diejenigen Forderungen nicht mehr bestehen, die bereits erloschen sind, jedoch nach italienischem Konkursrecht von dem Konkursverwalter wieder eingefordert werden und demnach wiederaufleben. Die Bürgschaft, welche sich in diesem Falle nach deutschem Recht beurteilt und bereits zusammen mit der Hauptschuld erloschen war würde nicht wiederaufleben. Dies hätte zur Konsequenz, daß die von der Bank für ihren Kunden (= Sicherungsnehmer) übernommene Bürgschaft als Leistung der Bank ihren Zweck nicht ausreichend erfüllen könnte und demnach dem Kunden als Sicherungsnehmer letztlich nichts nützen würde. Gerade in dieser Fallkonstellation zeigt sich demnach, daß dem Sicherungsgeber (Bürgen) nicht immer daran gelegen ist, sich der Bürgschaft so schnell wie möglich zu entledigen. Gerade Banken, welche Bürgschaftsübernahmen als Dienstleistung für ihre Kunden im internationalen Rechtsverkehr anbieten, haben in einem solchen Falle ein Interesse daran, daß der Kunde als Sicherungsnehmer mit seiner Forderung gegenüber einem Dritten umfassend abgesichert wird. Hierbei sind sie

285 Erstellt nach Einholung von Informationen insbesondere der Rechtsabteilung der Deutschen Bank in Frankfurt und Mailand.

286 So beispielsweise die Bürgschaftsverträge der Deutschen Bank, wonach sowohl nach der ausführlichen Fassung als auch in der Kurzfassung Rechtswahlklauseln zugunsten des deutschen Rechts enthalten sind.

im Interesse ihres Kunden daran interessiert, daß die Bürgschaft bei Wiederaufleben der Hauptforderung ebenfalls wiederauflebt.

Um dies sicherzustellen, haben die Banken, welche im deutsch-italienischen Rechtsverkehr Bürgschaftsverpflichtungen übernehmen, folgende Klausel in ihre Formularverträge aufgenommen:

Sind die „in Erfüllung der Verbindlichkeiten erhaltenen Beträge aufgrund Konkurses, Vergleiches oder ähnlichen den Kreditnehmer betreffenden Verfahrens wieder an den Konkursverwalter herauszugeben, [...] dann lebt die Bürgschaft trotz ihres Erlöschens wieder auf und bleibt weiter in Kraft".[287]

Hierdurch wird das Wiederaufleben der Bürgschaft und somit eine umfassende Absicherung etwa des italienischen Sicherungsnehmers als Kunde der Bank gewährleistet.

Banken haben aber auch dann ein Interesse an der Vereinbarung einer Wiederauflebensklausel, wenn sie sich selbst in der Rolle des Gläubigers gegenüber einem italienischen Hauptschuldner befinden und nun einen deutschen Bürgen zur Absicherung ihrer Forderung suchen, der auf einem deutschen Bürgschaftsstatut beharrt.

Gegen eine vertragliche Vereinbarung einer Wiederauflebensklausel ist grundsätzlich nichts einzuwenden. Aus dem Grundsatz der Vertragsfreiheit, der in Deutschland wie in Italien gilt, folgt, daß man die Haftung aus einer Bürgschaft grundsätzlich über den gesetzlichen Umfang hinaus ausdehnen kann. Sofern eine Wiederauflebensklausel jedoch mittels Allgemeiner Geschäftsbedingungen in das deutsche Bürgschaftsstatut aufgenommen wird, muß sich ihre Wirksamkeit am AGB-Gesetz messen lassen. Hinsichtlich der möglichen Unwirksamkeit einer solchen Klausel ist deren Vereinbarkeit mit § 9 AGBG zu prüfen, da die Klauselverbote der §§ 10 und 11 AGBG nicht einschlägig sind. Es ist also zu fragen, ob die Wiederauflebensklausel den Bürgen entgegen Treu und Glauben unangemessen benachteiligt. Dies ist, wie sich insbesondere aus einem Umkehrschluß zu § 9 Abs. 2 Nr. 1 AGBG ergibt, zu verneinen. Die Akzessorietät der Bürgschaft zur Hauptforderung ist gerade ein wesentlicher Grundgedanke dieses Rechtsinstituts. Zwar ergibt die Auslegung der gesetzlichen Vorschriften, daß eine Wiederbegründungsakzessorietät nicht schon aus dem Gesetz folgt. Ihre vertragliche Vereinbarung baut aber nur die schon im Gesetz angelegte Akzessorietät weiter aus. Allein aus der Tatsache, daß dieser Ausbau der Akzessorietät zu Lasten des Bürgen geht, folgt noch keine wesentliche Benachteiligung, zumal hier nur die Haftung auf die wiederaufgelebte ursprüngliche Hauptforderung ausgedehnt wird, die dem Bürgen bei Abschluß des Bürgschaftsvertrages bekannt

287 Diese Klausel ist dem Formularbürgschaftsvertrag der Deutschen Bank in Frankfurt/Mailand entnommen.

war, nicht etwa auf weitere zukünftige Forderungen, deren Entstehen und Umfang bei Übernahme der Bürgschaft noch gar nicht abzuschätzen war.

In diesem Fall stellt sich jedoch wiederum die Frage, ob der deutsche Bürge nicht durch die Wiederauflebensklausel der Bank kollisionsrechtlich benachteiligt wird. Es ist zu untersuchen, ob dieses Ergebnis auch unter Würdigung der widerstreitenden Interessen von Bürge und Gläubiger kollisionsrechtlich vertretbar ist.

Bei der Beantwortung dieser Frage ist zu bedenken, daß im Gegensatz zum Mitbürgenausgleich eine vertragliche Beziehung zwischen Bürge und Gläubiger vorliegt. Folglich kommt eine völlig überraschende Inanspruchnahme, wie etwa beim Mitbürgenausgleich zwischen einem deutschen und einem italienischen Mitbürgen, in dieser Konstellation nicht in Betracht. Beim Mitbürgenausgleich kann es vorkommen, daß der von dem im Wege des Mitbürgenregresses in Anspruch genommene Mitbürge bis zum Zeitpunkt der Inanspruchnahme nichts von der Existenz eines Mitbürgen gewußt hat. Dies ist beim Bürgen, der sich auf eine Wiederauflebensklausel einläßt, infolge der vertraglichen Beziehung zum Gläubiger aufgrund des Bürgschaftsvertrages nicht gegeben. Dem Bürgen ist es bei Abschluß einer Bürgschaft zur Sicherung einer ausländischen Hauptforderung vor Abschluß des Vertrages zuzumuten, sich über eine etwaige Geltung ausländischen Rechts, wie im vorliegenden Fall des italienischen, zu informieren.

Somit ist festzuhalten, daß der Bürge auch bei Unkenntnis der Anwendbarkeit des ausländischen Konkursrechts mit der Möglichkeit des Wiederauflebens seiner Bürgenverpflichtung trotz des vorübergehenden Erlöschens der Hauptverbindlichkeit allein aufgrund der vertraglichen Abrede rechnen muß. Zwar kann er aus der Wiederauflebensklausel nicht herleiten, wann und wie lange mit einem Wiederaufleben zu rechnen ist, diese Kenntnis könnte er sich aber verschaffen, da er infolge der vertraglichen Beziehung mit dem Gläubiger weiß, daß die Hauptforderung ausländischem Recht unterliegt.

IV. Zusammenfassung

Grundsätzlich führt das Wiederaufleben der Hauptforderung nach deutschem Recht nicht zur Wiederbegründung der erloschenen Bürgschaft, da es eine Wiederbegründungsakzessorietät nicht gibt. Kollisionsrechtliche Konflikte im deutsch-italienischen Rechtsverkehr entstehen auch nicht durch sog. Wiederauflebensklauseln, welche in den Formularverträgen der Banken enthalten sind. Aufgrund der Tatsache, daß eine vertragliche Beziehung zwischen dem Bürgen und dem Gläubiger besteht, sind diese Klauseln aus kollisionsrechtlicher Sicht nicht zu beanstanden.

§ 9 Der Rückgriff des Bürgen bei Mitbürgschaft eines italienischen und eines deutschen Bürgen

I. Problemeinführung und Fragestellung

Sind mehrere Mitbürgen vorhanden, so kann für die Verpflichtung der einzelnen Mitbürgen durchaus verschiedenes Recht gelten, da jede Mitbürgschaft selbständig anzuknüpfen ist. So kann es dazu kommen, daß der eine Mitbürge weitergehend in Anspruch genommen werden kann als der andere.[288] Haften für eine Verbindlichkeit mehrere Personen als Gesamtschuldner, so kann es vorkommen, daß das Schuldverhältnis in bezug auf die verschiedenen Gesamtschuldner verschiedenen Rechtsordnungen unterliegt.[289] Bei der Mitbürgschaft eines deutschen und eines italienischen Bürgen für dieselbe Hauptforderung ergibt sich folglich, daß die Bürgschaft des deutschen Bürgen deutschem Recht unterstellt ist und die Bürgschaft des italienischen Bürgen dem italienischen Recht. Wird nun einer der beiden Mitbürgen von dem Gläubiger aus der Bürgschaft in Anspruch genommen, so geht sowohl nach deutschem Recht gem. § 774 in Verbindung mit §§ 401, 412 BGB als auch nach italienischem Recht gem. Art. 1949 in Verbindung mit Art. 1203 Nr. 3 cod. civ. die gesicherte Forderung auf den leistenden Bürgen über (gesetzlicher Forderungsübergang). Der Mitbürgenausgleich bestimmt sich hierbei sowohl nach deutschem Recht gem. §§ 779, 774 Abs. 2, 426 Abs. 1 BGB als auch nach italienischem Recht gem. Art. 1954, 1299 Abs. 1 cod. civ. nach Kopfteilen, sofern nichts Gegenteiliges vereinbart worden ist. Befriedigt der italienische Mitbürge den Gläubiger, so bestimmt sich aufgrund des gesetzlich angeordneten Forderungsübergangs gem. Art. 13 EVÜ das Rückgriffsrecht nach dem Recht des leistenden Bürgen, also nach italienischem Recht. Befriedigt der deutsche Mitbürge den Gläubiger, so bestimmt sich ebenso gem. Art. 33 Abs. 3 EGBGB das Rückgriffsrecht des leistenden deutschen Mitbürgen nach dem Recht seines Bürgschaftsstatuts, somit also nach deutschem Recht.

Trotz dieses Gleichlaufs beider Rechtsordnungen hinsichtlich des jeweils auf den Rückgriff anzuwendenden Rechts ergeben sich dennoch kollisionsrechtliche Spannungen aufgrund nationaler Rechtsunterschiede, die im folgenden näher untersucht werden sollen.

Ergänzend ist hierzu noch anzumerken, daß der gesetzliche Übergang aller Gläubigerrechte sowohl im deutschen als auch im italienischen Recht auch dem

---

288 *Reithmann/Martiny*, Rdn. 513.
289 BGH, BGHZ 5, 36, 37.

Handelsvertreter zugute kommt, welcher aus einem Delkredereversprechen in Anspruch genommen wird.[290]

II. Gegenrechte des Hauptschuldners bei Rechtsübergang der Forderung auf einen Mitbürgen

Im Anschluß an die soeben geschilderte Fallkonstellation stellt sich zunächst die Frage, ob durch den gesetzlichen Forderungsübergang auf einen der Mitbürgen kollisionsrechtliche Probleme im deutsch-italienischen Rechtsverkehr gegenüber dem Hauptschuldner auftreten können. Ausgehend von der Konstellation eines deutschen und eines italienischen Mitbürgen für dieselbe Hauptforderung wurde bislang die Person des Hauptschuldners außen vor gelassen. Wie bereits oben geschildert wird sowohl nach italienischer Auffassung[291] wie auch aus deutscher Sicht[292] das Obligationsstatut, welches das Hauptschuldverhältnis bestimmt, unabhängig von dem Statut der Bürgschaft kollisionsrechtlich angeknüpft. Aufgrund dieser strikten Trennung kann es demnach vorkommen, daß im Hauptschuldverhältnis zwischen Gläubiger und Hauptschuldner ein anderes Recht anzuwenden ist als auf die Rechtsbeziehungen der jeweiligen Mitbürgen. Sofern somit ein deutscher und ein italienischer Mitbürge für eine Verbindlichkeit als Bürgen haften, stellt sich die Frage, wie sich ein etwaiger gesetzlicher Forderungsübergang auf einen dieser Mitbürgen auf den Hauptschuldner auswirkt, wenn im Hauptschuldverhältnis entweder deutsches oder italienisches Recht anzuwenden ist.

Kollisionsrechtliche Konflikte ergeben sich immer dann, wenn dem Hauptschuldner nach einer der beiden Rechtsordnungen Rechte aufgrund des Rechtsübergangs abgeschnitten werden. Da der Sicherungsgeber lediglich in die Position des Gläubigers einrückt, werden dessen Gegenrechte vom deutschen Standpunkt aus gem. § 774 Abs. 1 S. 1 in Verbindung mit §§ 412, 401 BGB nicht abgeschnitten. Vom italienischen Standpunkt aus wird gem. Art. 1949 cod. civ. in Verbindung mit Art. 1203 Ziff. 3, 1955 cod. civ. der Bürge, welcher die Schuld getilgt hat, gleichsam in die Rechte eingesetzt, die der Gläubiger dem Schuldner gegenüber hatte.

Somit ergeben sich im Verhältnis zum Hauptschuldner keine kollisionsrechtlichen Konflikte, wenn mehrere Bürgen für die Hauptverbindlichkeit haften und

290 Vgl. oben § 2 II 5.
291 Siehe § 6 III 1.
292 Siehe § 3 I 1.

sowohl deutsches als auch italienisches Recht Bürgschaftsstatut und/oder Obligationsstatut ist.

III. Subsidiarität der Bürgschaft

1. Wirkung der Rechtsunterschiede im Verhältnis des Gläubigers zum Bürgen

Hinsichtlich der Subsidiarität der Sicherheit ergeben sich nach deutschem und italienischem Recht relevante Unterschiede. Während in Deutschland für die Bürgschaft der Grundsatz der Subsidiarität gilt,[293] ordnet Italien umgekehrt die gesamtschuldnerische Haftung von Bürgen und Schuldner an[294]. Im Verhältnis des Gläubigers zum Schuldner ergeben sich hieraus jedoch weder für den Gläubiger noch für den Bürgen kollisionsrechtliche Nachteile. Im Fall, daß ein deutscher Bürge gegenüber einem italienischen Gläubiger eine Bürgschaft übernimmt und demzufolge auf diese Bürgschaftsverpflichtung deutsches Recht anwendbar ist, muß der italienische Gläubiger diese Rechtsunterschiede hinnehmen und sich gegebenenfalls darüber informieren, daß es aufgrund der Geltung des deutschen Rechts auf die Bürgenverpflichtung zu Rechtsabweichungen zum italienischen Bürgschaftsrecht kommen kann und demzufolge nach dem deutschen Recht gem. § 771 BGB dem Bürgen die Einrede der Vorausklage zusteht.

2. Wirkung der Rechtsunterschiede beim Mitbürgenausgleich

a) Darstellung der Problematik

Des weiteren stellt sich die Frage, ob beim Ausgleichsanspruch des einen Mitbürgen gegen den anderen kollisionsrechtliche Probleme im deutsch-italienischen Rechtsverkehr auftreten können. Wie bereits soeben geschildert, gilt in Deutschland für die Bürgschaft der Grundsatz der Subsidiarität[295], während nach italienischem Recht umgekehrt die gesamtschuldnerische Haftung von Bürgen und Schuldner angeordnet wird.[296] Dieser Gegensatz der Rechtsunterschiede wird freilich dadurch überdeckt, daß in beiden Systemen nach den gesetzlichen Regelungen die Parteivereinbarung vorgeht, von der in der Praxis auch reichlich Gebrauch gemacht wird[297]. Unabhängig von einer möglichen Vereinbarung der

---

293 Gem. § 771 BGB.
294 Gem. Art. 1944 cod. civ.
295 Gem. § 771 BGB.
296 Gem. Art. 1944 cod. civ.
297 *Max-Planck-Institut (Hrsg.)* Die Bürgschaft im Recht der Mitgliedstaaten.

Parteien stellt sich jedoch die Frage, wie sich dieser unterschiedliche Haftungsansatz, gerade wenn ein deutscher und ein italienischer Mitbürge für dieselbe Hauptverbindlichkeit gebürgt haben, kollisionsrechtlich auswirkt und wie diese kollisionsrechtlichen Spannungen zu lösen sind. Ausgehend von dem Fall, daß auf die Einrede der Vorausklage nicht, wie bei den Formularverträgen der Banken üblich, verzichtet wurde, können im deutsch-italienischen Rechtsverkehr Probleme auftreten. Wird der italienische Mitbürge aufgrund seiner gesamtschuldnerischen Haftung von dem Gläubiger aus der Bürgschaft in Anspruch genommen und leistet der Mitbürge an den Gläubiger, so steht diesem nach italienischem Recht ein unmittelbares Rückgriffsrecht gegenüber dem deutschen Mitbürgen gem. Art. 1954 cod. civ. zu. Aufgrund dieses unmittelbaren Rückgriffsrechts liefe das Recht der Einrede der Vorausklage, welches seitens des deutschen Mitbürgen bei einer Inanspruchnahme durch den Gläubiger geltend gemacht werden könnte, ins Leere. Mit anderen Worten stellt sich die Frage, ob der Gläubiger das Einrederecht der Vorausklage des deutschen Mitbürgen dadurch umgehen kann, indem er sich an den italienischen Mitbürgen hält und dieser im Rückgriffswege den deutschen Mitbürgen direkt auf Ausgleich verklagt. Kann sich hingegen der deutsche Mitbürge auch gegenüber dem italienischen Mitbürgen, der Ausgleich begehrt, auf die Einrede der Vorausklage gem. § 771 BGB berufen, so stellt sich die kollisionsrechtliche Problematik, ob diese Benachteiligung des vom Gläubiger in Anspruch genommenen italienischen Mitbürgen kollisionsrechtlich vertretbar ist. Dies insbesondere deshalb, weil nach italienischem Bürgschaftsrecht die Einrede der Vorausklage nicht vorgesehen ist und folglich der italienische Bürge bei der Inanspruchnahme durch den Gläubiger ein solches Abwehrmittel nicht hatte, sich nun aber beim Mitbürgenregreß dieser Einrede ausgesetzt sieht.

Nach deutschem Recht geht gem. § 774 Abs. 1 S. 1 BGB die Forderung des Gläubigers auf den Bürgen über, sofern er diesen befriedigt. Trotz des Forderungsübergangs werden gem. § 774 Abs. 1 S. 1 in Verbindung mit §§ 412, 404 BGB dem Hauptschuldner die Gegenrechte, die ihm gegenüber dem Gläubiger zugestanden haben, durch den Rechtsübergang nicht abgeschnitten. Zwar bestimmt zunächst § 769 BGB, daß Mitbürgen als Gesamtschuldner haften. Für den Regreß des vom Gläubiger in Anspruch genommenen Mitbürgen ist jedoch nicht die Vorschrift des § 769 BGB, sondern vielmehr diejenige des § 774 BGB einschlägig. Der vom Gläubiger in Anspruch genommene Mitbürge erwirbt zwar die Hauptforderung gem. § 774 Abs. 1 BGB in voller Höhe, jedoch wird der mit der cessio legis gem. §§ 412, 401 BGB im allgemeinen verbundene Übergang der Forderung gegen die übrigen Bürgen an das zwischen den Mitbürgen bestehende Ausgleichsverhältnis angebunden, und damit die gem. § 426 Abs. 1 S. 1 BGB auf den einzelnen Bürgen entfallende Ausgleichsquote begrenzt. Infolge des Verhältnisses der Ausgleichsquote zur Hauptschuld ergibt sich der Übergang der Rechte nicht aus § 426 Abs. 2 S. 1, sondern aus § 774 Abs. 1 S. 1, 412, 401[298].

Nach italienischem Recht ergibt sich dies aus dem Grundsatz der Surrogation,[299] wonach mit Verweis auf Art. 1952 in Verbindung mit Art. 1203 Abs. 3 cod. civ. demjenigen die Gläubigerrechte zustehen, welcher mit anderen oder für andere zur Zahlung der Schuld verpflichtet war und darum ein Interesse hatte, sie zu erfüllen.

Im vorliegenden Fall stellt sich jedoch nicht die Frage, ob dem Hauptschuldner durch den Forderungsübergang Rechte abgeschnitten werden, sondern vielmehr, ob dem deutschen Mitbürgen, welcher von seinem italienischen Mitbürgen in Regreß genommen wird, seine Rechte, insbesondere das Recht der Vorausklage, genommen werden.

b) Kollision unterschiedlicher Bürgschaftsstatuten

Hierbei ist zunächst zu klären, nach welchem Recht sich in dieser Fallkonstellation der Rechtsübergang beurteilt, nachdem der italienische Bürge den Gläubiger befriedigt hat, und ob und wieweit der leistende Bürge seinen Mitbürgen in Anspruch nehmen kann.

Wie bereits oben ausführlich dargelegt, entscheidet über die Berechtigung des Bürgen zur Geltendmachung der Forderung nach Art. 33 Abs. 3 S. 1 EGBGB die Rechtsordnung, die für die Verpflichtung des Dritten gegenüber dem alten Gläubiger maßgebend ist (sog. Zessionsgrundstatut).[300] Das auf die Verpflichtung des Bürgen gegenüber dem Gläubiger der Forderung anzuwendende Recht ist dasjenige des Bürgschaftsstatuts, und somit ist aufgrund der eindeutigen Regelung des Art. 33 Abs. 3 S. 1 EGBGB bzw. des Art. 13 Abs. 1 EVÜ dieses auch für das Zessionsgrundstatut maßgeblich.[301] Wie bereits oben geschildert, findet auf den Forderungsübergang gem. Art. 33 Abs. 3 resp. Art. 13 Abs. 3 EVÜ italienisches Recht Anwendung. Nach diesem geht mit der Leistung an den Gläubiger die gesicherte Forderung gem. Art. 1949, 1203 Nr. 3, 1204 cod. civ. auf den leistenden Bürgen über. Diesem steht somit gem. Art. 1954, 1299 Abs. 1 cod. civ. ein Rückgriffsanspruch gegen seinen deutschen Mitbürgen zu.

Hinsichtlich der bereits aufgeworfenen kollisionsrechtlichen Frage, ob sich der deutsche Mitbürge, der von dem italienischen Bürgen in Regreß genommen wird, auf die Einrede der Vorausklage gem. § 771 BGB berufen kann, ist zu-

---

298 *Habersack* AcP 198 (1998), 152, 158.

299 Cian/Trabucchi Art. 1952 II 1.

300 MüKo/*Martiny* Art. 33 Rdn. 22.

301 *Firsching* IPR, Rdn. 89, 91; *Reithmann/Martiny*, Rdn. 512; MüKo/*Martiny* Art. 28 Rdn. 223.

nächst zu klären, welches Recht bezüglich der Gegenrechte des in Anspruch genommenen Bürgen Anwendung findet.

Dabei ist fraglich, welches Bürgschaftsstatut anzuwenden ist, dasjenige des Ausgleich begehrenden italienischen Mitbürgen oder dasjenige des die Leistung verweigernden deutschen Mitbürgen. Für die Annahme, daß das Bürgschaftsstatut des Ausgleich begehrenden Mitbürgen Anwendung findet, spricht, daß die Folgen der Inanspruchnahme des Bürgen nach dem Bürgschaftsstatut beurteilt werden, welches für die Frage des Regresses, welcher unter Art. 33 Abs. 1 S. 1 EGBGB fällt, maßgeblich ist.[302] Des weiteren soll sich nach diesem Bürgschaftsstatut analog Art. 33 Abs. 1 S. 1 EGBGB ebenfalls die Frage beurteilen, ob der Bürge die Leistung verweigern kann. Jedoch gilt dies nur für den Fall, daß der Gläubiger dem Bürgen nicht seine Ansprüche gegen den Hauptschuldner abgetreten hat.[303]

c) Entscheidung hinsichtlich des anwendbaren Bürgschaftsstatuts

Für die Annahme, daß das Bürgschaftsstatut des in Anspruch genommenen deutschen Bürgen die Frage des Leistungsverweigerungsrechts regelt, spricht die Tatsache, daß die Art der Haftung des Bürgen, insbesondere die Frage, ob ihm die Einrede der Vorausklage zusteht und sich somit die Akzessorietät der Haftung nach dem Bürgschaftsstatut desjenigen beurteilt, der sich hierauf beruft.[304] Des weiteren ist zu beachten, daß sich das Leistungsverweigerungsrecht des in Anspruch genommenen Bürgen analog Art. 33 Abs. 1 S. 1 EGBGB nur auf das Verhältnis des Bürgen zum Hauptschuldner bezieht. Im Verhältnis des in Anspruch genommenen Bürgen zum Hauptschuldner macht es durchaus Sinn, die Leistungsverweigerungsrechte des Bürgen nach dessen Bürgschaftsstatut zu beurteilen. Im vorliegenden Fall, wenn also die kollisionsrechtliche Frage im Raum steht, welches der beiden Bürgschaftsstatuten auf die Leistungsverweigerungsrechte des Bürgen anwendbar sein soll, ergibt sich eine andere Konstellation. In einem solchen Falle stehen sich zwei unterschiedliche Bürgschaftsstatuten gegenüber. Dann ist es einleuchtender, daß sich das Leistungsverweigerungsrecht gem. § 771 BGB nach dem Bürgschaftsstatut desjenigen beurteilt, der sich darauf beruft. Ansonsten wäre auch der kollisionsrechtliche Grundsatz der klaren Trennung der Statuten nicht mehr gewährleistet. Insbesondere bei kollidierenden Bürgschaftsstatuten müssen sich Verteidigungsmittel, welche dem Anspruch entgegengestellt werden, nach dem Bürgschaftsstatut des Bürgen bemessen, der sich

---

302 MüKo/*Martiny* Art. 28 Rdn. 223.
303 MüKo/*Martiny* Art. 28 Rdn. 223; *Wandt* ZVglRW 86 (1987), 311.
304 *Severain* Bürgschaft, S. 87 ff.; MüKo/*Martiny* Art. 28 Rdn. 221 m. weit. Nachw.

dem Anspruch ausgesetzt sieht. Hingegen müssen sich die Rechte, wonach sich der Anspruch herleitet, nach dem Bürgschaftsstatut des Bürgen zu beurteilen sein, der diese Ansprüche für sich herleitet, auch wenn dies aufgrund eines gesetzlichen Forderungsübergangs geschieht. Dies korrespondiert auch mit der Unabhängigkeit der unterschiedlich voneinander eingegangenen Bürgschaftsverpflichtungen bei der Mitbürgschaft. Unterläge auch die Einrede der Vorausklage des deutschen Mitbürgen dem italienischen Bürgschaftsstatut, so wäre eine wechselseitige Abhängigkeit der Bürgschaftsverpflichtung nicht gänzlich auszuschließen. Dies widerspräche jedoch dem hier betroffenen deutschen Bürgschaftsrecht, wonach die Bürgschaftsverpflichtungen bei Mitbürgen unabhängig voneinander zu beurteilen sind.[305]

Somit ist festzuhalten, daß sich beim Mitbürgenregreß, der zwei Rechtsordnungen unterliegt, die Verteidigungsmittel des in Anspruch genommenen Mitbürgen – insbesondere die Einrede der Vorausklage – nach dessen Bürgschaftsstatut richten.

d) Recht der Einrede der Vorausklage des deutschen Mitbürgen gem. § 771 BGB gegenüber einem italienischen Mitbürgen

Aufgrund der Geltung des deutschen Bürgschaftsstatuts bleibt noch zu klären, ob sich der Bürge gegenüber seinem Mitbürgen, welcher Ausgleich von ihm begehrt, auf § 771 BGB berufen kann, ihm also die Einrede der Vorausklage entgegenhalten kann.

Nach dem Wortlaut des § 771 BGB kann der Bürge zwar nur dem Gläubiger diese Einrede entgegenhalten. Daß die Einrede gleichwohl auch dem Mitbürgen entgegengehalten werden kann, ergibt sich aus der cessio legis gem. §§ 774, 412, 401, 404 BGB. Dem Bürgen bleiben hiernach beim gesetzlichen Forderungsübergang auf den Ausgleich begehrenden Mitbürgen alle Verteidigungsmöglichkeiten erhalten, also sowohl die Einreden im engeren Sinne als auch die rechtshindernden und rechtsvernichtenden Einwendungen. Erhalten bleiben schlechthin alle Rechtsvorteile, die sich aus der Natur der Rechtsbeziehung ergeben.[306] Dem Schuldner (hier: der in Anspruch genommene Mitbürge) bleibt auch kollisionsrechtlich das Recht der Forderung als das für die Abtretung maßgebliche Recht erhalten.[307] Eine etwaige Rechtswahl zwischen Zedent und Zessionar ist ohne Zustimmung des in Anspruch genommenen Bürgen unwirksam.[308]

---

305 So zuletzt OLG Köln BB 1999, 758, 759 m. weit. Nachw.
306 Siehe MüKo/*Roth* § 404 BGB Rdn. 5.
307 MüKo/*Roth* § 404 BGB Rdn. 5.
308 BGH, BGHZ 108, 353.

Da folglich dem in Anspruch genommenen Bürgen gegenüber seinem Ausgleich verlangenden italienischen Mitbürgen alle Einreden erhalten bleiben, kann der deutsche Mitbürge auch die dilatorische Einrede[309] seinem italienischen Mitbürgen nach deutschem Recht gem. §§ 774, 412, 401, 404 BGB entgegenhalten.

e) Kollisionsrechtliche Interessenlage

Es ist demnach festzuhalten, daß der von dem italienischen Mitbürgen in Anspruch genommene deutsche Mitbürge dem Ausgleichsanspruch die Einrede der Vorausklage gem. § 771 BGB entgegenhalten kann.

Somit stellt sich die eingangs aufgeworfene Frage, ob sich eine unter kollisionsrechtlichen Gesichtspunkten für den italienischen Mitbürgen hinnehmbare Situation ergibt oder ob nicht vielmehr eine kollisionsrechtlich nicht hinzunehmende Benachteiligung des italienischen Mitbürgen gegeben ist. Dies besonders deshalb, weil nach italienischem Bürgschaftsrecht die Einrede der Vorausklage nicht vorgesehen ist und folglich dem italienischen Bürgen bei der Inanspruchnahme durch den Gläubiger ein solches Abwehrmittel nicht zur Verfügung steht, jener sich nun aber beim Mitbürgenregreß dieser Einrede ausgesetzt sieht. Hinzu kommt, daß eine vertragliche Beziehung zwischen den Mitbürgen meist nicht vorliegt und es somit dem Ausgleich begehrenden italienischen Mitbürgen aufgrund einer etwaigen vertraglichen Verpflichtung auch nicht zumutbar ist, sich über das Recht des anderen Mitbürgen zu informieren.

Hiergegen ist jedoch anzuführen, daß die Benachteiligung des italienischen Mitbürgen kollisionsrechtlich nicht besonders schwer ins Gewicht fällt. Eine solche wäre sicherlich dann gegeben, wenn ein Verstoß gegen den ordre public anzunehmen wäre, was augenscheinlich nicht der Fall ist. Hinzu kommt, daß die Benachteiligung für den italienischen Mitbürgen lediglich darin besteht, daß der deutsche Bürge dem Regreßanspruch des italienischen Bürgen eine dilatorische Einrede entgegenhalten kann. Folglich wird der Anspruch des italienischen Mitbürgen durch die Erhebung der Einrede seitens des deutschen Mitbürgen nicht etwa vernichtet, sondern nur aufgeschoben. Es bleibt dem italienischen Mitbürgen folglich unbenommen, trotz der erhobenen Einrede gegen den deutschen Bürgen in Deutschland etwa gem. § 259 ZPO Klage auf künftige Leistung zu erheben.[310] Ferner steht dem italienischen Mitbürgen offen, die Zwangsvollstreckung in das bewegliche Vermögen des Hauptschuldners einzuleiten und somit die Einrede des deutschen Mitbürgen nach § 771 BGB auszuschalten, wenn die Zwangsvollstreckung fruchtlos verläuft. Dieses Ergebnis korrespondiert auch mit

309 MüKo/*Habersack* § 771 BGB Rdn. 6.
310 MüKo/*Habersack* § 771 BGB Rdn. 6.

der kollisionsrechtlichen Trennung der Bürgschaftsstatuten der beiden Mitbürgen. Aufgrund der soeben geschilderten, nur marginalen kollisionsrechtlichen Beeinträchtigung des Regreß begehrenden italienischen Mitbürgen ist eine kollisionsrechtlich nicht hinzunehmende Benachteiligung zu verneinen. Anders läge es dann, wenn durch die Einrede des deutschen Mitbürgen der Ausgleichsanspruch des italienischen Bürgen vernichtet würde, was jedoch bei der dilatorischen Einrede der Vorausklage gem. § 771 BGB gerade nicht der Fall ist.

f) Fazit

Es ist also festzustellen, daß der deutsche Mitbürge die Einrede der Vorausklage gem. § 771 BGB auch dem Regreßanspruch des italienischen Mitbürgen entgegenhalten kann. Es liegt hierin zwar eine Benachteiligung des italienischen Mitbürgen vor, der diese Einredemöglichkeit gegenüber dem Gläubiger nicht hatte. Jedoch ist diese Benachteiligung kollisionsrechtlich vertretbar, zumal die Einrede den Anspruch des italienischen Mitbürgen nicht vernichtet.

IV. Problematik der Verjährung und der Ausschlußfrist gem. Art. 1957 cod. civ.

1. Verjährung der Hauptverbindlichkeit

Bevor auf die unterschiedlichen Verjährungsfristen hinsichtlich der Bürgschaftsverpflichtung des Sicherungsgebers eingegangen werden soll, ist vorab zu konstatieren, daß sich kollisionsrechtliche Konflikte hinsichtlich der unterschiedlichen Verjährung der Darlehensverbindlichkeiten in Deutschland und Italien offensichtlich nicht ergeben. Dies folgt daraus, daß die Hauptverbindlichkeit kollisionsrechtlich unabhängig von den Bürgenverpflichtungen angeknüpft wird und demzufolge auf die Hauptverbindlichkeit entweder deutsches oder italienisches Recht Anwendung findet. Folglich richtet sich die Verjährung der Hauptverbindlichkeit entweder nach deutschem oder italienischem Zivilrecht. Ist folglich die Darlehensverbindlichkeit nach dem anzuwendenden Recht der Hauptverbindlichkeit verjährt, kann sich der in Anspruch genommene Bürge hierauf sowohl nach italienischem Recht gem. Art. 1945 cod. civ. als auch nach deutschem Recht gem. § 768 BGB berufen.

2. *Unterschiedliche Verjährungsfristen der Bürgschaftsverbindlichkeit*

a) Darstellung der Problematik

Problematisch verhält es sich jedoch bezüglich der unterschiedlichen Verjährungsfristen der Bürgschaftsverbindlichkeit nach deutschem und italienischem Recht.

Hinsichtlich der Verjährung der Verpflichtung des Bürgen als Sicherungsgeber ist zunächst als Gemeinsamkeit bei beiden Rechtsordnungen festzustellen, daß die Verpflichtung des Sicherungsgebers gegenüber der Hauptforderung einer eigenen Verjährung unterliegt. Auch entspricht in beiden Rechtsordnungen die Frist der allgemeinen Verjährungsfrist. Unterschiedlich ist jedoch die Länge der Verjährungsfrist. Diese beträgt nach deutschem Recht gem. § 195 BGB 30 Jahre, nach italienischem Recht hingegen nur 10 Jahre.

Im Hinblick auf die Frage eines etwaigen Bürgenregresses zwischen einem deutschen und einem italienischen Mitbürgen stellt sich folglich die Frage, ob die unterschiedlichen Verjährungsfristen der deutschen und der italienischen Sicherung kollisionsrechtlich im deutsch-italienischen Rechtsverkehr zu Konflikten führen können. Dies ist insbesondere dann relevant, wenn der deutsche Bürge von dem Gläubiger in Anspruch genommen wird und von dem italienischen (Mit-)Bürgen Ausgleich im Innenverhältnis begehrt, die Bürgenverpflichtung des italienischen Mitbürgen jedoch bereits gem. Art. 2946 cod. civ. verjährt ist. Es kann also insofern zu einer kollisionsrechtlichen Spannung kommen, als der deutsche Bürge aufgrund der unterschiedlichen Verjährungsfristen der Bürgenverpflichtung seines Ausgleichsanspruchs verlustig gehen bzw. aufgrund der erhobenen Verjährungseinrede des italienischen Bürgen seinen Ausgleichsanspruch nicht mehr durchsetzen kann.

Es stellt sich folglich die Frage, ob eine solches Ergebnis aus kollisionsrechtlicher Sicht hinzunehmen ist oder eine Korrektur eines im deutsch-italienischen Rechtsverkehr unbilligen Ergebnisses vonnöten ist. Fraglich ist folglich zunächst, ob für den Ausgleich begehrenden deutschen Bürgen eine kollisionsrechtlich nicht hinnehmbare Benachteiligung vorliegt.

Bei der Beantwortung dieser Frage sind die Rechtsunterschiede hinsichtlich der Verjährungsvorschriften nach deutschem und italienischem Recht von Bedeutung. Das gilt besonders deshalb, weil nach italienischem Bürgschaftsrecht eine kürzere Verjährungsfrist als nach deutschem Recht für die Verpflichtung des Bürgen vorgesehen ist und folglich der deutsche Bürge bei der Inanspruchnahme durch den Gläubiger nicht über ein solches Abwehrmittel verfügt, sich nun aber beim Mitbürgenregreß dieser Einrede ausgesetzt sieht. Hinzu kommt, daß eine vertragliche Beziehung zwischen den Mitbürgen in der Regel nicht vorliegt und es somit dem Ausgleich begehrenden deutschen Mitbürgen nicht zumutbar ist, sich über das Recht des anderen Mitbürgen zu informieren. Ferner besteht die Schwierigkeit, daß durch die Erhebung der Verjährungseinrede des italienischen Mitbürgen die Verpflichtung aus der Bürgschaft gem. Art. 2946 cod. civ. erlischt und folglich der deutsche Mitbürge seinen Ausgleichsanspruch gegenüber dem italienischen Mitbürgen nicht nur vorübergehend verliert.

Letztlich sind die sich hieraus ergebenden kollisionsrechtlichen Konflikte und die damit einhergehende Benachteiligung des deutschen Mitbürgen hinnehmbar. Dafür kann zunächst der kollisionsrechtliche Grundsatz der Trennung der Statuten angeführt werden. Die Bürgschaftsverpflichtung des italienischen Bürgen ist aufgrund der unterschiedlichen kollisionsrechtlichen Anknüpfung einer anderen Rechtsordnung unterstellt. Auch wenn keine vertragliche Verbindung zwischen den beiden Mitbürgen besteht, muß der von dem Bürgen einer anderen Rechtsordnung Ausgleich begehrende Bürge mit Unterschieden zu der eigenen Rechtsordnung rechnen und diese auch grundsätzlich hinnehmen. Auch wenn er durch die Einrede der Verjährung nach italienischem Recht seines Ausgleichsanspruchs verlustig geht, so ist dies kollisionsrechtlich nicht als unbillig zu werten. Hierzu müßte eine Benachteiligung vorliegen, wonach die Anwendung einer Norm (hier der Verjährungsnorm des Art. 2946 cod. civ.) derart von der anderen Rechtsordnung abwiche, daß es zu einem völlig untragbaren Ergebnis käme. Dies wäre etwa dann gegeben, wenn ein Verstoß gegen den ordre public vorläge, was hier ersichtlich nicht der Fall ist, zumal auch die deutsche Rechtsordnung grundsätzlich die Verjährung der Bürgenverpflichtung gem. § 195 BGB vorsieht. Anders zu beurteilen wäre die Sachlage dann, wenn nach dem deutschen Recht die Bürgenverpflichtung nicht verjähren würde. In einem solchen Fall müßte man in der Tat genauer untersuchen, ob die Benachteiligung so gravierend ist, daß auch ein Verstoß gegen den ordre public gem. Art. 16 dir. int. priv. bzw. Art. 6 EGBGB in Betracht kommen könnte. Da dem jedoch nicht so ist und offensichtlich auch kein Verstoß gegen den ordre public vorliegt, ist eine kollisionsrechtlich nicht hinnehmbare Benachteiligung des deutschen Mitbürgen nicht gegeben. Allenfalls könnte man Überlegungen dahingehend anstellen, ob die Verjährungsnorm des § 195 BGB nicht als zwingende Vorschrift im Sinne des Art. 34 EGBGB angesehen werden könnte. Dies scheidet jedoch schon von daher aus, als es sich bei der Verjährungsnorm des § 195 BGB nicht um eine international zwingende Vorschrift des deutschen Rechts handelt.

b) Fazit

Es bleibt somit hinsichtlich der unterschiedlichen Verjährungsvorschriften der Bürgenverpflichtung im deutsch-italienischen Rechtsverkehr festzuhalten, daß diese zwar den von seinem italienischen Mitbürgen Ausgleich begehrenden, deutschen Mitbürgen unter Umständen benachteiligen können, diese Benachteiligung jedoch kollisionsrechtlich hinzunehmen ist.

3. *Ausschlußfrist des Art. 1957 cod. civ.*

In diesem Zusammenhang ist auch die im deutschen Bürgschaftsrecht nicht bekannte Ausschlußfrist des Art. 1957 Abs. 2 cod. civ. anzusprechen. Die italienische Rechtsordnung schützt den Bürgen allgemein durch die Ausschlußfrist gem. Art. 1957 Abs. 2 cod. civ. gegen unbefristete Bürgschaften. Der Bürge wird gem. Art. 1957 Abs. 2 cod. civ. von seiner Verpflichtung befreit, sofern der Gläubiger nicht binnen sechs Monaten nach Fälligkeit der gesicherten Forderung gegen den Schuldner Klage erhoben und das Verfahren mit der nötigen Sorgfalt betrieben hat. Zur Fälligkeit der gesicherten Forderung ist anzuführen, daß nach italienischem Recht die Fälligkeit der gesicherten Forderung dem Bürgen das Recht gibt, vom Hauptschuldner gem. Art. 1953 Nr. 4 cod. civ. Befreiung von der Bürgschaft zu verlangen, während nach deutschem Recht der Bürge erst dann einen Anspruch auf Befreiung hat, wenn der Hauptschuldner gem. § 775 Abs. 1 Nr. 3 BGB bereits in Verzug geraten ist.

Aufgrund der Tatsache, daß alle diese Unterschiede im deutschen und italienischen Recht hinsichtlich Fälligkeit der Hauptverbindlichkeit jedenfalls nicht zu einer derartig gravierenden Benachteiligung eines Bürgen im deutsch-italienischen Rechtsverkehr führen, daß ein Verstoß gegen den ordre public gem. Art. 6 EGBGB bzw. Art. 16 EVÜ nicht in Betracht kommt, ist eine kollisionsrechtliche Korrektur nicht erforderlich. Etwaige Benachteiligungen eines Mitbürgen, etwa beim Mitbürgenausgleich, sind kollisionsrechtlich vertretbar und demzufolge hinzunehmen. Insbesondere die Tatsache, daß eine derart kollisionsrechtlich gravierende Benachteiligung des einen Mitbürgen, wie etwa im Fall der Sittenwidrigkeit[311], wo auch ein Verstoß gegen den ordre public zumindest in Betracht zu ziehen ist[312], nicht vorliegt, steht einer kollisionsrechtlichen Korrektur und einem Eingriff in das geltende nationale Bürgschaftsrecht entgegen. Diesbezüglich wird, um Wiederholungen zu vermeiden, auf die oben bereits dargestellten Gründe verwiesen. Hinzu kommt, daß der kollisionsrechtliche Grundsatz der Trennung der Statuten dafür spricht, daß jedenfalls nicht gravierende Benachteiligungen durch die Unterschiede der beiden Rechtsordnungen zu tolerieren sind.

---

311 Siehe hierzu insbesondere § 10 V 6.
312 Siehe hierzu insbesondere § 10 V 6.

V. Bürgschaften für alle jetzigen und künftigen Forderungen

1. Formularverträge der Banken

Sowohl in Deutschland als auch in Italien werden durch die von den Banken verwandten Formularverträge Rechte des Bürgen gegenüber der Gläubigerbank abgeschnitten. Darüber hinaus wird in beiden Ländern die Haftung des Bürgen, über den jeweiligen Darlehensbetrag hinaus, auf zukünftige Forderungen der Banken gegenüber dem Hauptschuldner ausgedehnt. Insbesondere die Verwendung von bereits vorgedruckten Formularverträgen birgt für den Laien oftmals unübersichtliche, nicht gewollte Haftungsrisiken.

Aufgrund dieser in beiden Ländern durchaus üblichen Bankenpraxis werden, um den oftmals unerfahrenen Bürgen zu schützen, diese Bankpraktiken durch die Gerichte kontrolliert.

Es wird demnach von den Gerichten geprüft, wie weit Kreditinstitute bei der Aushandlung günstiger Konditionen gegenüber den Vertragspartnern gehen dürfen.

Um die kollisionsrechtliche Problematik der unterschiedlichen Zulässigkeit der Abbedingung von Rechten des Bürgen in Italien und Deutschland vor dem Hintergrund des Mitbürgenausgleichs deutlich zu machen, soll hier zunächst auf die lange Zeit gefestigte italienische Rechtsprechung zur sog. „fideiussione omnibus“ eingegangen werden.

a) Exkurs zum früheren Meinungsstand hinsichtlich der „fideiussione omnibus“ und der Derogationsklausel

Im italienischen Recht gab es in der Vergangenheit hinsichtlich der Zulässigkeit von Bankenklauseln in Formularverträgen Meinungsverschiedenheiten in Literatur und Rechtsprechung. Ausgangspunkt für die Diskussion war, daß die Gläubigerbanken in ihren Formularverträgen als Sicherheit für ihre Darlehensforderung gegenüber ihrem Kunden (Hauptschuldner) die unbegrenzte Kreditbürgschaft eines Dritten (Bürgen) verlangten. Bei dieser Sicherungsform verpflichtete sich der Bürge, für alle derzeitigen und künftigen Verbindlichkeiten des Schuldners aus dessen Geschäftsbeziehung mit der Bank zu haften (sog. „fideiussione omnibus“).[313]

Zum Schutz des für eine künftige Verbindlichkeit des Schuldners haftenden Bürgen bestimmte die alte Fassung des Art. 1956 cod. civ., daß dieser dann aus der Haftung entlassen wird, wenn der Gläubiger dem Schuldner Kredit gewährt,

---

313 *Portale/Dolmetta* Jahrbuch, S. 1, 13.

obwohl ihm bekannt ist, daß die Vermögensverhältnisse des Schuldners sich derart verschlechtert haben, daß die Befriedigung der Forderung beträchtlich gefährdet ist. Der Gläubiger konnte bei einer solchen Vermögensverschlechterung beim Schuldner die Haftung des Bürgen nur dadurch herbeiführen, daß er zuvor dessen ausdrückliche Zustimmung zur Vergabe des neuen Kredits einholte. Eine derartige Klausel wurde von den Gerichten nicht beanstandet.

Dieses Zustimmungserfordernis wurde in Art. 5 Abs. 1 der Allgemeinen Bürgschaftsbedingungen der italienischen Banken abbedungen.

Diese überaus bankenfreundliche Rechtsprechung wurde durch das oberste italienische Gericht erst im Jahre 1988 geändert. Hierbei bestimmte der italienische Kassationsgerichtshof die Pflichten der Banken bei Kreditauszahlung nach Abbedingung des Art. 1956 cod. civ. im Einzelfall auf der Basis des Prinzips von Treu und Glauben gem. Art. 1375 cod. civ. und nach den Regeln der Korrektheit gem. Art. 1175 cod. civ.[314] Nach den Grundsätzen von Treu und Glauben und der beruflichen Treupflicht, welche von der Lehre schon viel früher zur Eingrenzung der Bankenfreiheit herangezogen wurde,[315] wurden Klauseln, die den Art. 1956 cod. civ. abbedungen hatten, dann für nichtig erklärt, wenn die Bank den Bürgen vor Vertragsabschluß nicht über die mögliche Zahlungsunfähigkeit oder die Verschlechterung der Vermögenslage und die daraus resultierende Möglichkeit des Eintritts des Bürgschaftsfalls informiert hatte. Die Bank sollte dann ihre Pflicht, die berechtigten Interessen der Gegenseite zu berücksichtigen, verletzt haben, wenn sie das Insolvenzrisiko einseitig dem Garanten aufgebürdet hattte.[316]

Jedoch auch nach dieser, nach Ansicht der Literatur längst fälligen Einschränkung der unbeschränkten Haftung des Bürgen gegenüber der Gläubigerbank, erreichte die nunmehr erfolgte Sicherung des Bürgen vor dem Mißbrauch der Banken keine befriedigende Tiefe hinsichtlich der Konkretheit und Rechtssicherheit.[317]

Weiterhin war die Möglichkeit einer betraglich unbegrenzten Einstandspflicht des Bürgen für die Erfüllung aller bestehenden und zukünftigen Verbindlichkeiten des Hauptschuldners gegenüber der Bank *ohne Angabe einer Höchstgrenze* gegeben.

---

314 *Seipen* Jahrbuch, S. 29, 40 und 43; zu den einzelnen Gerichtsentscheidungen siehe Seite 43 ff.; *Kindler* RIW 1991, 248 und 249 mit Rechtsprechungshinweisen.

315 *Calia* RIW 1994, 550, 558 mit weiteren Hinweisen zur italienischen Doktrin unter Fußnote 55.

316 *Calia* RIW 1994, 550, 558; *Seipen* Jahrbuch, S. 29, 44 und 45.

317 *Di Majo* Foro It. 1989 I, 2753, 2763; *Portale/Dolmetta*, Jahrbuch S. 1, 17.

b) Zulässigkeit der unbegrenzten Bürgschaft in Deutschland

In Deutschland hingegen verstößt die formularmäßige Ausdehnung einer Bürgschaft über das Kreditlimit eines Tilgungs- oder eines Kontokorrentkredits hinaus ohne ausdrückliche betragliche Beschränkung gegen § 3 oder § 9 AGBG, wenn die Bürgschaft aus Anlaß eines bestimmten Geschäfts übernommen wird, wie etwa die Sicherung eines Tilgungsdarlehens, eines limitierten Kontokorrentkredits oder seiner Erhöhung um einen bestimmten Betrag.[318] In diesem Zusammenhang kann es dahingestellt bleiben, ob im konkreten Fall ein Verstoß gegen § 3 AGBG zu bejahen ist[319] oder ob ein Verstoß gegen § 9 Abs. 2 Nr. 1 AGBG wegen einer Abweichung von der gesetzlichen Grundregelung des § 767 Abs. 1 S. 3 BGB anzunehmen ist[320], zumal jedenfalls unbestritten feststeht, daß eine vertraglich unbeschränkte Bürgschaft für ein Tilgungsdarlehen oder einen Kontokorrentkredit in den Formularverträgen der Banken nicht zulässig ist.

2. Kollisionsrechtliche Probleme beim Mitbürgenausgleich vor der Änderung der Art. 1956, 1938 cod. civ.

Aufgrund der soeben dargestellten unterschiedlichen Zulässigkeit von betragsmäßig unbeschränkten Bürgschaften in den Formularverträgen der Banken in Deutschland und Italien stellte sich vor der Gesetzesänderung von 1992 in Italien[321] die Frage, wie sich diese unterschiedliche Zulässigkeit auf den Mitbürgenausgleich eines deutschen und eines italienischen Bürgen auswirkte. Diese Problematik läßt sich durch das nachfolgende Beispiel verdeutlichen:

Ein Italiener und ein Deutscher bürgen für die Verbindlichkeit eines Dritten, wobei sich der Deutsche bei der Niederlassung in Deutschland verbürgt und der Italiener bei der Niederlassung derselben Bank in Italien. Aufgrund dessen wäre für die Bürgschaft des Deutschen gem. Art. 28 Abs. 2 EGBGB deutsches Recht und für die Bürgschaft des Italieners gem. Art. 4 Abs. 2 EVÜ italienisches Recht anwendbar gewesen, unabhängig davon, welchem Recht die Darlehensforderung unterstünde.[322] Hatte sich der italienische Bürge nach altem Recht wirksam unbeschränkt verbürgt, und war die unbeschränkte Bürgschaft des deutschen Mitbür-

---

318 BGH NJW 1994, 2145, 2146; NJW 1995, 2553, 2556; NJW 1990, 1909, 1910; NJW 1993, 1917, 1918; Palandt/*Thomas* § 765 BGB Rdn. 20; Palandt/*Heinrichs* § 9 AGBG Rdn. 72.

319 So BGH NJW 1994, 2145, 2146; *Ulmer/Brandner/Hensen* AGBG § 3 Rdn. 37.

320 So BGH NJW 1995, 2553, 2556.

321 Vgl. dazu sogleich sub. 3.

322 Siehe diesbezüglich ausführlich für das deutsche Recht unter § 3 II; für das italienische Recht unter § 6 III.

gen AGB-rechtlich unzulässig, so ergaben sich zwangsläufig kollisionsrechtliche Konflikte bei der Inanspruchnahme des deutschen Mitbürgen durch den unbeschränkt haftenden italienischen Mitbürgen. Dies war speziell dann gegeben, wenn die italienische Niederlassung den italienischen Bürgen für eine künftige, nachträgliche Verbindlichkeit des Hauptschuldners über den ursprünglichen Bürgschaftsbetrag hinaus in Anspruch nahm und der italienische Mitbürge nun Ausgleich von dem deutschen Mitbürgen verlangte, der sich gegenüber dem Gläubiger hinsichtlich der unbeschränkten Haftung auf §§ 3, 9 AGBG berufen hätte. Dabei stellte sich weiterhin die Frage, ob sich der deutsche Mitbürge hierauf nach § 12 a.F. AGBG auch gegenüber dem italienischen Mitbürgen berufen konnte. Insoweit mußte man überlegen, ob § 12 AGBG als eine zwingende Vorschrift im Sinne des Art. 7 EVÜ bzw. des Art. 34 EGBGB angesehen werden konnte.

Diese kollisionsrechtliche Problematik hat sich jedoch durch zwei Faktoren entschärft. Zum einen wurde die Zulässigkeit unbeschränkter Bürgschaften auch in Italien 1992 eingeschränkt. Zum anderen haben Italien und Deutschland seit der Umsetzung der EG-Richtlinien über mißbräuchliche Vertragsklauseln in Verbraucherverträgen und der damit einhergehenden Anpassung des § 12 AGBG[323] vergleichbare kollisionsrechtliche Normen über die Einbeziehung und Kontrolle von Allgemeinen Geschäftsbedingungen.

Folglich kann die kollisionsrechtliche Problematik unbeschränkter Bürgschaften vor 1992 mangels praktischer Relevanz in dieser Untersuchung dahingestellt bleiben.

3. *Die italienische Gesetzesänderung betreffend die Transparenz von Bankgeschäften und die kollisionsrechtlichen Folgen*

Aufgrund des Gesetzes betreffend die Transparenz von Bankgeschäften[324] hat der italienische Gesetzgeber der bis dato gefestigten Rechtsprechung des Kassationshofs den Boden entzogen. Art. 10 Abs. 1 dieses Gesetzes ergänzt nunmehr die Regelung des Art. 1938 cod. civ. hinsichtlich von Bürgschaften für bedingte und künftige Forderungen dahingehend, daß in diesen Fällen künftig ein Höchstbetrag für die Bürgenhaftung angegeben werden muß.[325] Gegenstand des Reformgeset-

---

323 § 12 AGBG soll zugunsten eines neuen Art. 29a EGBGB aufgehoben werden, der nur noch dann Anwendung finden soll, wenn mittels Rechtswahl eine Rechtsordnung außerhalb der EG herangezogen wird, vgl. RegE des Gesetzes über Fernabsatzverträge und andere Fragen des Verbraucherrechts v. 9.2.2000, BT-Drs. 14/2658, S. 7 f.

324 Gesetz Nr. 154 v. 17.2.1992, abgedruckt in Banca borsa 1992 I, 398 ff.

325 *Kaiser* RIW 1994, 781, 784.

zes von 1992 war darüber hinaus zum Schutz des Bürgen die Ergänzung des Art. 1956 cod. civ. um einen zweiten Absatz, wonach nunmehr ein Verzicht im voraus auf die gem. Art. 1956 cod. civ. eintretende Befreiung unwirksam ist.[326] Aufgrund dieser umfassenden Gesetzesänderung wurde die Gefahr der unberechtigten Inanspruchnahme des Bürgen seitens der Banken in erheblichem Maße eingeschränkt.[327]

Aufgrund dieser Änderung der Art. 1956, 1938 durch das Gesetz betreffend die Transparenz von Bankgeschäften hat im Hinblick auf den deutsch-italienischen Rechtsverkehr eine Harmonisierung stattgefunden. Folglich sind nach dieser italienischen Gesetzesänderung diesbezügliche kollisionsrechtliche Konflikte im deutsch-italienischen Bürgschaftsrecht nicht mehr zu erwarten.

VI. Nebenbürgschaftsklauseln in Höchstbetragsbürgschaftsverträgen deutscher Banken

In der Kautelarpraxis der deutschen Banken kommt es bei einem Bürgschaftsvertrag im Rahmen einer Höchstbetragsbürgschaft häufig vor, daß eine Nebenbürgschaftsklausel beigefügt ist.[328] Eine solche besagt, daß für die Bürgschaft das Gesamtschuldverhältnis nach § 769 BGB im Verhältnis zu anderen für dieselbe Hauptschuld bestellten Bürgschaften ausgeschlossen sein soll.[329] Solche Nebenbürgschaftsklauseln verwendet die Bankpraxis vorsorglich dann, wenn der Umfang der Bürgschaft den bestehenden oder zu erwartenden Gesamtumfang der Hauptschuld nicht abdeckt. Damit soll erreicht werden, daß die mehreren Höchstbetragsbürgschaften additiv die Hauptschuld abdecken. Demzufolge soll hierdurch ausgeschlossen werden, daß die Zahlung des einen Bürgen den Fortbestand der Schuld der anderen Bürgen berührt, weil diese sich auf andere Teile der gleichen Hauptschuld bezieht.[330] Hauptanwendungsfälle sind mehrere Höchstbetragsbürgschaften für den gleichen Kontokorrentkredit[331] sowie mehrere, ebenfalls durch Höchstbetrag begrenzte Globalbürgschaften[332] für den gleichen Hauptschuldner.

---

326 *Kindler* Einführung, § 14 Rdn. 69; *Kaiser* RIW 1994, 781, 784.

327 So auch *Calia* RIW 1994, 550, 558.

328 Siehe *Horn* Bürgschaft und Garantien, Rdn. 228 ff.

329 BGH, BGHZ 88, 185 = NJW 1982, 2442; BGH WM 1987, 924; *Wolf* NJW 1987, 2472; *Bayer* ZIP 1990, 1523.

330 *Wolf* NJW 1987, 2472; *Bayer* ZIP 1990, 1523.

331 Staudinger/*Horn* Vorbem. zu §§ 765 ff. Rdn. 48 ff. und § 765 Rdn. 92.

332 Staudinger/*Horn* Vorbem. zu §§ 765 ff. Rdn. 42 ff., 51ff.

Hierzu ist anzumerken, daß eine solche Nebenbürgschaftsklausel jedoch nur eine begrenzte, klarstellende Funktion hat. Im übrigen ist sie teils überflüssig, teils unwirksam. Überflüssig ist sie in dem häufigen Fall, daß die Hauptschuld die Summe der mehreren Höchstbetragsbürgschaften erreicht oder übersteigt, diese also nur nebeneinander die Hauptsumme ganz oder teilweise abdecken. Dies folgt schon daraus, daß sich aus dem Begriff der Höchstbetragsbürgschaft ergibt, daß diese für die ganze, größere Hauptschuld gilt, bis diese vollständig getilgt ist, so daß die Zahlung durch einen anderen Bürgen die Bürgenschuld gegenüber dem Gläubiger unverändert bestehen läßt, sofern noch ein ungetilgter Teil der Hauptschuld fortbesteht.[333] § 769 BGB braucht in diesem Falle nicht ausgeschlossen werden, sondern kommt ohnehin nicht zur Anwendung.[334] Die Nebenbürgschaftsklausel hat insoweit nur klarstellende Funktion. Andererseits ist die Klausel aber in den Fällen nahezu ohne Wirkung, in denen die Summe der verschiedenen Höchstbetragsbürgschaften die Hauptschuld übersteigt, die verschiedenen Bürgschaften sich also teilweise oder ganz überdecken. Soweit demnach der gleiche Hauptschuldbetrag durch mehrere Bürgschaften gesichert ist, besteht in der Regel eine Mitbürgschaft im Sinne der §§ 769, 421 BGB.[335] Die zu Mitbürgen gewordenen Nebenbürgen sind somit einander ausgleichspflichtig.

Folglich ist festzuhalten, daß letztlich durch die Nebenbürgschaftsklauseln keine relevanten Besonderheiten bezüglich der Ausgleichspflicht im Gegensatz zur Mitbürgschaft auftreten, so daß demnach auch keine kollisionsrechtlichen Konflikte im deutsch-italienischen Rechtsverkehr ersichtlich sind.

VII. Sittenwidrigkeit einer Mitbürgschaft und deren Auswirkungen auf den Mitbürgenausgleich

Bei Formularverträgen mit Banken, die dazu dienen, einen nahen Angehörigen mitzuverpflichten, kommt der Verstoß gegen die nationalen Generalklauseln § 138 BGB und § 9 Abs. 1 AGBG sowie der Art. 1375, 1366 cod. civ. und der Art. 1175, 1354 cod. civ. in einer Rechtsordnung in Betracht. Verstößt die gesamte Bürgschaft oder nur eine Klausel in den Bürgschaftsverträgen mit Banken gegen eine der nationalen Generalklauseln mit der Folge der Gesamtnichtigkeit, und ist die Mitbürgschaft nach der anderen Rechtsordnung hingegen wirksam, so

333 Siehe *Horn* Bürgschaft und Garantien, Rdn. 228 ff.

334 Vgl. RG, RGZ 81, 414, 419; BGH WM 1983, 993 f.; differenzierend MüKo/*Habersack* § 769 Rdn. 2; *Wolf* NJW 1987, 2472, 2473; *Bayer* ZIP 1990, 1523, 1526.

335 BGH, BGHZ 88, 185 ff. = NJW 1983, 2442 f. = ZIP 1983, 1042 ff.; BGH ZIP 1986, 970 u. 1987, 222 f.

stellt sich die Frage, wie sich dies auf den Mitbürgenausgleich im deutsch-italienischen Rechtsverkehr auswirkt. Dabei ist zunächst zu untersuchen, wie sich die Sittenwidrigkeit der deutschen Mitbürgschaft auswirkt, da diese Fälle in der Praxis häufiger vorkommen dürften. Insoweit soll zunächst die deutsche Rechtsprechung zur Sittenwidrigkeit von Bürgschaften vermögensloser Angehöriger dargestellt werden, sodann die Problematik für den Mitbürgenausgleich beschrieben werden, um anschließend nach Lösungsmodellen zu suchen.

1. Rechtsprechung in Deutschland zur Sittenwidrigkeit von Bürgschaften

In Deutschland ist die Rechtsprechung in den letzten Jahren dazu übergegangen, die Bürgschaftserklärung von vermögenslosen Angehörigen für sittenwidrig zu erklären, wenn die Bürgschaft zu einer krassen finanziellen Überforderung des Bürgen führt.[336]

Ausgangspunkt dieser Rechtsentwicklung war die Praxis der deutschen Banken, bei der Kreditvergabe Formularverträge zu verwenden, die weitgehend übereinstimmten. In der Sicherungspraxis der Kreditinstitute war und ist es üblich, bei Konsumentenkrediten und bei Geschäftskrediten mittelständischer Unternehmen Bürgschaftsverträge mit Familienangehörigen zu schließen, deren Einkommens- und Vermögensverhältnisse dabei vielfach ungeprüft bleiben. Der Zweck solcher Verträge bestand und besteht darin, eventuelle Vermögensverschiebungen zu verhindern, und die Kreditnehmer durch die Einbeziehung ihrer Angehörigen zu sorgfältigem Wirtschaften zu veranlassen. Bei nicht erwerbstätigen und vermögenslosen Ehegatten, Kindern oder sonstigen Angehörigen führte dies dazu, daß die Angehörigen bei Inanspruchnahme aus der Bürgschaft oft nicht einmal in der Lage waren, die Zinsen zu tilgen. Da die Schuld des Hauptschuldners nicht getilgt werden konnte, sahen sich die Bürgen einer „lebenslänglichen Haftung“ ausgesetzt.

Seit Mitte der achtziger Jahre des letzten Jahrhunderts versuchten finanziell überforderte Bürgen, sich durch Berufung auf die Sittenwidrigkeit ihrer Mitverpflichtung dieser Haftung zu entziehen. Während die Instanzgerichte diese Vertragspraxis der Inhaltskontrolle unterzogen und sich hierbei auf § 138 BGB stützten, wurde diese Inhaltskontrolle der Verträge vom für das Bürgschaftsrecht zuständigen IX. Zivilsenat des Bundesgerichtshofs zunächst weitgehend verworfen. Begründet wurde dies zumeist damit, daß die geschäftliche Unerfahrenheit kein Grund sei, die Banken mit Aufklärungs- und Beratungspflichten zu belasten, zumal ein Volljähriger wissen müsse, daß eine Bürgschaftserklärung Risiken in

336 Vgl. den Überblick bei *Fischer* WM 2000, 14 ff.

sich berge.[337] Diese Rechtsprechung wurde von der Literatur nur teilweise gestützt.[338] Demgegenüber war der für das Bankrecht zuständige XI. Zivilsenat des BGH eher geneigt, zu einer Sittenwidrigkeit der Mitverpflichtung bei einer krassen finanziellen Überforderung zu gelangen.[339]

Das Bundesverfassungsgericht hat daraufhin die Verpflichtung der Zivilgerichte ausgesprochen, bei der Auslegung und Anwendung von Generalklauseln die Grundrechte als Richtlinien zu beachten. Verkennen sie dies und entscheiden sie deshalb zum Nachteil einer Prozeßpartei, so verletzen sie diese in ihren Grundrechten.[340] Ist der Inhalt eines Vertrages für eine Seite ungewöhnlich belastend und als Interessenausgleich offensichtlich unangemessen, so müssen die Zivilgerichte bei ungleicher Verhandlungsstärke korrigierend durch Anwendung der Generalklauseln eingreifen.[341] Begründet wird dies mit der Pflicht zur Ausgestaltung der Privatrechtsordnung, die für den Gesetzgeber ein Problem praktischer Konkordanz darstelle. Am Zivilrechtsverkehr nehmen gleichrangige Grundrechtsträger teil, die unterschiedliche Interessen und vielfach gegenläufige Ziele verfolgen. Da alle Beteiligten des Zivilrechtsverkehrs den Schutz des Art. 2 Abs. 1 GG genießen und sich gleichermaßen auf die grundrechtliche Gewährleistung der Privatautonomie berufen können, darf nicht nur das Recht des Stärkeren gelten. Die kollidierenden Grundrechtspositionen sind in ihrer Wechselwirkung zu sehen und so zu begrenzen, daß sie für alle Beteiligten möglichst weitgehend wirksam werden. Dies hätten die Zivilgerichte bei der Anwendung von Generalklauseln wie § 138 BGB zu berücksichtigen.[342]

Der neunte Zivilsenat ist daraufhin dazu übergegangen, Bürgschaften nach § 138 BGB zu verwerfen, wenn sie den Bürgen kraß finanziell überfordern und die Bürgschaftsverpflichtung nicht einem legitimen Zweck, wie der Verhinderung von Vermögensverschiebungen zwischen Angehörigen oder der Einbeziehung künftigen Vermögens, dienen soll. Allein bei Kindern wurden solche Zwecke,

337 Aus der Vertragsfreiheit folge, daß es grundsätzlich jedem unbenommen sein muß, in eigener Verantwortung auch risikoreiche Geschäfte abzuschließen und sich zu Leistungen zu verpflichten, die, wenn überhaupt, nur unter besonders günstigen Bedingungen, ggf. unter dauernder Inanspruchnahme des pfändungsfreien Einkommens, erbracht werden können, BGH, BGHZ 120, 272, 274; 125, 206, 209 f.; BGH NJW 1994, 1341, 1342; ebenso BGH NJW 1996, 513, 514; NJW 1996, 1274, 1275; NJW 1996, 2088, 2089.

338 Siehe den Nachw. in BVerfGE 89, 214 = NJW 1994, 36, 37.

339 BGH WM 1991, 313, 315; WM 1994, 1022, 1023; vgl. die zusammenfassende Darstellung der Position des XI. Senats in dem Vorlagebeschluß BGH NJW 1999, 2584 ff.

340 BVerfGE 89, 214, 233 ff. = NJW 1994, 36, 38.

341 BVerfGE 89, 214, 233 ff. = NJW 1994, 36, 39.

342 BVerfGE 89, 214, 233 ff. = NJW 1994, 36.

welche die Sittenwidrigkeit verhindern konnten, nicht als legitim anerkannt.[343] Diese Rechtsprechung läßt sich wie folgt zusammenfassen. Soweit die Bürgschaft vor dem 1.1.1999 abgeschlossen worden ist, bedarf es neben der krassen finanziellen Überforderung noch eines besonderen Umstands, wie der Ausnutzung einer persönlichen Bindung des Bürgen zum Hauptschuldner und der daraus resultierenden, die freie Selbstbestimmung ausschließenden Drucksituation, die bei Kindern grundsätzlich zu bejahen ist,[344] bei Ehegatten oder anderen Verwandten dagegen grundsätzlich zu verneinen ist.[345] Als weiterer besonderer Umstand kommt die Überrumpelung durch die Bank beim Vertragsschluß in Betracht, z.B. indem der Bürge ohne Ankündigung zu Hause aufgesucht wird.[346] Als dritter besonderer Umstand wird die Ausnutzung der besonderen geschäftlichen Unerfahrenheit des Bürgen genannt.[347] Bei Bürgschaften, die nach dem 1.1.1999 abgeschlossen worden sind, sei hingegen eine sittenwidrige Bürgschaft bei einer krassen finanziellen Überforderung des Bürgen auch ohne das Hinzutreten weiterer Umstände anzunehmen, wenn im Bürgschaftsvertrag *nicht* ausdrücklich geregelt sei, daß die Bürgschaft nur zur Vermeidung von Vermögensverschiebungen zwischen den Ehegatten (bzw. sonstigen nahen Angehörigen) *oder* der Ermöglichung des Zugriffs auf zukünftiges Vermögen dienen solle.[348] Hintergrund ist, daß der IX. Senat es weiterhin als zulässig erachtet, auch vermögenslose Bürgen zu verpflichten, um die Vermögensverschiebung zwischen dem Bürgen und dem Hauptschuldner so zu verhindern. Nur ist dies im Bürgschaftsvertrag ausdrücklich festzuhalten, damit es offenliegt. Bis zum Eintritt von Vermögensverschiebungen oder dem Anfall von Vermögen beim Bürgen nimmt die Rechtsprechung dann nämlich eine konkludent getroffene Stillhalteabrede dahingehend an, daß die Bürgschaft vorher noch nicht fällig ist.[349] Bei Scheitern der Ehe wird auf den Wegfall der Geschäftsgrundlage zurückgegriffen.[350] Die relativ willkürlich an-

343 BGH, BGHZ 125, 206, 210 ff.; WM 1996, 2194, 2195.
344 Vgl. etwa BGH ZIP 1996, 1979.
345 BGH, BGHZ 128, 230, 234; WM 2000, 23 f.; großzügiger aber BGH NJW 1997, 258.
346 BGH NJW 1997, 1980.
347 BGH WM 1994, 676, 678, Griechin-Fall (19-jährige geschäftlich völlig unerfahrene Ehefrau).
348 BGH BB 1998, 2493 = WM 1998, 2337; BGH WM 2000, 23, 24 (jew. IX. Senat); im Ergebnis auch BGH WM 1999, 1556 - XI. Senat, der dieses Ergebnis aber auch für Bürgschaften vor dem 1.1.1999 vertritt.
349 BGH BB 1998, 2493 = WM 1998, 2337; BGH WM 2000, 23, 24; ZIP 2000, 351, 352 f.
350 BGH, BGHZ 128, 230, 235 ff.; BGHZ 134, 325, 323 ff.

mutende zeitliche Grenze des 1.1.1999 begründet der IX. Zivilsenat damit, daß so die Banken Rechtssicherheit hätten, ihre künftigen Verträge umzustellen.[351]

Demgegenüber ist der XI. Zivilsenat weniger großzügig und erkennt die Absicherung gegen Vermögensverschiebungen oder die Einbeziehung künftigen Vermögensanfalls nicht als legitime Zwecke für eine Bürgschaft an, wenn der Bürge im Zeitpunkt des Vertragsschlusses finanziell kraß überfordert ist. Mit anderen Worten tritt die Sittenwidrigkeit bei einer krassen finanziellen Überforderung auch ohne das Hinzutreten besonderer Umstände ein.[352] Er hatte deshalb den großen Zivilsenat angerufen, um diese Frage verbindlich klären zu lassen.[353] Auch definiert der XI. Zivilsenat das Vorliegen einer krassen finanziellen Überforderung anders als in der früheren Rechtsprechung des IX. Senats.[354]

Aufgabe dieser kollisionsrechtlichen Arbeit kann es nicht sein, zu diesen Fragen im einzelnen Stellung zu nehmen und sich mit den zahlreichen Ansichten im Schrifttum auseinanderzusetzen. Zu überlegen ist vielmehr nur, wie sich diese Rechtspraxis auf den Mitbürgenausgleich im deutsch-italienischen Rechtsverkehr auswirkt. Außerdem ist festzuhalten, daß sich die Position der beiden Senate weitgehend angenähert hat, indem der IX. Senat nunmehr verlangt, daß die Sittenwidrigkeit nur dann unterbleibt, wenn im Bürgschaftsvertrag ausdrücklich festgeschrieben wird, daß die Bürgschaft allein den Zweck hat, Vermögensverschiebungen zu verhindern oder künftigen Vermögensanfall miteinzubeziehen, und bis zum Eintritt dieser Umstände die Fälligkeit der Bürgschaft unter Rückgriff auf die Figur des pactum de non petendo hinausschiebt.[355] Diese weitgehende Angleichung hatte auch der IV. Senat gegen die Zulässigkeit der Anrufung des gemeinsamen Senats ins Feld geführt.[356]

351 BGH BB 1998, 2493 = WM 1998, 2337, die Rechtsprechungsänderung wurde Mitte 1998 eingeleitet.

352 Vgl. zusammenfassend BGH ZIP 1999, 1257, 1259 m. weit. Nachw.

353 BGH WM 1999, 1556, 1559 = ZIP 1999, 1257. Diese Vorlage ist durch Rücknahme der Revision hinfällig geworden, vgl. ZIP-Aktuell 2000/44 Nr. 53.

354 Der XI. Senat geht von einer krassen finanziellen Überforderung aus, wenn das Einkommen des Bürgen nicht einmal reicht, die Zinsen oder nennenswerte Tilgungsleistungen zu erbringen (WM 1999, 1556, 1559 m. weit. Nachw.); der IX. Senat bisher hingegen nur dann, wenn das pfändbare Einkommen nicht genügt, um innerhalb von fünf Jahre ab Fälligkeit der Bürgschaftsforderung ein Viertel der Bürgschaftssumme abzudecken, vgl. BGH, BGHZ 136, 347, 351. Diese 25%-Formel des IX. Senats war in der Regel rigider als die Formel des XI. Senats. Neuerdings hat sich der IX. Senat dem XI. aber auch insoweit angenähert, vgl. BGH ZIP 2000, 351, 353 f.

355 BGH, BGHZ 128, 230, 235 ff.; 132, 328, 332 ff.; 134, 325, 328 ff.

356 BGH ZIP 2000, 404; außerdem wurde gerügt, daß beim IX. Senat nicht vorher angefragt wurde, ob er an seiner bisherigen Position festhalten wollte.

2. *Auswirkung auf den Mitbürgenausgleich – Problemdarstellung und Einführung*

Bei der Mitbürgschaft eines deutschen und eines italienischen Bürgen, welche beide jeweils eine Bürgschaft für dieselbe Hauptschuld stellen, ergibt sich demnach das Problem, daß die Übernahme der Bürgschaft des einen Bürgen (beispielsweise des deutschen Bürgen) sittenwidrig ist, während die Bürgschaft des italienischen Bürgen bei derselben deutschen Bank nicht sittenwidrig ist, da dessen Bürgschaftsübernahme, welche sich nach italienischem Recht beurteilt, keinen Verstoß gegen die italienischen guten Sitten darstellt, beziehungsweise die vertraglichen Klauseln nach italienischem Recht nicht zu beanstanden sind.

Führt die Sittenwidrigkeit des gesamten Bürgschaftsvertrages oder eine einzelne Klausel, die gem. § 139 BGB zur Gesamtnichtigkeit der Bürgschaft führt, dazu, daß beispielsweise die deutsche Ehefrau für die Hauptverbindlichkeit ihres Ehemannes nicht haftet, während der ebenfalls bürgende italienische Geschäftspartner von dem deutschen Kreditinstitut aus der Bürgschaft in Anspruch genommen wird, stellt sich die Frage, ob der leistende italienische Bürge seinen Ausgleichsanspruch verliert und im zweiten Schritt, ob ein solches Ergebnis kollisionsrechtlich hingenommen werden kann.

Es stellt sich somit zunächst die Frage, ob die Verpflichtung zur Ausgleichszahlung gegenüber dem leistenden Bürgen wegfällt. Auch nach italienischem Recht ist bei einer Mitbürgschaft, wenn sich mehrere Personen für dieselbe Schuld verbürgt haben, jeder Bürge grundsätzlich verpflichtet, die ganze Schuld zu begleichen. Etwas anderes gilt nur dann, wenn der Bürge die Einrede der Teilung erhebt (sog. „beneficio della divisione"), was aber in Italien selten ist, da sie gem. Art. 1947 cod. civ. ausdrücklich vereinbart sein muß[357]. Ungeachtet dessen ist somit der Bürge grundsätzlich dazu verpflichtet, gegenüber dem Gläubiger die ganze Schuld zu begleichen. Sofern der italienische Bürge leistet, geht, wie unter § 5 dargestellt, gem. Art. 1949 in Verbindung mit Art. 1203 Nr. 3 cod. civ. die gesicherte Forderung auf den leistenden Bürgen über (gesetzlicher Forderungsübergang). Der Mitbürgenausgleich bestimmt sich für den italienischen Bürgen gem. Art. 13 EVÜ nach italienischem Recht gem. Art. 1954, 1299 cod. civ., da dieses das Bürgschaftsstatut ist. Hiernach findet gem. Art. 1299 Abs. 1 cod. civ. grundsätzlich ein Ausgleich nach Kopfteilen statt. Der leistende italienische Bürge kann somit grundsätzlich von dem mitbürgenden deutschen Bürgen den hälftigen Betrag fordern.

Entfällt jedoch die Bürgenverpflichtung des deutschen Mitbürgen, weil dessen Bürgschaftsverpflichtung sittenwidrig ist, so wäre dieser gegenüber dem

---

357 *Bodenstein/Jahn*, S. 79.

Gläubiger selbst nicht zur Leistung verpflichtet. Bevor die Problematik auf die kollisionsrechtliche Ebene transferiert wird, stellt sich zunächst die Frage, ob nach italienischem Recht dieser Einwand dem um Ausgleichszahlung ersuchenden Mitbürgen entgegengehalten werden kann. Der für die Erfüllung der Gesamtverbindlichkeit mithaftende Mitbürge kann dem Ausgleichszahlung begehrenden Mitbürgen nach italienischem Recht alle Einwendungen entgegenhalten, die diesem gemeinsam mit anderen oder persönlich gegenüber dem ursprünglichen Gläubiger zugestanden hätten.[358] Hiernach könnte somit der in Anspruch genommene deutsche Mitbürge dem Ausgleichsanspruch entgegenhalten, daß seine Bürgschaftsverpflichtung aufgrund von Sittenwidrigkeit nichtig sei.

Gegen diese scheinbar klare Lösung aufgrund der eindeutigen nationalen Regelung lassen sich jedoch kollisionsrechtliche Bedenken erheben. Diese ergeben sich daraus, daß es sich hierbei um Einwendungen handelt, die der deutsche Bürge gegenüber dem Gläubiger aufgrund des zwischen ihnen geltenden deutschen Bürgschaftsstatuts geltend machen könnte. Nach dem im Verhältnis des Gläubigers (hier: Kreditinstitut) zum italienischen Bürgen geltenden italienischen Bürgschaftsstatut bestünde diese Einwendung jedoch gerade nicht, da insofern von der Wirksamkeit der Bürgschaft auszugehen ist. Läßt man folglich zu, daß der in Anspruch genommene deutsche Mitbürge dem italienischen Mitbürgen auch seine Einwendungen gegenüber dem Gläubiger entgegensetzen kann, so besteht kollisionsrechtlich die Gefahr, daß dem italienischen Mitbürgen aus kollisionsrechtlicher Sicht eine unangemessene Benachteiligung widerfährt.

Auf der anderen Seite ist jedoch zu bedenken, daß der deutsche Mitbürge sich einem Ausgleichsanspruch seitens des leistenden italienischen Mitbürgen ausgesetzt sähe, obwohl seine Verpflichtung nach deutschem Recht sittenwidrig ist. Auch ein solches Ergebnis erscheint aus kollisionsrechtlicher Sicht zunächst bedenklich, und es stellt sich die Frage, ob dies hingenommen werden kann. Fraglich ist also, welche anderen Lösungswege denkbar sind.

3. Mögliche Lösungsmodelle bei Sittenwidrigkeit der deutschen Mitbürgschaft

a) Keine Korrektur über den ordre public

Unterstellt, daß sich der deutsche Bürge im Rahmen des Mitbürgenausgleichsanspruchs nach italienischem Recht nicht auf die Einwendung, die ihm gegenüber der Gläubigerbank zusteht, berufen kann, bliebe als Regulierungsmöglichkeit lediglich der ordre public gem. Art. 6 EGBGB. Der ordre public umfaßt nach deutschem Verständnis von seinem Anwendungsbereich her auch einen Verstoß ge-

358 *Rescigno* Cod. Civ. Art. 1299 Rdn. 19.

gen die guten Sitten. Diesbezüglich sind die guten Sitten in Art. 6 EGBGB ebenso zu verstehen wie in § 138 BGB.[359] Da der Inlandsbezug bei der Bürgschaftsübernahme eines deutschen Bürgen zugunsten einer deutschen Gläubigerbank in jedem Fall gegeben ist, wäre somit ein Ausgleichsanspruch wegen eines Verstoßes gegen den deutschen ordre public ausgeschlossen.

Dagegen spricht jedoch, daß hierbei eine Lösung nur aufgrund einer kollisionsrechtlichen Generalklausel gefunden würde, was eigentlich im Hinblick auf die Rechtssicherheit im deutsch-italienischen Rechtsverkehr vermieden werden sollte.

Folglich ist eine Interessenabwägung vorzunehmen. Die tendenzielle Unklarheit der kollisionsrechtlichen Lösung spricht für eine eindeutige nationalrechtliche Lösung, zumal sich der Ausgleichsanspruch des leistenden italienischen Bürgen nach italienischem Recht beurteilt und diesbezügliche Einwendungen eher auf der nationalrechtlichen Ebene zu lösen sind als auf der kollisionsrechtlichen mit der Korrektur über den ordre public. Hiergegen spricht jedoch, daß eine rein nationale (hier: italienische) Lösung dem deutschen Mitbürgen, der von dem italienischen leistenden Bürgen im Rahmen des Rückgriffs in Anspruch genommen wird, eine sittenwidrige Leistung abverlangen würde, was aus dem Gesichtspunkt der deutschen Rechtsanschauung bedenklich erscheint. Auf der anderen Seite würden dem leistenden italienischen Bürgen seine Rückgriffsrechte gegenüber dem deutschen Mitbürgen abgeschnitten. Den italienischen Mitbürgen träfe in einem solchen Fall die Pflicht, die diffizile Rechtsprechung der deutschen Obergerichte zur Sittenwidrigkeit einzelner Bürgschaftsklauseln kennen zu müssen. Dies kann von ihm mit Sicherheit nicht verlangt werden.

Es stellt sich somit die Frage nach der Schutzbedürftigkeit des deutschen Mitbürgen im deutsch-italienischen Rechtsverkehr. Der deutsche Bürge, der für ein und dieselbe Hauptschuld wie der italienische Mitbürge ein Bürgschaftsversprechen einem Dritten gegenüber abgibt, unterliegt hinsichtlich seiner Bürgenverpflichtung zunächst nur dem deutschen Bürgschaftsrecht. Auf der anderen Seite richtet sich nicht nur die Bürgenverpflichtung des italienischen Bürgen, sondern auch dessen Ausgleichsanspruch nach italienischem Recht, sofern keine abweichenden Absprachen getroffen wurden.[360] Es ist somit primär von dem zugrunde liegenden Statut auszugehen. Das Bürgschaftsstatut verweist, wie oben[361] erörtert, hinsichtlich des Regreßanspruchs des Ausgleich begehrenden italienischen Bürgen auf das italienische Recht. Nach italienischem Recht ist jedoch der deutsche Mitbürge in keinem Fall schutzwürdig, da hiernach die Klausel der

359 MüKo/*Sonnenberger* Art. 6 Rdn. 64.
360 MüKo/Kreuzer I vor Art. 38 Rdn. 17.
361 Siehe § 3 II 4.

deutschen Bank nicht sittenwidrig ist und somit der Ausgleichsanspruch des italienischen Bürgen gegeben ist. Auch wenn der Anwendungsbereich des ordre public gem. Art. 6 EGBGB aufgrund einer sittenwidrigen Klausel tangiert sein sollte, so ist für einen Verstoß im konkreten Fall Voraussetzung, daß die Durchsetzung des Mitbürgenausgleichs zu einem unerträglichen Ergebnis führt.[362] Darüber hinaus müßte eine italienische Rechtsnorm gegen den deutschen ordre public verstoßen. Bei einem Verstoß einer einzelnen Norm gegen den deutschen ordre public wäre die durch die Ausschaltung der ausländischen Regelung entstandene Regelungslücke nach dem ausländischen (hier: italienischen) Recht zu schließen.[363] Gerade hierbei ist jedoch zu bemerken, daß die italienische Normenkette, welche den Ausgleichsanspruch des leistenden Bürgen anordnet,[364] nicht gegen den deutschen ordre public verstößt. Ein Verstoß kann nur aus der nichtigen deutschen Bürgenverpflichtung hergeleitet werden. Diese stellt jedoch keine italienische Norm an sich dar, so daß ausgehend von italienischen Rückgriffsnormen, welche per se mit dem deutschen ordre public konform laufen, kein Verstoß gegen den ordre public anzunehmen ist, zumal eine Regelungslücke auch bei Verstoß einzelner italienischer Rückgriffsnormen gegen den ordre public nach italienischem Recht zu schließen wäre und demnach jedenfalls ein generelles Rückgriffsrecht auf den deutschen Mitbürgen zu bejahen wäre.

Auch wenn somit kein Verstoß gegen den ordre public vorliegt, ist jedoch aufgrund des Umstandes, daß es sich, wie oben geschildert, bei einer sittenwidrigen Klausel um einen kollisionsrechtlichen Eingriff und somit eine Benachteiligung des Mitbürgen handelt, danach zu fragen, ob eine kollisionsrechtliche Korrektur nach internationalem Kollisionsrecht möglich und sinnvoll ist.

b) Der Rechtsgedanke des Art. 16 EGBGB als mögliches Lösungsmodell bei der Sittenwidrigkeit einer Mitbürgschaft

Es stellt sich somit zunächst die Frage, ob nicht doch der in Anspruch genommene deutsche Mitbürge aufgrund des *Rechtsgedankens des Art. 16 EGBGB* im Einzelfall schützenswert ist. Wie bereits oben ausgeführt,[365] wird eine analoge Anwendung des Art. 16 Abs. 2 EGBGB über dessen Wortlaut hinaus insbesondere bei Beschränkungen von Ehegatten hinsichtlich des Abschlusses gewisser Geschäfte, wie etwa einer Bürgschaft, bereits vertreten[366]. Im Rahmen der vorliegenden Frage, ob die Inanspruchnahme des deutschen Mitbürgen bei sittenwidri-

---

362 Palandt/*Heldrich* Art. 6 EGBGB Rdn. 9; vgl. auch *Kartzke* IPRax 1988, 11.
363 Palandt/*Heldrich* Art. 6 EGBGB Rdn. 13.
364 Siehe Art. 1949, 1203 Nr. 3, 1204 Abs. 1 Cod. Civ.
365 Siehe unter § 4 II 3.
366 Palandt/*Heldrich* Art. 16 EGBGB Rdn. 3.

gen Bürgschaftsverträgen nach deutschem Recht möglich ist, wäre eine analoge Anwendung mit Sicherheit zu weit gefaßt, da Art. 16 EGBGB auch bei einer analogen Anwendung lediglich auf familienrechtliche Normen verweist. Eine allgemeine Ausdehnung des Art. 16 EGBGB auf alle sittenwidrigen Verträge findet meines Erachtens im Gesetz keinerlei Anhaltspunkte und ist daher wohl auch vom Telos der Vorschrift nicht gedeckt. Eine analoge Anwendung des Art. 16 EGBGB auf sittenwidrige Bürgschaftsverträge wäre von daher zu weit gefaßt, da Art. 16 EGBGB zum einen nur von den güterrechtlichen Wirkungen der Ehe ausgeht und nicht vom Vertrags- oder Bürgschaftsstatut und zum anderen ausschließlich auf Normen des Familienrechts verweist. Eine in diesem Zusammenhang etwa in Betracht zu ziehende, doppelt analoge Anwendung des Art. 16 EGBGB ist meines Erachtens ebenfalls zu konstruiert und im Hinblick auf das nachfolgende Lösungsmodell auch nicht erforderlich.

Es stellt sich im Fall des Mitbürgenausgleichs bei sittenwidriger Bürgschaftsverpflichtung des deutschen Bürgen die Frage, ob nicht bei dem soeben dargestellten Interessenkonflikt im Hinblick auf die Schutzwürdigkeit des deutschen Bürgen mit Hilfe des *Rechtsgedankens des Art. 16 EGBGB* als Lösungsansatz argumentiert werden könnte und hierüber auch ein Lösungsmodell begründet werden könnte.

Dies könnte im Einzelfall dann zu bejahen sein, wenn der deutsche Mitbürge keine Kenntnis von der Tatsache hatte, daß im konkreten Fall auch ein italienischer Bürge für dieselbe Darlehensschuld gebürgt hatte, dessen Bürgschaftsübernahme gerade nicht wegen Sittenwidrigkeit nichtig ist, dieser daher aufgrund des italienischen Rechts aus der Bürgschaft herangezogen wird und seinerseits einen Rückgriffsanspruch gegen den deutschen Bürgen hat. Bei Unkenntnis des deutschen Bürgen von der Mitbürgschaft des italienischen Bürgen stellt sich die Frage, ob nicht der deutsche Bürge schützenswerter als der italienische Mitbürge ist, der den Rückgriffsanspruch geltend macht. Als „gesetzlichen Aufhänger" für eine solche Schutzwürdigkeit des in Unkenntnis gebliebenen deutschen Mitbürgen könnte der *Rechtsgedanke des Art. 16 EGBGB* von daher in Betracht kommen, weil es bei den Normen, auf die sich dieser Artikel bezieht, um solche handelt, bei denen es bei im Inland vorgenommenen Rechtsgeschäften auf die Kenntnis bzw. Unkenntnis des schützenswerten Deutschen („Inländers") ankommt, wenn zwar ausländisches Recht anwendbar ist, jedoch ein ausreichender Inlandsbezug gegeben ist. Im Rahmen der Heranziehung des Rechtsgedankens kann auf eine genauere Unterscheidung der Absätze 1 und 2 des Art. 16 EGBGB anders als oben bei der analogen Anwendung des Art. 16 Abs. 2 EGBGB[367] verzichtet werden, da beide Absätze des Art. 16 EGBGB auf Normen des Familienrechts ver-

367 Siehe oben unter Punkt § 4 II.

weisen und hierbei die Kenntnis des schützenswerten Dritten entscheidend ist. So ist etwa im Rahmen des Art. 16 Abs. 1 EGBGB bei der entsprechenden Anwendung des § 1412 BGB entscheidend, ob der Dritte den fremden Güterstand und damit die Geltung des ausländischen Rechts entweder positiv kennt oder ihn von daher zurechenbar kennen muß, weil der ausländische Güterstand im deutschen Güterstandsregister eingetragen ist. Auch im Rahmen des Art. 16 Abs. 2 EGBGB kommt es unbestritten entscheidend darauf an, daß der schützenswerte Dritte die Maßgeblichkeit des fremden Rechts weder kannte noch, unter dem Maßstab der groben Fahrlässigkeit, kennen mußte.[368] Maßgeblich für die Heranziehung des Rechtsgedankens des Art. 16 EGBGB ist, daß ein genügender Inlandsbezug gegeben ist und der deutsche Mitbürge im konkreten Fall gegenüber der Inanspruchnahme durch den leistenden italienischen Mitbürgen schützenswert ist. Hierbei liegt die erste Voraussetzung schon deshalb vor, weil das Bürgschaftsstatut des in Anspruch genommenen deutschen Bürgen dem deutschen Recht untersteht.

c) Ablehnung dieses Lösungsmodells hinsichtlich der Frage der Zulässigkeit des Regresses

Jedoch ist bezüglich der Konstruktion der Heranziehung des Rechtsgedankens des Art. 16 EGBGB zu bedenken, daß sich die Zulässigkeit des Regresses nach den Bürgschaftsstatuten richten muß. Eine Heranziehung des Rechtsgedankens des Art. 16 EGBGB bereits auf die Zulässigkeit des Regresses dürfte aus kollisionsrechtlicher Sicht zu weit gehen und ist im übrigen mit Art. 13 EVÜ sowie Art. 33 Abs. 3 EGBGB nicht zu vereinbaren. Die Heranziehung eines Rechtsgedankens (hier: aus dem deutschen Recht) auf die Frage der Möglichkeit des Regresses aufgrund Legalzession würde das von Art. 13 vorgeschriebene Bürgschaftsstatut, welches die Anwendung italienischen Rechts vorsieht, vollständig negieren, und folglich der gesetzlichen Regelung zuwider laufen. Die Heranziehung des Rechtsgedankens bereits bei der generellen Frage, ob ein Regreß überhaupt durchführbar ist, würde die Trennung der kollisionsrechtlich vorgeschriebenen Bürgschaftsstatuten vollständig in Zweifel ziehen, und ist daher abzulehnen. Rechtlich anders zu beurteilen wäre es gegebenenfalls, wenn nicht die Zulässigkeit des Regresses (das "Ob" des Regresses), sondern lediglich die Durchführung des Regresses (das "Wie" des Regresses) hiervon betroffen wäre.[369] Bezüglich

---

368 Palandt/*Heldrich* Art. 16 EGBGB Rdn. 2, 3.

369 Dieser Gedanke der Anwendung des Rechtsgedankens des Art. 16 EGBGB wird hinsichtlich der Durchführung (des "Wie") des Regresses in § 11 III 4 wieder aufgegriffen werden.

der Durchführung des Regresses ("Wie" des Regresses) kann sich gegebenenfalls durchaus die Frage stellen, ob sich der italienische Mitbürge als Regreßschuldner vollständig auf das strengere italienische Regreßrecht hinsichtlich der Durchführung des Regresses ("Wie" des Regresses) berufen kann, zumal dann, wenn der deutsche Mitbürge nicht mit einer Mitbürgschaft rechnen mußte. Beispielsweise könnte überlegt werden, ob dem deutschen Bürgen gegebenenfalls die Geltendmachung einer Einrede, die dem Bürgen nach italienischem Recht nicht zusteht, doch möglich sein soll. Für die Frage der generellen Zulässigkeit des Regresses würde jedoch die Heranziehung eines Rechtsgedankens zur Lösung einer kollisionsrechtlichen Konfliktlage nicht mit der gesetzlichen Wertung des EVÜ beziehungsweise EGBGB im Einklang stehen, und ist daher als zu weit abzulehnen.

Es stellt sich zudem die Frage, ob das dargestellte kollisionsrechtliche Problem der Zulässigkeit des Regresses nicht durch eine kollisionsrechtliche Anknüpfung einer kollisionsrechtlichen Lösung zugeführt werden kann.

d) Kollisionsrechtliche Anknüpfung der rechtlichen Beziehung zwischen Regreßschuldner und Regreßgläubiger

aa) Anknüpfung bei der rechtlichen Beziehung zwischen den Mitbürgen

Bei der Lösung der dargestellten kollisionsrechtlichen Konfliktsituation ist zunächst zu unterscheiden, ob zwischen dem italienischen Mitbürgen als Regreßgläubiger und dem deutschen Mitbürgen als Regreßschuldner eine direkte rechtliche Beziehung etwa in Form einer vertragliche Abrede vorliegt. Stehen die Mitbürgen untereinander schon vor Abschluß des Bürgschaftsvertrages mit dem Gläubiger in einer rechtlichen Beziehung und ist diese Anlaß für die Übernahme der Bürgschaft, so ist diese kollisionsrechtlich selbständig anzuknüpfen. Somit ist nach dem allgemeinen kollisionsrechtlichen Grundsatz das Recht, dem die Beziehung selbst untersteht, auch auf die Regreßfragen zur Anwendung zu bringen.[370] Liegt somit eine rechtliche Beziehung zwischen den Mitbürgen vor, unterliegt der Regreßanspruch dem zwischen diesen beiden Parteien anwendbaren Recht, das kollisionsrechtlich selbständig anzuknüpfen ist.[371]

bb) Anknüpfung bei fehlender rechtlicher Beziehung zwischen den Mitbürgen

Liegt eine rechtliche Beziehung zwischen dem italienischen Mitbürgen als Regreßgläubiger und dem deutschen Mitbürgen als Regreßschuldner, etwa in Form

370 *Meyer* Regreß im IPR, S. 58 m. weit. Nachw.
371 So auch *Wandt* ZVglRW 86 (1987), 272, 310, 311.

einer vertraglichen Abrede, nicht vor, stellt sich zunächst die Frage, wie die Zulässigkeit des Regresses kollisionsrechtlich anzuknüpfen ist. Wie oben bereits ausgeführt, beurteilt sich die Zulässigkeit des Regresses gemäß der gesetzlichen Regelung des Art. 13 EVÜ nach dem Bürgschaftsstatut des Regreßgläubigers (hier: des italienischen Mitbürgen). Jedoch führt dies, wie bereits ausgeführt, im konkreten Beispielsfall zu einer kollisionsrechtlichen Konfliktsituation. Ungeachtet dessen kann und muß jedoch auch der gesetzlichen Regelung des Art. 13 EVÜ Rechnung getragen werden, gerade auch um eine mit der rechtlichen Regelung offensichtlich konträre Lösungskonstruktion zu vermeiden. Um jedoch überhaupt zu der Frage des Regresses zu gelangen, muß zunächst geprüft werden, ob die Möglichkeit des Regresses überhaupt vorliegt. Hierfür ist erforderlich, daß sowohl die deutsche als auch die italienische Bürgschaft überhaupt zum Zeitpunkt des Regresses bestehen. Bevor folglich eine etwaige kollisionsrechtliche Korrektur vorgenommen werden kann, muß zunächst die Frage nach der generellen Möglichkeit des Regresses (das "Ob" des Regresses) gestellt werden.[372]

e) Kumulative Prüfung der generellen Möglichkeit des Regresses ("Ob" des Regresses)

Wie bereits in § 5 III dargestellt, weicht die Reichweite des Bürgschaftsstatuts in Deutschland und Italien nicht voneinander ab. Gerade durch die Regelung des gesetzlichen Forderungsübergangs in Art. 13 EVÜ bzw. Art. 33 Abs. 3 EGBGB ist auch die Frage des Regresses durch den gesetzlichen Forderungsübergang nach beiden Rechtssystemen dem Bürgschaftsstatut unterstellt, so daß auch insoweit eine übereinstimmende Anknüpfung vorzunehmen ist.

Jedoch ist die kollisionsrechtliche Regelung des Art. 13 EVÜ keineswegs eindeutig, denn Satz 1, auf dessen Rechtsfolge Satz 2 verweist, geht auf der Rechtsfolgenseite wie auf der Tatbestandsseite davon aus, daß die Verpflichtung des Mitbürgen einem anderen Recht unterstehen kann als die des vom Gläubiger in Anspruch genommenen Mitbürgen. Es liegt daher nahe, auch für Satz 2 anzunehmen, daß die Verpflichtungen der mehreren Personen unterschiedlichem Recht unterliegen können.[373] Jedoch ist bei einem derartigen Verständnis die Regelung nicht hinnehmbar und würde letztlich die Gefahr des „Wettlaufs der Schuldner" (hier: der Mitbürgen) heraufbeschwören.[374] Es ist jedoch bei gleich-

---

372 So auch *Meyer* Regreß im IPR, S.58 in Verbindung mit S. 24, 25.

373 So *Wandt* ZVglRW 86 (1987), 272, 290.

374 *Wandt* ZVglRW 86 (1987), 272, 291; zur genaueren Darstellung der unterschiedlichen Auslegungsmöglichkeiten mit den diesbezüglichen Begründungen wird auf die ausführliche Darstellung bei *Wandt* ZVglRW 86 (1987), 272, 290-294 verwiesen.

rangigen Schuldnern, wie etwa bei Mitbürgen, richtig, den gesetzlichen Forderungsübergang nicht nach dem Recht des Innenverhältnisses, sondern nach dem gemeinsamen Statut der Verpflichtungen gegenüber dem Gläubiger zu beurteilen.[375]

Ähnlich wird dies auch von *Meyer* gesehen, die bei Mitbürgen ohne rechtliche Beziehung zueinander die Zulässigkeit des Regresses kumulativ anknüpft[376]. Es ist folglich für die Frage der Zulässigkeit des Regresses eine kumulative Prüfung vorzunehmen. Dabei ist nach beiden Bürgschaftsstatuten zunächst zu prüfen, ob die Bürgschaft entstanden ist. Ist dies der Fall, so entscheidet allein das Bürgschaftsstatut des zuerst belangten Bürgen (hier: des italienischen Bürgen) über Art und Umfang des Regresses.[377]

Somit ist im Rahmen einer kumulativen Prüfung sowohl nach deutscher als auch nach italienischer Rechtsordnung zu prüfen, ob die Bürgschaft entstanden ist. Ist dies der Fall, so entscheidet allein das Bürgschaftsstatut über Art und Umfang des Regresses.

Im vorliegenden Fall bedeutet dies, daß ein Regreß schon aus dem Grund nicht in Betracht kommt, weil der deutsche Bürgschaftsvertrag aufgrund von Sittenwidrigkeit nichtig ist und somit eine Bürgenverpflichtung nicht entstanden ist.

Folglich ist nach den bisherigen Ausführungen ein Regreßanspruch des Ausgleich begehrenden italienischen Mitbürgen aus kollisionsrechtlicher Sicht nicht gegeben und vertretbar. Hierdurch wird auch der Verweis auf den ordre public überflüssig. Der italienische Mitbürge geht diesbezüglich zwar seines Regresses gegenüber dem deutschen Mitbürgen verlustig, jedoch ist dies zugunsten einer kollisionsrechtlich sauberen Lösung durchaus vertretbar. Es leuchtet ein, daß ein Regreß eines italienischen Mitbürgen gegenüber einem deutschen Mitbürgen nicht möglich sein kann, wenn dessen Bürgenverpflichtung überhaupt nicht entstanden ist.

Wandt erläutert die verschiedenen Rechtsauffassungen zur Auslegung des Art. 13 EVÜ ausführlich.

375 *Wandt* ZVglRW 86 (1987), 272, 293 m. weit. Nachw.

376 *Meyer* Regreß im IPR, S. 58 in Verbindung mit S. 24, 25.

377 Demgegenüber will *Meyer* aber wohl die kumulative Prüfung nach Kausal- und Hauptforderungsstatut vornehmen (siehe *Meyer* Regreß im IPR, S. 24, 25 ff.). Dies paßt jedoch auf die Bürgschaft offensichtlich nicht, zumal es mit der gesetzlichen Regelung des Art. 13 EVÜ nicht vereinbar ist. Jedoch muß *Meyer* zugute gehalten werden, daß sie ihre wissenschaftliche Untersuchung vor Inkrafttreten des EVÜ gefertigt hatte und sie daher die gesetzliche Regelung des Art. 13 EVÜ nicht kannte. Des weiteren ist zu berücksichtigen, daß das EVÜ von der Schweiz nicht ratifiziert worden ist.

f) Zwischenfazit

Abschließend läßt sich eine Haftung des deutschen Mitbürgen im Rahmen des Mitbürgenausgleichs bei sittenwidriger deutscher Bürgschaft schon von daher verneinen, weil eine kumulative Prüfung der Bürgschaftsstatuten hinsichtlich der Frage der generellen Möglichkeit des Regresses ("Ob" des Regresses) ergibt, daß mangels entstandener Bürgschaft nach deutschem Bürgschaftsstatut die Zulässigkeit eines Regresses des italienischen Mitbürgen nicht gegeben ist. Eine ebenfalls erwägenswerte Heranziehung des Rechtsgedankens des Art. 16 EGBGB zum Schutze des deutschen Mitbürgen ist somit entbehrlich. Im übrigen ist eine Heranziehung des Rechtsgedankens des Art. 16 EGBGB auf die Zulässigkeit des Regresses aus kollisionsrechtlicher Sicht zu weit, und im übrigen mit Art. 13 EVÜ sowie Art. 33 Abs. 3 EGBGB nicht zu vereinbaren. Rechtlich anders zu beurteilen wäre es gegebenenfalls, wenn nicht die Zulässigkeit des Regresses (das "Ob" des Regresses), sondern lediglich die Durchführung des Regresses (das "Wie" des Regresses) hiervon betroffen wäre.[378]

4. Mitbürgenausgleich bei sittenwidrigen italienischen Formularklauseln

Im umgekehrten Fall, wenn der Bürgschaftsvertrag des deutschen Bürgen, der sich nach deutschem Recht beurteilt, wirksam ist und der Bürgschaftsvertrag mit dem italienischen Mitbürgen einzelne sittenwidrige Klauseln enthält, stellt sich zunächst die Frage, wie sich einzelne sittenwidrige Klauseln auf den gesamten Bürgschaftsvertrag auswirken. Vorab ist somit zu klären, ob die Sittenwidrigkeit generell zur Nichtigkeit führt und ob auch einzelne sittenwidrige Klauseln zur Sittenwidrigkeit des gesamten Vertrages führen.

a) Rechtsfolgen sittenwidriger Formularklauseln nach italienischem Recht

Im italienischen Zivilgesetzbuch gibt es keine direkte Norm, wie etwa § 138 BGB, welche bei Sittenwidrigkeit die Nichtigkeit des Rechtsgeschäfts bestimmt. Jedoch ergibt sich aus Art. 1343 in Verbindung mit Art. 1418 cod. civ., daß auch nach italienischem Recht die Sittenwidrigkeit zur Nichtigkeit des Rechtsgeschäfts führt. Gem. Art. 1343 cod. civ. ist zunächst der Rechtsgrund des Rechtsgeschäfts unerlaubt, wenn es gegen die guten Sitten verstößt. Jedoch wird hierdurch noch nichts über die Rechtsfolgen ausgesagt. Gem. Art. 1418 Abs. 2 cod. civ. wird je-

378 Der Gedanke der Anwendung des Rechtsgedankens des Art. 16 EGBGB wird hinsichtlich der Durchführung (des "Wie") des Regresses in § 11 III 4 wieder aufgegriffen werden.

doch bestimmt, daß die Unerlaubtheit des Rechtsgrunds die Nichtigkeit des Vertrages bewirkt.

Ferner ist zu fragen, ob auch die Sittenwidrigkeit lediglich einer einzelnen Klausel im Bürgschaftsvertrag des italienischen Bürgen die Nichtigkeit des gesamten Bürgschaftsvertrages zur Folge hat. Ähnlich wie im deutschen Recht gem. § 139 BGB beurteilt sich die Nichtigkeit des gesamten Vertrages bei Nichtigkeit einzelner Klauseln nach dem Willen der Vertragsparteien. Gem. Art. 1419 Abs. 1 cod. civ. bewirkt die Nichtigkeit einzelner Klauseln oder die Teilnichtigkeit eines Vertrages die Nichtigkeit des gesamten Vertrages, sofern sich nicht aus dem Parteiwillen etwas anderes ergibt. In diesem Zusammenhang wird der Unterscheidung zwischen der Teilnichtigkeit des Vertrages und der Nichtigkeit einzelner Klauseln des Vertrages nur beschreibende Wirkung zuerkannt, so daß eine genauere Unterscheidung hinfällig wird.[379]

Somit führen auch sittenwidrige Formularklauseln nach dem italienischen Recht zur Nichtigkeit des (Bürgschafts-)Vertrages. Auch der italienische Bürge ist also bei Sittenwidrigkeit des Bürgschaftsvertrages aufgrund der gegebenenfalls eintretenden Nichtigkeit des gesamten Vertrages nicht mehr zur Leistung verpflichtet. Ist aber die Bürgschaftsverpflichtung des deutschen Bürgen in diesem Fall nicht sittenwidrig, und wird dieser vom Gläubiger in Anspruch genommen, so stellt sich die umgekehrte Problematik, ob und gegebenenfalls unter welchen Kriterien der italienische Bürge dem deutschen Mitbürgen zum Ausgleich verpflichtet ist.

b) Kollisionsrechtliche Konflikte und Lösungsansatz

Wie schon der deutsche Bürge, der von dem italienischen Mitbürgen in Anspruch genommen wird, wobei sich hierbei der Ausgleichsanspruch, wie oben geschildert, nach italienischem Recht richtet[380], so kann auch im umgekehrten Fall der mithaftende italienische Mitbürge dem Ausgleichszahlung begehrenden deutschen Mitbürgen, der neuer Gläubiger aufgrund des gesetzlichen Forderungsübergangs gem. § 774 Abs. 2 BGB ist, nach deutschem Recht gem. § 768 BGB alle Einreden entgegenhalten, die diesem gemeinsam mit anderen oder persönlich gegenüber dem ursprünglichen Gläubiger zugestanden hätten. Somit stellt sich im Prinzip, wie oben bereits dargestellt, dieselbe Frage, nämlich ob in diesem Fall die Ausgleichspflicht des italienischen Bürgen im deutsch-italienischen Rechtsverkehr, obgleich sie nach dem nationalen Recht nicht gegeben ist, dennoch kollisionsrechtlich im Einzelfall zu bejahen ist.

---

379 Siehe *Cian/Trabucchi* Art. 1419 cod. civ. Randzeichen III.
380 Siehe oben unter Punkt b.

Gegen die scheinbar klare nationale Lösung aufgrund der eindeutigen nationalen Regelung sind, wie bereits oben dargestellt, auch in der umgekehrten Fallkonstellation kollisionsrechtliche Bedenken angebracht. Diese ergeben sich auch hier daraus, daß es sich um Einwendungen handelt, die der italienische Bürge gegenüber dem Gläubiger aufgrund des zwischen ihnen geltenden italienischen Bürgschaftsstatuts geltend machen kann. Nach dem im Verhältnis des Gläubigers zum deutschen Bürgen geltenden deutschen Bürgschaftsstatut, wonach die Vertragsklausel wirksam sein soll, bestünde jedoch diese Einwendung gerade nicht, da insofern von der Wirksamkeit der Bürgschaft auszugehen ist. Läßt man demnach zu, daß der italienische Mitbürge dem deutschen Mitbürgen auch die Einwendungen entgegensetzen kann, welche ihm aufgrund der Nichtigkeit seiner Bürgschaftsverpflichtung auch gegenüber dem Gläubiger zustehen, so besteht wiederum ein kollisionsrechtlicher Konflikt.

Somit stellt sich auch in dieser Konstellation die Frage einer kollisionsrechtlichen Lösung. Anbieten könnte sich nach den obigen Ausführungen wiederum die Heranziehung des Rechtsgedankens des Art. 16 EGBGB.

Problematisch ist jedoch bereits, daß das italienische internationale Privatrecht eine mit Art. 16 EGBGB vergleichbare Regelung nicht kennt. Es stellt sich somit die Frage, ob das EVÜ, welches ja vom EGBGB als inkorporierter Staatsvertrag aufgenommen wurde, eine vergleichbare Regelung enthält. Dies muß verneint werden. Zwar enthält das Abkommen mit seinem Art. 11 EVÜ einen Passus, welcher ebenfalls auf die Kenntnis beziehungsweise fahrlässige Unkenntnis abstellt, jedoch entspricht dieser Artikel dem Art. 12 EGBGB. Im übrigen ist auch in diesem Fall die Heranziehung des Rechtsgedankens des Art. 16 EGBGB zu verneinen, da dies aus kollisionsrechtlicher Sicht zu weit geht und im übrigen insbesondere mit Art. 13 EVÜ sowie Art. 33 Abs. 3 EGBGB nicht zu vereinbaren ist. Eine Haftung des italienischen Mitbürgen im Rahmen des Mitbürgenausgleichs bei sittenwidrigen italienischen Bürgschaftsklauseln ist hierbei ebenso wie im dargestellten umgekehrten Fall[381] zu verneinen, weil eine kumulative Prüfung der Bürgschaftsstatuten hinsichtlich der Frage der generellen rechtlichen Möglichkeit des Regresses ("Ob" des Regresses) ergibt, daß mangels entstandener Bürgschaft nach italienischem Bürgschaftsstatut die Zulässigkeit eines Regresses des deutschen Mitbürgen nicht gegeben ist

Somit kann der oben[382] dargestellte Lösungsansatz auf beide Alternativen angewandt werden.

---

381 siehe oben Punkt 6 d.

382 siehe oben Punkt 6.

5. *Ausblick und Zusammenfassung*

Die Sittenwidrigkeit einzelner Formularklauseln oder der gesamten Mitbürgschaft, welche aufgrund der jeweils nationalen Rechtsprechung im deutsch-italienischen Rechtsverkehr den jeweils betroffenen Bürgschaftsvertrag nichtig werden läßt, führt im Rahmen des Mitbürgenausgleichs zu kollisionsrechtlichen Konflikten, zumal sich der Bürge aus der jeweils anderen Rechtsordnung, nach der keine Sittenwidrigkeit vorliegt, der vollen Inanspruchnahme des Gläubigers ausgesetzt sieht. Dies führt immer dann kollisionsrechtlich zu untragbaren Ergebnissen, wenn der Bürge, dessen Verpflichtung wegen Sittenwidrigkeit „seines" Bürgschaftsvertrages weggefallen ist, von der Existenz des Mitbürgen nicht wußte.

Zur Lösung dieses kollisionsrechtlichen Konflikts ist, sofern eine rechtliche Beziehung zwischen dem Regreßgläubiger und dem Regreßschuldner nicht vorhanden ist, für die Frage der Zulässigkeit des Regresses („Ob" des Regresses) eine kumulative Prüfung der beiden Bürgschaftsstatuten vorzunehmen. Hierbei ist nach beiden Bürgschaftsstatuten zu prüfen, ob die Bürgschaft entstanden ist. Ist dies der Fall, dann entscheidet allein das Kausalstatut (Bürgschaftsstatut des zuerst belangten Bürgen) über Art und Umfang des Regresses.

In den Fällen der Sittenwidrigkeit kommt man somit zu dem Ergebnis, daß ein Regreß nicht in Betracht kommt. Die Heranziehung des Rechtsgedankens des Art. 16 EGBGB ist zwar andenkbar, jedoch letztlich für die Lösung der Zulässigkeit des Regresses aus kollisionsrechtlicher Sicht nicht vertretbar und im übrigen auch entbehrlich.

Raum für die Heranziehung des Rechtsgedankens des Art. 16 EGBGB ist jedoch gegebenenfalls für die Durchführung des Regresses, sofern das Bürgschaftsstatut des auf Regreß verklagten Mitbürgen günstiger ist. Da jedoch im Rahmen der Sittenwidrigkeit schon das „Ob" (die Zulässigkeit) des Regresses verneint werden muß, kann dies für den Fall der Sittenwidrigkeit dahingestellt bleiben und an anderer Stelle behandelt werden.

Abschließend ist noch auf die Relevanz für die Praxis hinzuweisen. Sofern die Mitbürgschaft eines deutschen und eines italienischen Bürgen für dieselbe Hauptverbindlichkeit gegenüber einer Bank abgegeben wurde, werden durch Rechtswahl gem. Art. 27 EGBGB bzw. Art. 3 EVÜ beide Bürgschaftsverträge entweder dem deutschen oder dem italienischen Recht unterstellt, je nachdem ob eine deutsche oder eine italienische Bank Gläubigerin der Hauptschuld ist. Insofern scheint es, daß sich die aufgeworfene Problematik insbesondere im Bankenverkehr nicht stellt. Hierzu ist folgendes anzumerken:

Es trifft zwar zu, daß besonders diejenigen Banken, welche in größerem Umfang am Auslandsgeschäft teilnehmen, in ihre Bürgschaftsverträge Rechtswahlklauseln zugunsten des jeweils „günstigeren" Rechts aufgenommen haben,[383] jedoch wird bei der jeweiligen Rechtswahlklausel in jedem Fall Art. 3 Abs. 3 EVÜ zu berücksichtigen sein. Die zwingenden Bestimmungen des jeweils anderen Staates können hiernach nicht durch eine Rechtswahlklausel ignoriert werden mit der Konsequenz, daß insbesondere Großbanken eine solche Rechtswahlklausel erst nach eingehender rechtlicher Überprüfung auf etwaig vorliegende zwingende Bestimmungen der jeweils betroffenen anderen Rechtsordnung (hier: der italienischen)[384] aufnehmen werden. Dennoch kann es vorkommen, daß aufgrund der bereits vorgedruckten Vertragsmodule der Banken, diese zwingende Bestimmungen der anderen Rechtsnorm trotz Rechtswahl nicht beachten mit der Konsequenz, daß der oben beschriebene Konflikt entsteht.

Auch wenn dies eine große Anzahl Fälle von Mitbürgschaften im deutsch-italienischen Rechtsverkehr betrifft, so verbleibt, ungeachtet dessen, noch immer eine Vielzahl von Bürgschaften, die nicht gegenüber Banken abgegeben werden und die demgemäß die besagte Rechtswahlklausel nicht vorsehen. Bei diesen stellt sich die obige Problematik, so daß eine praktische Relevanz in jedem Fall gegeben ist.

§ 10 Konflikte durch die unterschiedliche Rechtsanwendung im Bürgschafts- und Hauptschuldverhältnis im deutsch-italienischen Rechtsverkehr

Kollisionsrechtliche Konflikte können sich nicht nur durch die Geltung unterschiedlichen Rechts beim Mitbürgenausgleich, sondern auch durch Geltung unterschiedlichen Rechts im Hauptschuldverhältnis und Bürgschaftsverhältnis ergeben.

383 Der Autor hat diesbezüglich Informationen bei den führenden deutschen Großbanken eingeholt, welche in Italien Zweigniederlassungen unterhalten. Insbesondere nach den vorliegenden Bürgschaftsverträgen und Informationen der Deutschen Bank (Frankfurt und Mailand) werden die Rechtswahlklauseln immer in die Verträge aufgenommen, wobei entweder das deutsche oder das italienische Recht vereinbart wird. Sofern sich der (italienische) Bürge bei der Bank in Deutschland verbürgt, wird die Bürgschaft dem für die Bank günstigeren deutschen Recht unterstellt.

384 Dem Autor liegen diesbezügliche Informationen insbesondere der Rechtsabteilungen der Deutschen Bank in Frankfurt und Mailand vor.

I. *Ersatzanspruch des Bürgen gegen den Hauptschuldner*

Wie oben[385] bereits erörtert kann der den Gläubiger befriedigende Bürge aufgrund des gesetzlichen Forderungsübergangs gegen die Mitsicherer der Hauptforderung Ausgleichsansprüche geltend machen.

Neben diesem Übergang der gesicherten Forderung steht dem Bürgen als Sicherungsgeber noch ein zweiter Weg zur Verwirklichung seines Rückgriffsrechts zur Verfügung. Dies ist die Inanspruchnahme des Hauptschuldners aus dem Kausalverhältnis. In diesem Zusammenhang stellt sich die Frage, ob ein solcher Ersatzanspruch sowohl nach der deutschen als auch nach der italienischen Rechtsordnung gegeben ist und ob gegebenenfalls bei dessen Geltendmachung kollisionsrechtliche Konflikte im deutsch-italienischen Rechtsverkehr auftreten können. In Italien ist dieser Anspruch in den Art. 1950 ff. cod. civ. im Gegensatz zum deutschen Recht, wo der Regreß aus dem Bürgschaftsauftrag neben der cessio nach § 774 Abs. 1 S. 1 BGB nur durch § 774 Abs. 1 S. 3 BGB mittelbar anerkannt ist, ausdrücklich geregelt.[386] Bei dem Anspruch des Bürgen aus dem Kausalverhältnis zum Hauptschuldner wird dieses Rechtsverhältnis unabhängig von dem Recht der Bürgschaft oder dem Recht der Hauptschuld angeknüpft und folgt somit seinem eigenen Obligationsstatut.[387]

1. *Ersatzanspruch bei einer vertraglichen Beziehung zwischen Bürge und Hauptschuldner*

Ist somit die Verpflichtung des Bürgen zur Übernahme einer Bürgschaft aufgrund eines Vertrages, regelmäßig eines Auftrags, zwischen dem Bürgen und dem Hauptschuldner geschlossen worden, so beurteilt sich die kollisionsrechtliche Anknüpfung der vertraglichen Verpflichtungen, und somit auch des Ersatzanspruchs des Bürgen gegenüber dem Hauptschuldner, auf der Grundlage der Art. 3 ff. EVÜ bzw. der Art. 27 ff. EGBGB. Mangels abweichender ausdrücklicher Vereinbarung wird hierbei sowohl nach deutschem[388] wie auch nach italienischem Recht[389] von einem Auftragsverhältnis oder einer (entgeltlichen) Geschäftsbesorgung ausgegangen, so daß beim Fehlen einer Rechtswahl die vertragscharakteristische Leistung im Sinne des Art. 4 Abs. 2 EVÜ bzw. Art. 28 Abs. 2 EGBGB von dem Beauftragten bzw. Geschäftsbesorger, folglich also von dem

---

385 Siehe § 8 und § 9.

386 *Max-Planck-Institut* Nr. 104, S. 52.

387 *Letzgus* RabelsZ 3 (1929), 827, 853; *Reithmann/Martiny*, Rdn. 513; *Severain* Bürgschaft, S. 87 ff.; Soergel/*v. Hoffmann* Art. 28 Rdn. 287.

388 MüKo/*Martiny* Art. 28 Rdn. 138.

389 *Fragali* Voce Fideiussione, Nr. 24.

Bürgen, erbracht wird, so daß grundsätzlich das Recht seines gewöhnlichen Aufenthaltsortes bzw. Niederlassungsortes anzuwenden ist. Etwas anderes kann sich gem. Art. 4 Abs. 5 bzw. Art. 28 Abs. 5 EGBGB nur dann ergeben, wenn der Auftrag bzw. die Geschäftsbesorgung mit einem anderen Geschäft verbunden und eine engere Verbindung zu einem anderen Staat gegeben ist.[390] Handelt es sich um ein Bankgeschäft, übernimmt folglich die Bank eine Bürgschaft für ihren Kunden (Hauptschuldner), so ist das Recht am Hauptniederlassungsort der Bank maßgeblich.[391] Somit wird das Recht am Aufenthaltsort bzw. Sitz des Bürgen maßgeblich sein.

Aufgrund dieser gleichartigen Anknüpfungen in beiden Rechtsordnungen ergeben sich bei vertraglichen Beziehungen zwischen Bürge und Hauptschuldner im deutsch-italienischen Rechtsverkehr keine kollisionsrechtlichen Probleme.

Liegt somit eine Bürgschaft einer italienischen Person oder Bank gegenüber einem deutschen Hauptschuldner vor, so bemißt sich der Ausgleichsanspruch des italienischen Bürgen gem. Art. 57 dir. int. priv. in Verbindung mit Art. 4 Abs. 2 EVÜ nach Art. 1950 cod. civ.

Liegt die Bürgschaft eines deutschen Bürgen vor, so beurteilt sich der Ersatzanspruch gem. Art. 28 EGBGB nach deutschem Recht. Nach deutschem Recht fehlt eine diesbezügliche ausdrückliche gesetzliche Regelung für den Ersatzanspruch gegenüber dem Hauptschuldner. Für das deutsche Recht ergibt sich ein derartiger vertraglicher Ersatzanspruch des Bürgen aus den gesetzlichen Vorschriften über den Auftrag bzw. die entgeltliche Geschäftsbesorgung. Der Rückgriffsanspruch folgt somit aus § 670 BGB (Auftrag) bzw. §§ 675, 670 BGB (entgeltliche Geschäftsbesorgung), wobei § 774 Abs. 1 S. 2 BGB hiervon nicht betroffen ist.[392]

2. Ersatzanspruch bei Fehlen einer vertraglichen Verpflichtung zur Bürgschaftsübernahme

Ist zwischen dem Bürgen und dem Hauptschuldner keine vertragliche Beziehung begründet worden, dann kann sich die Übernahme der Bürgenverpflichtung gegenüber dem Gläubiger als Geschäftsführung ohne Auftrag des Bürgen (als Geschäftsführer) für den Hauptschuldner (als Geschäftsherrn) darstellen. Hierbei kann es sich um einen Freundschaftsdienst handeln oder die Bürgschaft soll den Geschäftspartner wirtschaftlich absichern.[393] Auch wenn bei einer Geschäftsfüh-

390 MüKo/*Martiny* Art. 28 Rdn. 138.
391 MüKo/*Martiny* Art. 28 Rdn. 138; *Giardina/Villani* Garanzie bancarie, S. 97, 109.
392 Palandt/*Thomas* § 774 BGB Rdn. 2.
393 *Severain* Bürgschaft, S. 88.

rung ohne Auftrag die Leistung des Bürgen als Geschäftsführer als die vertragscharakteristische angesehen werden kann, so sind dennoch die Art. 27 ff. EGBGB nicht anwendbar, da kein Vertrag im Sinne der Art. 27 ff. EGBGB vorliegt. Auch das EVÜ ist gem. Art. 1 EVÜ nicht anwendbar, da der Anwendungsbereich auf vertragliche Schuldverhältnisse beschränkt ist.

a) Kollisionsrechtliche Anknüpfung in Deutschland

Es stellt sich somit die Frage, wie dieser Anspruch des Bürgen gegenüber dem Hauptschuldner aus Geschäftsführung ohne Auftrag kollisionsrechtlich anzuknüpfen ist. Problematisch ist dabei, daß das internationale Privatrecht gesetzliche Schuldverhältnisse nicht regelt, obwohl in einem Vorentwurf eines „Übereinkommen[s] über das auf vertragliche und außervertragliche Schuldverhältnisse anwendbare Recht“[394] das gesamte internationale Schuldrecht der Gemeinschaftsstaaten vereinheitlicht werden sollte. Auch der Regierungsentwurf zur „Reform des internationalen Privatrechts der außervertraglichen Schuldverhältnisse“, welcher im wesentlichen dem soeben erwähnten Vorentwurf folgt und insbesondere in Art. 39 die Geschäftsführung ohne Auftrag regelt[395], ist bislang noch nicht vom Gesetzgeber in eine gesetzliche Regelung umgesetzt worden. Somit fehlt für die kollisionsrechtliche Anknüpfung der Geschäftsführung ohne Auftrag eine gesetzliche Regelung.

Hinsichtlich der hierzu verschiedenen Anknüpfungsmöglichkeiten[396] erscheint es gerade auch im Hinblick auf die internationalprivatrechtliche Gerechtigkeit am sinnvollsten, der Ansicht der überwiegenden Meinung beizutreten, wonach für die gesetzlichen Ansprüche beider Parteien aus der Besorgung eines fremden Geschäfts das Recht des Staates gilt, in dessen Hoheitsgebiet das Geschäft vorgenommen wird. Zu diesem Staat besteht regelmäßig die engste Beziehung des Sachverhalts.[397] Entscheidend ist somit, in welchem Staat die Bürgschaftserklärung, welche die Geschäftsbesorgung darstellt, vorgenommen wird.

b) Kollisionsrechtliche Anknüpfung in Italien

Des weiteren stellt sich die Frage, ob sich der Rückgriffsanspruch des Bürgen gegen den Hauptschuldner beim Fehlen einer vertraglichen Abrede ebenfalls gem. Art. 1950 ff. cod. civ. beurteilt. Aufgrund des eindeutigen Wortlauts des

---

394 Vorgelegt am 6.12.1972 von der Kommission der Europäischen Gemeinschaften.

395 Siehe bei *Ferid* unter 6-205.

396 Siehe hierzu *Severain* Bürgschaft, S. 90.

397 MüKo/*Kreuzer* II vor Art. 38 Rdn. 2 m. weit. Nachw.

Art. 1950 Abs. 1 cod. civ. ist dies zu bejahen, da der Rückgriffsanspruch des Bürgen auch dann besteht, wenn der Hauptschuldner von der Bürgschaftsübernahme nichts gewußt hat und somit kein vertragliches Verhältnis zwischen Bürgen und Hauptschuldner vorliegt.

Weiterhin stellt sich die Frage, wie bei Fehlen einer vertraglichen Abrede zur Bürgschaftsübernahme das italienische internationale Privatrecht diese Frage anknüpft. Nach einer früheren Ansicht waren die Beziehungen zwischen dem Hauptschuldner und dem Bürgen ohne Vertragsverhältnis zwischen diesen beiden dem Recht der Hauptschuld unterstellt.[398] Nach der nunmehr vorherrschenden Meinung wird das Rechtsverhältnis zwischen Bürgen und Hauptschuldner unabhängig davon, ob ein Vertragsverhältnis vorliegt oder nicht (etwa bei einem Gefälligkeitsverhältnis), unabhängig von dem Hauptschuldverhältnis betrachtet.[399] Für die Anknüpfung des Verhältnisses zwischen Bürgen und Hauptschuldner kann nicht das Fehlen eines Vertrages dazu führen, daß dieses Verhältnis dem Recht der Hauptschuld zu unterstellen ist, zumal schon aus dem Gesichtspunkt der internationalen Entscheidungsharmonie eine einheitliche Beurteilung hinsichtlich der unabhängigen Anknüpfung des Verhältnisses zwischen Bürgen und Hauptschuldner vorgenommen werden muß. Da beim Vorliegen eines Vertragsverhältnisses zwischen Bürgen und Hauptschuldner hinsichtlich der Bürgschaftsübernahme dieses, wie sub 1 dargestellt, unbestritten unabhängig von dem Bürgschaftsstatut anzuknüpfen ist, muß dies auch konsequenterweise für das nichtvertragliche Verhältnis zwischen Bürgen und Hauptschuldner gelten. Somit verbleibt weiterhin die Frage, wie diese unabhängige Anknüpfung von dem Hauptschuldverhältnis vorgenommen werden muß. Mangels eines Vertrages scheidet eine Anknüpfung gem. Art. 57 dir. int. priv. aus.

In Betracht kommen somit hinsichtlich der kollisionsrechtlichen Anknüpfung mangels vorliegenden Vertragsverhältnisses Art. 61 dir. int. priv. (bei Annahme einer Geschäftsführung ohne Auftrag) oder Art. 58 dir. int. priv. (einseitige Versprechen). Diesbezüglich stellt sich die für die Anknüpfung entscheidende Frage, wie das Rechtsverhältnis zwischen Bürgen und Hauptschuldner materiellrechtlich bei fehlendem Vertragsverhältnis ausgestaltet ist. Auch nach italienischem Recht wird eine Rechtsbeziehung zwischen Bürgen und Hauptschuldner selbst dann bewirkt, wenn letzterer von der Bürgschaftsübernahme nichts gewußt hat.[400] Durch die Bürgschaftsübernahme nimmt der Bürge ein Geschäft für den Hauptschuldner vor, so daß diesbezüglich bei fehlender Beauftragung des Bürgen

398 *Venturini*, S. 202.
399 *Barbero*, S. 826; *Bodenstein/Jahn*, S. 75.
400 Siehe Art. 1950 Abs. 1 cod. civ.; *Fragali* Voce Fideiussione, Nr. 24.

durch den Hauptschuldner eine Geschäftsführung ohne Auftrag vorliegt.[401] Somit ist das Verhältnis zwischen Hauptschuldner und Bürgen nach Art. 61 dir. int. priv. anzuknüpfen, welcher die Geschäftsführung für andere regelt. Hiernach ist das Recht des Staates anzuwenden, in welchem der Geschäftsführer die Bürgschaftserklärung abgegeben hat. Somit wird der Ersatzanspruch bei Fehlen einer vertraglichen Regelung ebenso wie nach deutschem Recht angeknüpft.

Abschließend ist festzuhalten, daß auch bei einer fehlenden vertraglichen Vereinbarung zwischen Bürgen und Hauptschuldner im deutsch-italienischen Rechtsverkehr keine kollisionsrechtlichen Probleme auftreten.

II. Eingriffsmöglichkeiten des Bürgen in die Rechte des Hauptschuldners

In Italien kann sich der Bürge aller Gegenrechte des Schuldners, wie zum Beispiel Anfechtung oder Rücktritt, bedienen, ausgenommen ist nur die Berufung auf die Geschäftsfähigkeit des Hauptschuldners nach Art. 1945 cod. civ. Welche kollisionsrechtlichen Probleme sich aus der Ausnahme des Art. 1945 cod. civ., nämlich Einwendungsausschluß bei Geschäftsunfähigkeit, ergeben können, wird unter dem nachfolgenden Punkt § 10 III eingehend erörtert werden. Ausgehend von dem Grundsatz, daß gem. Art. 1945 cod. civ. der Bürge dem Gläubiger gegenüber, abgesehen von einer Ausnahme, alle Einwendungen die dem Hauptschuldner zustehen entgegenhalten kann, ergeben sich ebenfalls Divergenzen zum deutschen Recht, welche auf ihre kollisionsrechtliche Relevanz untersucht werden müssen.

Obwohl die Ausübung dieser Gestaltungsrechte in Art. 1945 cod. civ. des Schuldners an sich eigene Rechte des Sicherungsgebers darstellen, werden sie durch einen Verzicht des Schuldners auf die Ausübung der Gestaltungsrechte, insbesondere durch Bestätigung, ebenfalls hinfällig.[402] Grundsätzlich kann aber der italienische Bürge direkt in die Rechte des italienischen Hauptschuldners eingreifen.[403]

Gem. § 770 BGB hat der Bürge dagegen lediglich ein Leistungsverweigerungsrecht. Er kann somit nicht direkt in die Rechtsbeziehungen zwischen Hauptschuldner und Gläubiger eingreifen. Nach deutschem Recht kann der Bürge gem. § 770 Abs. 1 BGB seine Leistung verweigern, solange dem Schuldner ein Recht zur Anfechtung der gesicherten Forderung zusteht. Erlischt jedoch dieses Gestaltungsrecht durch Fristablauf oder Verzicht seitens des Schuldners, so entfällt

401 *Fragali* Voce Fideiussione Nr. 24, S. 371.
402 *Max-Planck-Institut* Nr. 65, S. 39.
403 *Rescigno* Cod. Civ. Art. 1945 Rdn. 4 m. weit. Nachw.

damit, wie nach italienischem Recht, auch das Leistungsverweigerungsrecht des Sicherungsgebers.[404]

Es stellt sich somit das Problem, daß bei italienischem Bürgschaftsstatut der Bürge durch Ausübung der Gestaltungsrechte direkt in das Hauptschuldverhältnis eingreifen kann.

Kollisionsrechtliche Probleme ergeben sich somit, wenn ein Italiener für eine Verpflichtung bürgt, für die deutsches Recht anwendbar ist. Da der Bürgschaftsvertrag dann italienischem Recht unterstellt ist, die Hauptforderung aber deutschem Vertragsstatut, stellt sich die Frage, ob der italienische Bürge auch in einer solchen Fallkonstellation direkt in das Verhältnis zwischen Hauptschuldner und Gläubiger durch Ausübung von Gestaltungsrechten eingreifen kann.

Zur Lösung dieser Problematik ist auf die strikte Trennung des Bürgschaftsstatuts von dem der Hauptschuld abzustellen. Wie oben dargelegt[405] umfaßt das Bürgschaftsstatut nach italienischem Recht auch die Frage, welche Einreden dem Bürgen gegenüber dem Gläubiger zustehen. Fraglich ist dabei zunächst, ob hierunter auch die Ausübung von Gestaltungsrechten zu zählen ist. Da es sich hierbei um ein Gegenrecht gegen die Inanspruchnahme durch den Gläubiger handelt, ist dies zu bejahen. Dies ist zunächst unabhängig von dem deutschen Recht unterliegenden Hauptschuldverhältnis zu beurteilen. Deshalb ist, ausgehend von dem italienischen Bürgschaftsrecht, von der direkten Wirkung der ausgeübten Gestaltungsrechte auch für das Hauptschuldverhältnis auszugehen.

Dennoch kann diese generelle Zulässigkeit der Wirkungen des ausgeübten Gestaltungsrechts seitens des Sicherungsgebers nach italienischem Bürgschaftsrecht auf das Hauptschuldverhältnis nicht isoliert von diesem beurteilt werden. In der konkreten Fallkonstellation stellt sich nach Bejahung der generellen Zulässigkeit nach italienischem Recht im zweiten Schritt die Frage, ob eine Norm, wonach dieser direkte Eingriff des Bürgen in die Rechte des Hauptschuldners durch Ausübung der Gestaltungsrechte möglich ist, nicht durch Art. 34 EGBGB modifiziert wird. In diesem Zusammenhang ist also zu untersuchen, ob § 770 BGB eine zwingende Norm i.S.d. Art. 34 EGBGB darstellt, die verhindert, daß der italienische Bürge direkt in das Hauptschuldverhältnis eingreifen kann. Dies um so mehr beachtlich, da die strikte Trennung der Statuten durch die Gestaltungsmöglichkeit des italienischen Bürgen durchbrochen würde.

Es müßte sich bei § 770 BGB um eine international zwingende Norm gem. Art. 34 EGBGB handeln, nach der ohne Rücksicht auf das Wirkungsstatut der Sachverhalt oder Sachverhaltsteil unabhängig von den allgemeinen Regeln für

404 Palandt/*Thomas* § 770 BGB Rdn. 2.
405 Siehe unter § 6 III 2.

den Vertrag zwingend normiert ist.[406] Dies ist jedoch im Hinblick auf die Tatsache, daß der Sachverhalt zwischen Bürge und Gläubiger nach italienischem Recht geregelt wird, in jedem Fall zu verneinen. § 770 BGB stellt lediglich ein Leistungsverweigerungsrecht nach deutschem Recht dar. Eine direkte Eingriffsmöglichkeit des deutschen Bürgen in die Rechtsbeziehung zwischen Hauptschuldner und Gläubiger bleibt dem Bürgen hingegen nach § 770 BGB verwehrt. Von der Norm des § 770 BGB wird schon kein Sachverhalt oder Sachverhaltsteil unabhängig geregelt. Somit liegt offensichtlich keine international zwingende Norm vor.

Man könnte allenfalls noch daran denken, daß dieses „Mehr" an Rechten des Bürgen nach dem italienischen Recht einen Verstoß gegen den deutschen ordre public gem. Art. 6 EGBGB darstellt. Bei dem ordre public handelt es sich bei den Eingriffsnormen (hier: Art. 1945 cod. civ.) lediglich um eine Abwehr ausländischer Normen.[407] Dies könnte dafür sprechen, daß auf den ordre public hier zurückgegriffen werden kann. Im vorliegenden Fall geht es darum, daß ausländisches (hier: italienisches) Eingriffsrecht als tatsächlicher Sachumstand eine Rolle spielt. In einem solchen Fall ist für die Anwendung des ordre public gem. Art. 6 EGBGB kein Raum.[408] Zum einen deshalb, weil sich die ausländischen Normen als Bestandteil der guten Sitten erweisen können und damit, deutsches Recht als lex causae vorausgesetzt, im Rahmen von Klauseln wie § 138 BGB Beachtung finden. Zum anderen, weil es darum geht, wie die privatrechtliche lex causae auf Sachverhalte reagiert, die durch ausländische Eingriffsnormen vorgeprägt sind. Auch dies ist nicht Art. 6 EGBGB zu entnehmen, sondern der materiellrechtlichen lex causae.[409]

Folglich bleibt noch zu untersuchen, ob nach der lex causae, also dem deutschen Recht, ein solcher Eingriff nach italienischem Recht gegen § 138 BGB verstößt. Dies wäre nur dann zu bejahen, wenn die Gestaltungsmöglichkeit des Hauptschuldverhältnisses durch den italienischen Bürgen grundlegende Prinzipien der deutschen Rechtsordnung verletzen würde,[410] wobei der Werteordnung des Grundgesetzes eine besondere Bedeutung bei der Auslegung der jeweiligen Bestimmung zukommt[411]. Daß der italienische Bürge mehr Gestaltungsmöglichkeiten auf das Hauptschuldverhältnis hat, mag nach der deutschen Rechtsordnung zwar ungewöhnlich sein, jedoch läuft dies mit Sicherheit nicht der Werteordnung

406 MüKo/*Martiny* Art. 34 EGBGB Rdn. 7; BAGE 63, 17 = RIW 1990, 754 = IPRax 1991, 407.
407 MüKo/*Sonnenberger* Art. 6 EGBGB Rdn. 35 m. weit. Nachw.
408 MüKo/*Sonnenberger* Art. 6 EGBGB Rdn. 37.
409 MüKo/*Sonnenberger* Art. 6 EGBGB Rdn. 37.
410 BGH, BGHZ 68, 4; 80, 158; 106, 338.
411 BGH, BGHZ 106, 338; siehe auch BGH NJW 1986, 2944.

des deutschen Grundgesetzes zuwider. Es mag zwar sein, daß der Bürge als nicht am Vertrag beteiligte Partei eher geneigt ist, Gestaltungsrechte auszuüben und damit das Hauptschuldverhältnis zu Fall zu bringen. Als Ausgleich hierfür hat der Vertragspartner jedoch die Sicherheit durch den ausländischen Bürgen. Indem er einen ausländischen Bürgen gewählt hat, muß er mit einer geringfügig veränderten Rechtsposition rechnen. Folglich ist festzuhalten, daß durch die Gestaltungsmöglichkeit des italienischen Bürgen grundlegende Prinzipien der deutschen Rechtsordnung nicht verletzt werden und somit auch kein Verstoß gegen § 138 BGB vorliegt.

Es bleibt abschließend die Frage zu klären, ob die durch die Gestaltungsmöglichkeit des italienischen Bürgen entstehenden kollisionsrechtlichen Konflikte hinzunehmen sind. Dabei muß geklärt werden, ob dem deutschen Gläubiger zugemutet werden kann, daß der italienische Bürge durch Ausübung von Gestaltungsrechten auf das Hauptschuldverhältnis einwirkt und somit den deutschen Gläubiger in seinen Rechten beschneidet. Hierbei ist zum einen zu bedenken, daß der deutsche Gläubiger insofern schützenswert ist, als aufgrund der strikten Trennung der Statuten auf das Hauptschuldverhältnis nur deutsches Recht anwendbar ist, was durch die Anwendbarkeit des Art. 1945 cod. civ. im Bürgschaftsstatut durchbrochen wird. Hiergegen ist jedoch anzuführen, daß der Gläubiger im Gegensatz zur oben dargestellten Mitbürgenverpflichtung aufgrund des gesetzlichen Forderungsübergangs sehr wohl weiß, daß ein italienischer Bürge für die Erfüllung der Hauptverbindlichkeit haftet und daß auf diese Bürgenverpflichtung italienisches Recht anwendbar ist. Hinzu kommt, daß nicht nur zwischen dem Gläubiger und dem Hauptschuldner ein Vertragsverhältnis besteht, sondern auch, und dies ist hier von entscheidender Bedeutung, im Gegensatz zum Mitbürgenausgleich auch eine Vertragsbeziehung zwischen Gläubiger und dem italienischen Bürgen. Da sich somit der Gläubiger seinen italienischen Vertragspartner selbst ausgesucht hat und mit diesem einen Bürgschaftsvertrag geschlossen hat, der italienischem Recht unterstellt ist, muß es dem deutschen Gläubiger kollisionsrechtlich sehr wohl zugemutet werden, daß aufgrund der Geltung italienischen Rechts im Bürgschaftsverhältnis seine Gläubigerrechte durch die Ausübung etwaiger Gestaltungsrechte des italienischen Bürgen beeinträchtigt werden. Dies besonders deswegen, als er, wiederum im Gegensatz zum gesetzlichen Forderungsübergang beim Mitbürgenausgleich eines deutschen und italienischen Mitbürgen, auch im Bürgschaftsverhältnis mit seinem italienischen Vertragspartner per Rechtswahl deutsches Recht hätte vereinbaren können.

Folglich ist festzuhalten, daß die Anwendung italienischen Rechts im Bürgschaftsverhältnis und die damit zusammenhängende Möglichkeit der direkten Einwirkung des italienischen Bürgen auf das Hauptschuldverhältnis kollisionsrechtlich zulässig ist und keiner Korrektur bedarf. Der deutsche Gläubiger ist aufgrund seiner vertraglichen Beziehung mit dem italienischen Bürgen nicht schützenswert. Abschließend sei hierzu angemerkt, daß vielmehr der italienische Bürge hinsichtlich seiner Bürgenverpflichtung darauf vertrauen kann, daß er seine Rechte nach italienischem Recht auch voll ausüben kann und nicht etwa kollisionsrechtlichen Korrekturen hin zum deutschen Recht und zugunsten des Gläubigers unterworfen ist.

Im umgekehrten Fall einer deutschem Recht unterliegenden Bürgschaft und italienischem Recht unterstehenden Hauptschuld beurteilen sich die Rechte des Bürgen aufgrund der strikten Trennung des Bürgschaftsverhältnisses vom dem der Hauptschuld ausschließlich nach deutschem Recht. Somit unterstehen, wie oben bereits dargestellt[412], die Leistungsverweigerungsrechte des Bürgen dem Bürgschaftsstatut und somit deutschem Recht. Folglich stehen dem deutschen Bürgen lediglich die Leistungsverweigerungsrechte nach § 770 BGB zu. Da diese Rechte des Bürgen bei dieser umgekehrten Fallkonstellation in das Hauptschuldverhältnis, welches sich nach italienischem Recht beurteilt, nicht eingreifen, stellt sich die obige Frage nach einem Verstoß gegen etwaige zwingende Vorschriften im italienischen Recht gem. Art. 7 EVÜ sowie einen etwaigen Verstoß gegen den italienischen ordre public gem. Art. 16 dir. int. priv. nicht.

III. Gültigkeit der Bürgschaft trotz mangelnder Geschäftsfähigkeit des Schuldners

Nach italienischem Recht kann sich der Sicherungsgeber gem. Art. 1939 cod. civ. nicht auf einen Mangel der Geschäftsfähigkeit des Schuldners und der dadurch regelmäßig ausgelösten Unwirksamkeit bzw. Anfechtbarkeit der gesicherten Forderung berufen.

Dies stellt eine Ausnahme vom Grundsatz der Akzessorietät der Bürgschaft dar, der in Deutschland nicht besteht. Wird demnach die Bürgschaft gegenüber einem geschäftsunfähigen Hauptschuldner geleistet, so ist sie, obgleich das Hauptschuldverhältnis unwirksam ist, dennoch gem. Art. 1939 cod. civ. wirksam. Demzufolge können gem. Art. 1945 cod. civ. von dem Bürgen gegenüber dem Gläubiger nach italienischem Recht nicht solche Einwendungen geltend gemacht werden, die auf der Geschäftsunfähigkeit des Hauptschuldners beruhen. Weitere Konsequenz hieraus ist gem. Art. 1950 Abs. 4 cod. civ., daß bei einem geschäftsunfähigen Hauptschuldner der Rückgriff nur innerhalb der Grenzen dessen zulässig ist, was zu seinem Vorteil aufgewendet worden ist, nicht aber zu dessen Nachteil.

---

412 Siehe § 3 II 3.

Es stellt sich somit zunächst die Frage, ob sich hieraus überhaupt kollisionsrechtliche Konflikte hinsichtlich des Verhältnisses von Bürgenverhältnis zum Hauptschuldverhältnis im deutsch-italienischen Rechtsverkehr ergeben können. Hiergegen könnte die klare Trennung der Statuten sprechen, wonach das Verhältnis zwischen dem italienischen Bürgen und dem Hauptschuldner sich rein nach dem Bürgschaftsstatut und somit nach italienischem Recht beurteilt[413] und dieses völlig unabhängig vom Hauptschuldverhältnis angeknüpft wird[414]. Das Verhältnis zwischen dem Hauptschuldner und dem Gläubiger einerseits und dem Bürgen andererseits wird somit durch die aufgezeigte Diskrepanz des deutschen zum italienischen Recht scheinbar nicht berührt.

Eine andere Betrachtungsweise ergibt sich jedoch, wenn man sich das Verhältnis des Gläubigers und des Bürgen vor Augen hält. Untersteht nämlich aufgrund der Trennung der Statuten das Hauptschuldverhältnis der deutschen Rechtsordnung, hingegen das Verhältnis zwischen dem Hauptschuldner und dem Bürgen (Bürgschaftsstatut) dem italienischen Recht, so kann es zu unbilligen Ergebnissen kommen. Dies soll nachfolgend durch ein Beispiel erläutert werden.

1. Erläuterung der Problematik an einem Fallbeispiel

Wenn das Verhältnis zwischen dem Gläubiger und dem Hauptschuldner, etwa bei einem Kreditvertrag, deutschem Recht untersteht und dieser nach deutschem Recht zu beurteilende Kredit im Hauptschuldverhältnis von einer Bürgschaft abgesichert ist, welche italienischem Recht untersteht, stellt sich die Frage, ob sich kollisionsrechtliche Konflikte daraus ergeben, daß das Hauptschuldverhältnis nach deutschem Recht mangels Geschäftsfähigkeit des Hauptschuldners nichtig ist und der Gläubiger sich nunmehr an den Bürgen wendet, dessen Bürgenverpflichtung sich nach italienischem Recht beurteilt. Ebenso stellt sich diese Frage im umgekehrten Fall, wenn im Hauptschuldverhältnis italienisches Recht anwendbar ist und im Bürgschaftsverhältnis deutsches Recht.

Auch wenn beispielsweise der Kreditvertrag im Hauptschuldverhältnis wegen der Geschäftsunfähigkeit des Hauptschuldners und der damit nichtigen Willenserklärung gem. §§ 104, 105 BGB nicht zustande gekommen ist und demzufolge auch keine vertragliche Verpflichtung des „geschäftsunfähigen Hauptschuldners" entstanden ist, so kann sich der Gläubiger dennoch in diesem Fall an den Bürgen halten. Da die Bürgenverpflichtung kollisionsrechtlich selbständig von dem Hauptverhältnis zu beurteilen beziehungsweise anzuknüpfen ist und der Bürge nach italienischem Recht in Abweichung vom Akzessorietätsgrundsatz gem. Art.

413 Siehe oben unter § 6.
414 Siehe oben unter § 3.

1945 in Verbindung mit Art. 1939 cod. civ. die Einwendung der Geschäftsunfähigkeit des Hauptschuldners nicht gegenüber dem Gläubiger geltend machen kann, ist er in einem solchen Fall dem Gläubiger gegenüber verpflichtet.

In dieser Konstellation würde der deutsche Gläubiger eindeutig Vorteile daraus ziehen, daß die Bürgenverpflichtung italienischem Recht untersteht, da nach deutschem Recht bei Vorliegen einer rechtsvernichtenden Einwendung, wie derjenigen der Nichtigkeit der Willenserklärung wegen Geschäftsunfähigkeit, bei Nichtentstehen der gesicherten Forderung die Bürgschaftsverpflichtung nicht entstanden ist.[415]

a) Durchbrechung der Akzessorietät nach italienischem Recht

Es stellt sich in diesem Zusammenhang die Frage, ob dies aus kollisionsrechtlicher Sicht, insbesondere aus der Sicht des in Anspruch genommenen Bürgen, hingenommen werden kann. Zur Beantwortung dieser Frage ist zunächst zu untersuchen, ob bei der Geltung ausschließlich italienischen Rechts ein solches Ergebnis von der italienischen Rechtsordnung getragen wird. Wenn dies der Fall wäre, läge schon kein kollisionsrechtliches Spannungsfeld vor.

Würde auf alle vertraglichen Beziehungen italienisches Recht zur Anwendung gelangen, so stellt sich zunächst die Frage, ob die Geschäftsunfähigkeit des Hauptschuldners im Verhältnis des Hauptschuldners zum Gläubiger ebenfalls zur Unwirksamkeit der abgegebenen Willenserklärung und dem damit verbundenen Nichtzustandekommen der vertraglichen Verpflichtung, etwa eines Kreditvertrages, führt. Es ist folglich zunächst zu untersuchen, welche Konsequenzen die Geschäftsunfähigkeit nach italienischem Recht auf die vertragliche Verpflichtung hat. Das italienische Recht kennt, anders als das Bürgerliche Gesetzbuch, keine Geschäftsfähigkeitsstufen. Die Geschäftsfähigkeit ist in Art. 2 cod. civ. geregelt. Hiernach tritt die Geschäftsfähigkeit mit Vollendung des 18. Lebensjahres ein. Es gibt nach italienischem Recht keine beschränkt geschäftsfähigen Personen, deren Handlungen bis zur Zustimmung durch einen vertretungsberechtigten Dritten schwebend unwirksam wären. Minderjährige, die sich außerhalb gewisser Teilgeschäftstätigkeitsbereiche bewegen, wie etwa in Art. 390, 394, 459 cod. civ. geregelt, jedoch für das vorliegende Problem nicht einschlägig sind, sind vielmehr nicht geschäftsfähig[416].

Jedoch sind die von geschäftsunfähigen Personen abgegebenen Willenserklärungen nach italienischem Recht nicht, wie im deutschen Recht gem. §§ 104, 105

---

415 MüKo/*Habersack* § 765 Rdn. 62; BGH NJW 92, 1016, 1017; OLG Stuttgart NJW 1985, 498.

416 Cian/Trabucchi/*Costantino* Art. 2 I Rdn. 5.

BGB, ex lege nichtig. Vielmehr kann ein von einem Geschäftsunfähigen geschlossener Vertrag gem. Art. 1425 Abs. 1 in Verbindung mit Art. 1441 cod. civ. durch Gestaltungsklage vernichtet werden. Unanfechtbar sind hingegen gem. Art. 1426 cod. civ. von Geschäftsunfähigen abgeschlossene Verträge, wenn dieser seine Geschäftsunfähigkeit bei Vertragsabschluß gegenüber seinem Vertragspartner verheimlicht hat, wobei jedoch die bloße Behauptung, volljährig zu sein, noch keine Täuschungshandlung im Sinne des Art. 1426 cod. civ. darstellt.

Wird eine solche Klage auf Nichtigerklärung bei Geschäftsunfähigkeit vom Geschäftsunfähigen nicht vorgenommen, wird folglich der Vertrag nicht gerichtlich angefochten, so bleibt er wirksam.[417] Somit ist der Vertrag nach italienischem Recht im Gegensatz zum deutschen Recht nicht per se aufgrund einer Willenserklärung eines Geschäftsunfähigen nichtig, sondern vielmehr lediglich anfechtbar durch gerichtliche Gestaltungsklage.

Somit ergibt sich, ausgehend von der ausschließlichen Anwendung des italienischen Rechts, eine unterschiedliche rechtliche Situation. Wie soeben dargelegt, ergibt sich bei der Geltung ausschließlich italienischen Rechts im Verhältnis des Gläubigers zum Hauptschuldner bei Geschäftsunfähigkeit des Hauptschuldners die Situation, daß das vertragliche Verhältnis zwischen den beiden Vertragsparteien im Gegensatz zum deutschen Recht nicht per se zur Unwirksamkeit der vertraglichen Verpflichtung (etwa des Kreditvertrages) führt, sondern nur durch gerichtliche Gestaltungsklage durch den Geschäftsunfähigen beziehungsweise dessen gesetzlichen Vertreter für nichtig erklärt werden kann.[418]

Im Fall der Verjährung gem. Art. 1442 Abs. 1 cod. civ., also nach 5 Jahren ab dem Zeitpunkt der Volljährigkeit des Geschäftsunfähigen, kann gem. Art. 1441 cod. civ. im Rahmen einer Gestaltungsklage auf Nichtigkeit des Vertrages die Verjährungseinrede dem Anspruch entgegengehalten werden.

Bei der Beantwortung der oben aufgeworfenen Frage, ob diese Divergenzen des deutschen und des italienischen Rechts auch zu kollisionsrechtlichen Spannungen führen, ist zunächst der Sinn und Zweck dieser Ausnahme von der Akzessorietät im italienischen Recht sowie deren Rechtsnatur zu betrachten.

Sinn und Zweck der Vorschrift ist der Schutz des Gläubigers. Der Gläubiger soll bei Nichtigkeit beziehungsweise Annullierbarkeit der Hauptverbindlichkeit aufgrund der Möglichkeit einer Gestaltungsklage die Möglichkeit haben, sich an den Bürgen hinsichtlich seiner Forderung wenden zu können und somit nicht Gefahr zu laufen, seine Forderung, welche zunächst auf zwei Ebenen bestand, nun gänzlich aufgrund von Geschäftsunfähigkeit des Hauptschuldners zu verlieren.

417 Cian/Trabucchi/*Zaccaria* Art. 1441 Rdn. 2, siehe auch Cian/Trabucchi/*Zaccaria* Vorbem. zu Art. 1441.

418 Cian/Trabucchi/*Zaccaria* Art. 1441 Rdn. 2 m. weit. Nachw.

Ob diese Intention des italienischen Gesetzgebers mit dem Wesen der Akzessorietät der Bürgschaft vereinbar ist und den Interessen des Bürgen gerecht wird, soll an anderer Stelle noch eingehender erörtert werden. Jedenfalls liegt hier eine Abwägung der widerstreitenden Interessen des Bürgen und des Gläubigers bei Geschäftsunfähigkeit des Hauptschuldners seitens des italienischen Gesetzgebers eindeutig zugunsten des Gläubigers vor. Die Frage, ob eine solche Gewichtung der Interessen zugunsten des Gläubigers richtig beziehungsweise nachvollziehbar ist, stellt sich bei der zunächst vorgenommenen isolierten Betrachtung der italienischen Rechtsordnung nicht, da sie vom italienischen Gesetzgeber so gewollt ist und durch die gesetzlichen Regelungen der Art. 1939, 1945 cod. civ. eindeutig im italienischen Zivilgesetzbuch verankert wurde. Die Problematik stellt sich jedoch dann, wenn dieses Regelungswerk mit einer anderen, in dieser Frage konträren Rechtsordnung, wie der deutschen, kollidiert.

b) Erklärungsmodelle für die Durchbrechung des Akzessorietätsprinzips nach italienischem Recht

Bevor hierauf näher eingegangen wird, sollte jedoch vorab auf die bereits angesprochene Rechtsnatur der Durchbrechung der Akzessorietät der Bürgschaft eingegangen werden. Der Ausschluß der Einwendung des Bürgen in bezug auf die Geschäftsunfähigkeit des Hauptschuldners stellt nach einhelliger Meinung in der Literatur eine schwerwiegende Durchbrechung des Prinzips der Akzessorietät der Bürgschaft zum Hauptschuldverhältnis dar.[419] In der italienischen Literatur wird diese krasse Abweichung von dem Akzessorietätsprinzip der Bürgschaft dogmatisch einzuordnen versucht. Hierbei geht man von einem atypischen Geschäft aus, welches jedoch nicht aufgrund seiner Abstraktheit der Garantie zuzuordnen ist, sondern welches vielmehr auf den Schutz des Gläubigers gerichtet ist.[420] Von der Rechtsprechung wird eine dogmatische Einordnung der Abweichungen vom Akzessorietätsgrundsatz nicht vorgenommen. Daß es Abweichungen vom Akzessorietätsgrundsatz gibt, wird nicht in Frage gestellt und als gegeben hingenommen.[421]

Aufgrund der nach italienischem Recht eindeutigen Durchbrechung des Akzessorietätsgrundsatzes bei der Übernahme der Hauptverbindlichkeit durch einen Geschäftsunfähigen ergibt sich somit eine klare Diskrepanz zum deutschen Recht. Das deutsche Recht sieht eine solche Durchbrechung des Akzessorie-

---

419 Siehe hierzu *Ravazzoni*, Fideiussione, in: Novissimo Digesto Italiano, S. 282.
420 *Ravazzoni*, Fideiussione, in: Novissimo Digesto Italiano, S. 283.
421 Corte Cass., Urt. v. 27.6.1992, S. 8064 ff.; Corte Cass., Urt. v. 20.8.1992, S. 9719; auch in Foro It. 1993 I, 2173.

tätsprinzips im Bürgschaftsrecht bei Übernahme der Hauptverbindlichkeit durch einen Geschäftsunfähigen nicht vor. Kollisionsrechtlich führt diese Diskrepanz der beiden Rechtssysteme von daher zu Spannungen, da die einzelnen Statuten, nämlich das im Hauptschuldverhältnis zwischen Hauptschuldner und Gläubiger und das im Bürgschaftsverhältnis zwischen Gläubiger und Bürgen, aufgrund der getrennten kollisionsrechtlichen Anknüpfung im deutsch-italienischen Rechtsverkehr die ausschließliche Geltung einer Rechtsordnung nicht zulassen. Vielmehr ist im deutsch-italienischen Rechtsverkehr entweder im Hauptschuldverhältnis italienisches Recht und im Bürgschaftsverhältnis deutsches Recht anwendbar oder umgekehrt.

2. *Anwendung von italienischem Recht im Hauptschuldverhältnis und deutschem Recht im Bürgschaftsverhältnis*

Ist im Hauptschuldverhältnis italienisches Recht anwendbar und im Bürgschaftsverhältnis deutsches Recht, so kann der deutsche Bürge dem Gläubiger bei Annullierbarkeit des Hauptschuldverhältnisses aufgrund Geschäftsunfähigkeit des Hauptschuldners durch Gestaltungsklage gem. Art. 1425, 1441 cod. civ. diese Einrede nach deutschem Recht gem. §§ 768, 770 BGB entgegenhalten. Ob der deutsche Bürge im Einzelfall sich auf § 768 BGB oder auf § 770 BGB gegenüber der Forderung des Gläubigers berufen kann, hängt davon ab, ob im Hauptschuldverhältnis nach italienischem Recht der Hauptschuldner durch Gestaltungsklage die Annullierung des Vertragsverhältnisses zwischen ihm und dem Gläubiger bereits durchgesetzt hat oder nicht. Ist im Hauptschuldverhältnis durch Gestaltungsklage nach italienischem Recht die Annullierung des Vertrages erreicht worden, so steht dem deutschen Bürgen nach deutschem Recht gegenüber der Forderung des Gläubigers die Einrede gem. § 768 BGB zu. Ist hingegen der Vertrag im Hauptschuldverhältnis nur annullierbar, aber noch nicht durch Gestaltungsklage annulliert worden, so steht dem deutschen Gläubiger die Einrede nach § 770 BGB zu, da dem Hauptschuldner lediglich das Recht zusteht, das seiner Verbindlichkeit zugrunde liegende Rechtsgeschäft anzufechten. Im Ergebnis ändert sich jedoch in der vorliegenden Konstellation für den italienischen Gläubiger wenig, da er seinen Anspruch gegen den Bürgen entgegen dem italienischen Recht nicht durchsetzen kann.

Der italienische Gläubiger hat somit keine Möglichkeit seinen Anspruch gegen den deutschen Bürgen durchzusetzen, wenn der in Anspruch genommene Bürge die Einrede erhebt. Wäre hingegen im Bürgschaftsverhältnis ebenfalls italienisches Recht anwendbar, so hätte der Gläubiger im Rahmen dieser Konstellation noch die Möglichkeit gehabt, den Bürgen in Anspruch zu nehmen. Es fragt sich folglich, ob diese Diskrepanz kollisionsrechtlich hingenommen werden kann.

Zur Untersuchung dieser Problematik ist zunächst von der Systematik des internationalen Privatrechts her auf die Trennung der Statuten abzustellen. Wie bereits schon ausführlich erläutert[422], ist das Bürgschaftsstatut klar von dem der Hauptschuld zu trennen. Dies spricht dafür, daß es infolge der Trennung der Statuten und aufgrund der Unterschiede der nationalen Rechtssysteme notwendiger Weise zu Divergenzen im Bereich des internationalen Privatrechts kommen muß. Diese sind auch grundsätzlich hinzunehmen. Es fragt sich jedoch, ob diese im Einzelfall nicht zu unbilligen Ergebnissen führen, welche kollisionsrechtlich nicht hingenommen werden können. Insbesondere könnte man hierfür ins Feld führen, daß der italienische Gläubiger gegebenenfalls hinsichtlich seiner Interessen schutzwürdig sein könnte. Eine Schutzwürdigkeit der Interessen des italienischen Gläubigers könnte sich besonders dann ergeben, wenn dieser nicht wußte oder nicht wissen konnte, daß auf das Bürgschaftsverhältnis und somit auf die etwaige Möglichkeit der Inanspruchnahme des Bürgen ein anderes Recht eingreift und dieses von der italienischen Rechtsordnung zu seinen Ungunsten abweicht. Damit konkurrieren jedoch die Schutzinteressen des deutschen Bürgen, welcher auf die Geltung des deutschen Rechts vertrauen darf. Es fragt sich somit zunächst, ob ein italienischer Gläubiger überhaupt aufgrund der grundsätzlichen Trennung der Statuten bei Unkenntnis von der Anwendbarkeit eines anderen Rechts auf das Bürgschaftsverhältnis schutzwürdig sein kann. Hiergegen ist anzuführen, daß der Gläubiger, anders als bei der Mitbürgschaft[423], in einem direkten Vertragsverhältnis mit dem Bürgen in Form des Bürgschaftsvertrages steht. Ihm ist daher zuzumuten, daß er sich etwa über den gewöhnlichen Aufenthaltsort des Bürgen[424] bei fehlender Rechtswahlklausel im Vertrag bei Vertragsabschluß informiert. Unterläßt er es, sich diese Informationen über seinen Vertragspartner zu verschaffen, so ist er nicht schutzwürdig. Weiß er oder hätte er wissen müssen, daß sein Vertragspartner (hier: der Bürge) seinen gewöhnlichen Aufenthalt nicht in seinem Heimatland hat, sondern in einem anderen Land (hier: Deutschland), so muß sich der italienische Gläubiger darüber im klaren sein, daß der Bürgschaftsvertrag einer anderen Rechtsordnung untersteht und diese von der italienischen abweichende Regelungen enthält. Im übrigen bleibt es dem Gläubiger hinsichtlich des Bürgschaftsvertrages unbenommen, durch eine Rechtswahlklausel den Bürgschaftsvertrag ebenfalls dem bekannten italienischen Recht zu unterstellen.

422 Siehe insbesondere § 3.
423 Siehe § 9.
424 Siehe zum Bürgschaftsstatut § 3 I 2.

Auch die Möglichkeit einer Rechtswahl zugunsten des bekannten eigenen Rechtssystems spricht somit gegen eine Schutzwürdigkeit des Gläubigers.

Wie bereits oben schon angedeutet, ist der italienische Gläubiger auch in keinster Weise mit dem unter § 9 dieser Arbeit behandelten Mitbürgen zu vergleichen. Da die Mitbürgen regelmäßig in keiner vertraglichen Beziehung zueinander stehen, ist es daher durchaus möglich, daß der eine Mitbürge von der Existenz des anderen Mitbürgen keinerlei Kenntnis hat und sich daher völlig unverhofft einem Regreßanspruch des bereits vorher in Anspruch genommenen anderen Mitbürgen ausgesetzt sehen kann. Dies ist beim Gläubiger eines Bürgschaftsvertrages aufgrund der vertraglichen Beziehung zum Bürgen nicht gegeben. Dem Bürgschaftsgläubiger ist es bei Abschluß des Vertrages mit einem ausländischen (hier: deutschen) Vertragspartner vor Abschluß des Vertrages zuzumuten, daß er sich über eine etwaige Geltung des ausländischen Rechts, wie im vorliegenden Fall des deutschen, informiert. Auch eine Differenzierung zwischen einem gewerblichen Bürgschaftsgläubiger, etwa einer Bank, und einer Privatperson als Bürgschaftsgläubigerin ist hier nicht angebracht. Selbst einer rechtsunkundigen Privatperson kann und muß es zuzumuten sein, daß sie sich über den ausländischen (hier: deutschen) Vertragspartner und die damit zusammenhängende Möglichkeit der Anwendbarkeit des italienischen Rechts informiert. Das gilt auch deswegen, weil im Rahmen des Interessenwiderstreits mit dem deutschen Bürgen dessen Interessen diesbezüglich schutzwürdiger sind als diejenigen des italienischen Vertragspartners. Der deutsche Bürge muß darauf vertrauen können, daß das Recht des Bürgschaftsstatuts (hier: deutsches Recht) auch zur Anwendung gelangt. Für den im vorliegenden schutzwürdigeren Anspruch des deutschen Bürgen gegenüber dem italienischen Bürgschaftsgläubiger spricht wiederum der Grundsatz der strikten Trennung der Statuten. Wenn auf den Bürgschaftsvertrag deutsches Recht anwendbar ist, sind bei *vertraglichen Beziehungen* die Interessen desjenigen Vertragspartners schützenswerter, der sich hier auf das anwendbare Recht berufen kann. Dies kann jedoch im Unterschied zum Mitbürgenausgleich nur beim Vorliegen einer vertraglichen Beziehung gelten, nicht jedoch bei einer gesetzlichen Beziehung infolge einer cessio legis. Nur beim Vorliegen einer vertraglichen Beziehung ist gewährleistet, daß sich die Parteien ihre Vertragspartner auswählen konnten. Dann trifft sie der Rückgriff auch nicht so unerwartet wie die Inanspruchnahme beim Mitbürgenausgleich infolge der Legalzession. Im übrigen kann zum Überwiegen der schutzwürdigen Interessen des deutschen Bürgen angeführt werden, daß sich der italienische Bürgschaftsgläubiger durch Rechtswahl zugunsten des italienischen Rechts vor Überraschungen des deutschen Rechts schützen kann.

Somit ist zusammenfassend festzuhalten, daß der Gläubiger auch bei positiver Unkenntnis von der Anwendung des anderen (hier: des deutschen) Rechts hinsichtlich der Möglichkeit des Verlusts seines Anspruchs gegenüber dem Bürgen schon nicht schutzwürdig ist. Hinzu kommt, daß die klare Trennung der Statuten dieses Ergebnis gleichfalls stärkt, so daß das Risiko für den italienischen Gläubiger, entgegen der italienischen Rechtsordnung nach deutschem Recht keinen Anspruch gegen den deutschen Bürgen zu haben, *kollisionsrechtlich nicht zu beanstanden* ist.

3. *Anwendung von deutschem Recht im Hauptschuldverhältnis und italienischem Recht im Bürgschaftsverhältnis*

Spiegelbildlich zu der soeben dargestellten Problematik stellt sich gleichfalls die Frage, ob im umgekehrten Fall die kollisionsrechtlichen Spannungen ebenfalls vertretbar sind. Bezugnehmend auf den oben dargestellten Ausgangsfall ist somit von der Anwendung deutschen Rechts im Hauptschuldverhältnis und italienischen Rechts im Bürgschaftsverhältnis auszugehen. Selbst wenn nun das Hauptschuldverhältnis aufgrund der nichtigen Willenserklärung des geschäftsunfähigen Hauptschuldners nichtig ist, kann sich, wie oben bereits dargestellt, der deutsche Gläubiger an den italienischen Bürgen wenden und diesen in Anspruch nehmen. Diesem Anspruch aus dem Bürgschaftsvertrag kann der italienische Bürge gem. Art. 1945, 1939 cod. civ. nicht entgegenhalten, daß die Hauptschuldverbindlichkeit nichtig ist. Dies scheint zunächst eine unbillige Situation für den in Anspruch genommenen italienischen Bürgen zu sein, zumal das Hauptschuldverhältnis bei nichtiger Willenserklärung sofort nichtig ist, während dieses bei Anwendung italienischen Rechts im Hauptschuldverhältnis lediglich anfechtbar wäre. Dennoch ist auch diese kollisionsrechtliche Spannung in diesem Fall hinzunehmen. Man muß sich vor Augen führen, daß es sich sowohl im Hauptschuldverhältnis als auch im Bürgschaftsverhältnis *jeweils um vertragliche Beziehungen* handelt. Dies ist im Hinblick auf die widerstreitenden Interessen des in Anspruch genommenen Bürgen und des fordernden Gläubigers im Hinblick auf den gesetzlichen Forderungsübergang bei der Mitbürgschaft der entscheidende Gesichtspunkt. Im Rahmen der vertraglichen Beziehung konnte sich sowohl der Gläubiger als auch der in Anspruch genommene Bürge seinen direkten Vertragspartner, der ihn nunmehr in Anspruch nehmen möchte, selbst aussuchen. Demzufolge sind auch unter dem Gesichtspunkt der Parteiautonomie bei Vertragsabschluß *bei vertraglichen Beziehungen* die Interessen desjenigen, der sich auf das im Vertragsverhältnis geltende Recht beruft beziehungsweise berufen kann, im Rahmen der Interessenkollision schutzwürdiger als die Interessen desjenigen, der sich auf das Recht seines Landes beruft, welches jedoch auf das Vertragsverhältnis nicht anwendbar ist.

Bei vertraglichen Beziehungen ist somit der Grundsatz der strikten Trennung der Statuten zu beachten. Etwaige, hierdurch verursachte Interessenkollisionen sind kollisionsrechtlich vertretbar und für die Vertragsparteien hinnehmbar.

Als letzter Gesichtspunkt hierzu ist noch zu untersuchen, ob der Grundsatz der Respektierung der strikten Trennung der Statuten bei vertraglichen Beziehungen auch dann hinzunehmen ist, wenn der Gläubiger von der Geschäftsunfähigkeit des Hauptschuldners Kenntnis hat und dies gegenüber dem italienischen Bürgen *arglistig* ausnützen will.

Auch in diesem Fall ist kein Grund ersichtlich, weshalb von dem Grundsatz der strikten Trennung der Statuten abgewichen werden müßte. Selbst wenn der deutsche Gläubiger den italienischen Bürgen arglistig über die Nichtigkeit der Hauptverbindlichkeit nach deutschem Recht, etwa durch bewußt unwahre Behauptungen, getäuscht hätte, könnte der italienische Bürge, wenn er im Vertrauen auf die Richtigkeit der Aussagen seines deutschen Vertragspartners den Bürgschaftsvertrag abgeschlossen hätte, diesen gem. Art. 1427 cod. civ. wegen arglistiger Täuschung anfechten und gem. Art. 1441 ff. cod. civ. Klage auf Nichtigerklärung des Bürgschaftsvertrages erheben. Dies gilt jedoch nicht bei einer Täuschung des Minderjährigen über seine Volljährigkeit gem. Art. 1426 cod. civ. Bis über eine etwaige Klage entschieden worden ist, kann der Bürge die Leistung verweigern. Dies gilt selbst dann, wenn der Klageanspruch gem. Art. 1442 Abs. 4 cod. civ. verjährt sein sollte.

Somit ist zusammenfassend festzuhalten, daß bei vertraglichen Beziehungen im Gegensatz zu gesetzlich begründeten Rückforderungsrechten, wie beim Mitbürgenausgleich, eine Korrektur der kollisionsrechtlichen Normen im Wege der Auslegung beziehungsweise Analogie zu anderen Normen nicht erforderlich ist.

4. *Probleme beim Mitbürgenregreß eines deutschen und eines italienischen Mitbürgen*

a) *Inanspruchnahme des italienischen Mitbürgen durch den Gläubiger*

Des weiteren stellt sich zunächst die Frage, ob bei einer Inanspruchnahme des italienischen Bürgen durch den Gläubiger bei Nichtigkeit der Willenserklärung des Hauptschuldners im Hauptschuldverhältnis und bei Vorliegen einer Mitbürgschaft eines deutschen und eines italienischen Bürgen kollisionsrechtliche Konflikte bestehen. Hierbei ist zu beachten, daß die Bürgschaft des deutschen Bürgen bei ausschließlicher Geltung des deutschen Rechts bei Nichtigkeit der gesicherten

Forderung unwirksam wäre.[425] Im Gegensatz hierzu stünden bei der Geltung italienischen Rechts im Hauptschuldverhältnis dem deutschen Bürgen die Einreden gem. §§ 768, 770 BGB zu. Folglich sind zunächst beide Fallgruppen zu unterscheiden.

b) Nichtigkeit der Willenserklärung bei der Anwendbarkeit deutschen Rechts im Hauptschuldverhältnis

Ist folglich die gesicherte Forderung im Hauptschuldverhältnis bei Geltung des deutschen Rechts wegen Nichtigkeit der Willenserklärung eines Geschäftsunfähigen nicht zur Entstehung gelangt, so ist die Bürgschaft aufgrund der Akzessorietät nicht wirksam, so daß der deutsche Bürge die Leistung verweigern kann. Aufgrund der Tatsache, daß die Bürgschaft des deutschen Bürgen bei nicht entstandener Hauptschuld aufgrund der Akzessorietät ebenfalls nicht entstanden ist, kann auch der Ausgleich begehrende italienische Mitbürge keinen Mitbürgenausgleich fordern.[426] Es stellt sich nunmehr noch die Frage, ob ein solches Ergebnis für den Ausgleich begehrenden italienischen Bürgen aus kollisionsrechtlicher Sicht vertretbar ist oder gegebenenfalls einer Korrektur bedarf. Wiederum könnte sich eine kollisionsrechtliche Korrektur über den Rechtsgedanken des Art. 16 EGBGB anbieten. Eine Heranziehung des Rechtsgedankens des Art. 16 EGBGB bereits auf die Zulässigkeit des Regresses ist jedoch aus kollisionsrechtlicher Sicht zu weit und ist im übrigen mit Art. 13 EVÜ sowie Art. 33 Abs. 3 EGBGB nicht zu vereinbaren. Die Heranziehung eines Rechtsgedankens (hier: aus dem deutschen Recht) auf die Frage der Möglichkeit des Regresses aufgrund Legalzession würde das von Art. 13 EVÜ vorgeschriebene Bürgschaftsstatut, welches die Anwendung italienischen Rechts vorsieht, vollständig negieren, und folglich der gesetzlichen Regelung zuwider laufen. Die Heranziehung des Rechtsgedankens bereits bei der generellen Frage, ob ein Regreß überhaupt durchführbar ist, würde die Trennung der kollisionsrechtlich vorgeschriebenen Bürgschaftsstatuten vollständig in Zweifel ziehen, und ist daher, wie bereits oben[427] erörtert, abzulehnen. Folglich ergeben sich bei der Anwendung deutschen Rechts im Hauptschuldverhältnis keine kollisionsrechtlichen Probleme im Rahmen des Mitbürgenausgleichs, die einer kollisionsrechtlichen Korrektur bedürfen.

---

425 MüKo/*Habersack* § 765 Rdn. 62; BGH NJW 1992, 1016, 1017; OLG Stuttgart NJW 1985, 498.

426 Siehe hierzu § 9 III 2 b; da die Bürgenverpflichtung des deutschen Bürgen nicht entstanden ist und sich die Abwehrrechte des deutschen Bürgen nach deutschem Bürgschaftsstatut im Rahmen des Regresses richten, kann sich der deutschen Bürge gegenüber dem Ausgleich begehrenden italienischen Mitbürgen hierauf berufen.

427 Siehe § 9 VII 3 c

c) *Nichtigkeit der Willenserklärung bei Anwendbarkeit italienischen Rechts im Hauptschuldverhältnis*

Anders stellt sich jedoch die Sachlage dar, wenn im Hauptschuldverhältnis italienisches Recht anwendbar ist. Der deutsche Mitbürge kann in diesem Fall entweder gem. § 768 BGB nach bereits erfolgter Nichtigkeitsklage gem. Art. 1441 ff. cod. civ. in Verbindung mit Art. 1425 cod. civ. oder nach § 770 BGB, sofern eine Nichtigkeitsklage nach italienischem Recht noch nicht erfolgt ist, dem Gläubiger gegenüber die Erfüllung verweigern. Seine Bürgenverpflichtung bleibt jedoch im Gegensatz zu dem unter Punkt a) geschilderten Fall wirksam.

Aus italienischer Sicht stellt sich für den italienischen Mitbürgen das Problem, daß er im Gegensatz zu seinem deutschen Mitbürgen von dem Gläubiger in Anspruch genommen werden kann. Somit entsteht ein kollisionsrechtliches Spannungsfeld, zumal der Gläubiger sich an dem italienischen Mitbürgen schadlos halten wird. Der deutsche Mitbürge kann nach deutschem Recht gem. §§ 768, 770 BGB dem Gläubiger die Einrede entgegenhalten und die Erfüllung verweigern. Der italienische Mitbürge kann hingegen, wie oben bereits geschildert, diese Einwendung gem. Art. 1945, 1939 cod. civ. dem Gläubiger nicht entgegenhalten.

Es stellt sich somit wiederum die Frage, ob diese Benachteiligung des italienischen Mitbürgen kollisionsrechtlich vertretbar ist. Dafür spricht aber der kollisionsrechtliche Grundsatz der Trennung der Statuten. Dagegen spricht zunächst, daß zwischen dem italienischen und dem deutschen Mitbürgen keine vertragliche Beziehung besteht und man demzufolge anführen könnte, daß ihm nicht angelastet werden kann, daß dem deutschen Mitbürgen die Einreden gem. §§ 768, 770 BGB gegenüber dem Gläubiger zustehen und deshalb der Gläubiger sich immer an den italienischen Mitbürgen halten wird. Jedoch ist es in diesem Fall klar, daß eine Benachteiligung des italienischen Mitbürgen nicht vorliegen kann. Zum einen deshalb nicht, weil eine vertragliche Beziehung zwischen Gläubiger und Bürgen besteht, und demzufolge der italienische Bürge gegenüber seinem direkten Vertragspartner (Gläubiger) hinnehmen muß, daß er nach italienischem Bürgschaftsrecht gerade aufgrund der begrenzten Einreden nach „seinem“ italienischen Recht gem. Art. 1939, 1945 cod. civ. in Anspruch genommen wird. Zum anderen, da der italienische Bürge gerade beim Vorliegen einer Mitbürgschaft eines deutschen (Mit)Bürgen sogar in einer bevorzugteren Stellung ist, als wenn kein Mitbürge vorhanden wäre, da er so einen Regreßanspruch gegenüber dem deutschen Mitbürgen hat. Dies gilt, zumal die Bürgschaft des deutschen Mitbürgen trotz der Möglichkeit, sich gegenüber dem Gläubiger durch Berufung auf die Einreden gem. §§ 768, 770 BGB vor dessen direkter Inanspruchnahme zu schützen, weiterhin besteht. Demzufolge ist mit anderen Worten der italienische Bürge im Fall einer Mitbürgschaft besser gestellt, da er einen Regreßanspruch gem. Art. 1949, 1203 Nr. 3, 1204 cod. civ. gegen den Mitbürgen hat.

Handelt es sich hingegen um einen deutschen Mitbürgen, stellt sich die Frage, ob dieser nicht aufgrund des Regreßanspruchs des italienischen Mitbürgen nach italienischem Recht kollisionsrechtlich benachteiligt wird.

d) Inanspruchnahme des deutschen Mitbürgen durch den vom Gläubiger in Anspruch genommenen italienischen Mitbürgen im Rahmen des Mitbürgenregresses

Für den deutschen Mitbürgen liegt in dem soeben beschriebenen Fall eine kollisionsrechtliche Benachteiligung vor. Dadurch, daß der italienische Mitbürge von dem Gläubiger trotz nichtiger Willenserklärung im Hauptschuldverhältnis in Anspruch genommen werden kann und dieser sich im Rahmen des nach italienischem Recht zu beurteilenden Mitbürgenregresses gem. Art. 1949, 1203 Nr. 3, 1204 cod. civ. an den deutschen Mitbürgen wenden kann, besteht die Möglichkeit, daß dieser trotz der §§ 768, 770 BGB in Anspruch genommen wird. Es ist somit ebenso eine kollisionsrechtliche Konfliktsituation wie bei der Inanspruchnahme des deutschen Mitbürgen durch den italienischen Mitbürgen bei Nichtigkeit des Hauptschuldverhältnisses wegen Vorliegens einer sittenwidrigen Formularklausel[428] gegeben. Aufgrund einer ähnlichen, jedoch mit wesentlichen Abweichungen vorliegenden Fallgestaltung stellt sich auch hier wiederum die Frage, wie dieses kollisionsrechtliche Problem im deutsch-italienischen Rechtsverkehr gelöst werden kann. Insbesondere ist hier nun, da beide Bürgschaften entstanden sind, zu fragen, ob der Rechtsgedanke des Art. 16 EGBGB zur Abwendung etwaiger unangemessener Nachteile des in Anspruch genommenen deutschen Mitbürgen herangezogen werden kann. In diesem Zusammenhang wird gegebenenfalls zu differenzieren sein, ob bei positivem Wissen oder zumindest fahrlässiger Unkenntnis des deutschen Mitbürgen von der Existenz des italienischen Bürgen und der somit möglichen Inanspruchnahme im Rahmen des Mitbürgenausgleichs eine kollisionsrechtliche Korrektur überhaupt stattfinden sollte.

e) Kollisionsrechtlicher Lösungsansatz

Zur Lösung dieses kollisionsrechtlichen Konflikts ist, sofern eine rechtliche Beziehung zwischen dem Regreßgläubiger und dem Regreßschuldner nicht vorhan-

428 Siehe hierzu oben unter § 9 VII 2 und 3.

den ist,[429] wiederum, wie bei der oben behandelten Sittenwidrigkeit, zunächst die Frage der Zulässigkeit des Regresses („Ob“ des Regresses) zu stellen[430]. Im Rahmen der Frage der Zulässigkeit des Regresses ist wiederum eine kumulative Prüfung der beiden Bürgschaftsstatuten vorzunehmen. Hierbei ist nach beiden Bürgschaftsstatuten zu prüfen, ob die Bürgschaft entstanden ist. Ist dies der Fall, dann entscheidet allein das Kausalstatut (Bürgschaftsstatut des zuerst belangten Bürgen) über Art und Umfang des Regresses.

In dem hier vorliegenden Fall kommt man, entgegen den Fällen der Sittenwidrigkeit, nunmehr jedoch zu dem Ergebnis, daß ein Regreß grundsätzlich in Betracht kommt, da beide Bürgschaften sowohl nach dem deutschen als auch nach dem italienischen Bürgschaftsstatut entstanden sind. Die Heranziehung des Rechtsgedankens des Art. 16 EGBGB ist somit nicht wie bei der Sittenwidrigkeit ausgeschlossen und somit erörterungswürdig.

Raum für die Heranziehung des Rechtsgedankens des Art. 16 EGBGB ist hierbei deshalb gegeben, da die Durchführung des Regresses („Wie“ des Regresses) hiervon betroffen ist und das Bürgschaftsstatut des auf Regreß verklagten deutschen Mitbürgen günstiger ist.

Als Lösungsmodell des kollisionsrechtlichen Problems könnte daher ebenfalls, wie oben[431] erörtert, der bereits entwickelte *Rechtsgedanke des Art. 16 EGBGB* in Betracht kommen, gerade um kollisionsrechtlich nicht hinnehmbare Ergebnisse zu vermeiden.

Fraglich ist jedoch, ob eine Korrektur über den entwickelten *Rechtsgedanken des Art. 16 EGBGB* im Rahmen des Regresses aus kollisionsrechtlicher Sicht überhaupt zulässig und möglich ist. Wie bereits angesprochen, ist bezüglich der Zulässigkeit des Regresses eine Durchbrechung des kollisionsrechtlichen Grundsatzes der Trennung der Statuten nicht zulässig. Die Heranziehung des Rechtsgedankens bereits bei der generellen Frage, ob ein Regreß überhaupt durchführbar ist, würde die Trennung der kollisionsrechtlich vorgeschriebenen Bürgschaftsstatuten vollständig in Zweifel ziehen und ist daher abzulehnen.[432] Anders ist es jedoch zu beurteilen, wenn lediglich die Durchführung des Regresses hiervon betroffen ist. In der gebildeten Fallkonstruktion ist die generelle Zulässigkeit des Regresses zu bejahen, da im Rahmen einer kumulativen Anknüpfung sowohl die italienische Bürgschaft als auch die deutsche Bürgschaftsverpflichtung entstanden sind. Im vorliegenden Fall geht es allein darum, ob der deutsche Bürge (Re-

---

429 Sofern eine solche Abrede ausnahmsweise besteht, ist diese selbständig anzuknüpfen und vorrangig zu berücksichtigen.

430 Diesbezüglich wird auf die unter § 9 VII 2 gemachten Ausführungen verwiesen.

431 Siehe hierzu ausführlich mit Herleitung und Begründung des Lösungsansatzes § 9 VII 3 b.

432 Siehe hierzu ausführlich § 9 VII 3 c.

greßschuldner) dem italienischen Bürgen (Regreßgläubiger) die Einreden aus dem Hauptschuldverhältnis gem. §§ 768, 770 BGB entgegenhalten darf. Nach dem hier auf den Regreßanspruch anzuwendenden, italienischen Bürgschaftsstatut ist dies nicht möglich. Es ist nur dann möglich, wenn eine kollisionsrechtliche Korrektur vorgenommen würde. Eine solche wiederum würde jedoch in das italienische Bürgschaftsstatut eingreifen, und folglich zu einer Durchbrechung des Grundsatzes der Trennung der Statuten führen. Dies ist kollisionsrechtlich, wie die Regelungen des Art. 16 EGBGB sowie des Art. 11 EVÜ zeigen, zwar nur in Ausnahmefällen, jedoch nicht grundsätzlich möglich. Im Rahmen einer wertenden Betrachtungsweise der Interessen des italienischen Bürgen und des deutschen Mitbürgen spricht dafür einerseits der Rechtssicherheitsgedanke, das Vertrauen des italienischen Bürgen in die Anwendung des italienischen Rechts als das Recht des Zessionsstatuts. Jedoch wird auf der anderen Seite dem deutschen Bürgen die Möglichkeit der Erhebung einer Einrede vollständig entzogen. Der deutsche Bürge müßte bei ausschließlicher Geltung des italienischen Rechts letztlich die Konsequenzen dafür tragen, daß das italienische Recht die Erhebung der Einrede, die nach dem deutschen Recht möglich ist, nicht in derselben Weise vorsieht. Letztlich würde eine alleinige Anwendung des (hier) strengeren italienischen Bürgschaftsrechts von dem deutschen Mitbürgen im Rahmen des Mitbürgenregresses getragen werden. Daß dies zu Wertungswidersprüchen zu Lasten des deutschen Rechts geht, scheint logisch. Folglich ist in demjenigen Fall, daß der deutsche Mitbürge nicht mit dem Vorliegen einer Mitbürgschaft (hier: des italienischen Mitbürgen) rechnen mußte, eine Modifizierung des Zessionsstatuts (Recht des italienischen Bürgen) aus kollisionsrechtlicher Sicht ausnahmsweise zulässig. Ebenso ist hierbei entscheidend, daß das italienische Recht als Recht des Zessionsstatuts nicht gänzlich in Zweifel gezogen wird, sondern lediglich hinsichtlich der Einredemöglichkeit zugunsten des deutschen Mitbürgen ergänzt und erweitert wird.

Es stellt sich somit im Fall des Mitbürgenausgleichs bei einredebehafteter Bürgschaftsverpflichtung (hier: Einrede der Nichtigkeit der Hauptverbindlichkeit) des deutschen Bürgen die Frage, ob nicht bei dem soeben dargestellten Interessenkonflikt im Hinblick auf die Schutzwürdigkeit des deutschen Bürgen mit Hilfe des *Rechtsgedankens des Art. 16 EGBGB* als Lösungsansatz argumentiert und hierüber auch ein Lösungsmodell begründet werden könnte. Dies könnte im Einzelfall dann zu bejahen sein, wenn der deutsche Mitbürge keine Kenntnis von der Tatsache hat, daß im konkreten Fall auch ein italienischer Bürge für dieselbe Darlehensschuld gebürgt hat, dessen Bürgschaftsübernahme wirksam ist, er daher aufgrund des italienischen Rechts aus der Bürgschaft herangezogen wird und seinerseits einen Rückgriffsanspruch gegen den deutschen Bürgen hat. Bei Unkenntnis des deutschen Bürgen von der Mitbürgschaft des italienischen Bürgen stellt sich die Frage, ob nicht der deutsche Bürge schützenswerter als der italienische Mitbürge ist, der den Rückgriffsanspruch geltend macht. Als „gesetzlicher Aufhänger" für eine solche Schutzwürdigkeit des in Unkenntnis gebliebenen deutschen Mitbürgen könnte der *Rechtsgedanke des Art. 16 EGBGB* von daher in Betracht kommen, weil es bei den Normen, auf die sich dieser Artikel bezieht, um solche handelt, bei denen es bei im Inland vorgenommenen Rechtsgeschäften auf die Kenntnis bzw. Unkenntnis des schützenswerten Deutschen („Inländers") ankommt, wenn zwar ausländisches Recht anwendbar ist, jedoch ein ausreichender Inlandsbezug gegeben ist. Im Rahmen der Heranziehung des Rechtsgedankens kann auf eine genauere Unterscheidung der Absätze 1 und 2 des Art. 16 EGBGB anders als oben bei der analogen Anwendung des Art. 16 Abs. 2 EGBGB[433] verzichtet werden, da beide Absätze des Art. 16 EGBGB auf Normen des Familienrechts verweisen und hierbei die Kenntnis des schützenswerten Dritten entscheidend ist. So ist etwa im Rahmen des Art. 16 Abs. 1 EGBGB bei der entsprechenden Anwendung des § 1412 BGB entscheidend, ob der Dritte den fremden Güterstand und damit die Geltung des ausländischen Rechts entweder positiv kennt oder ihn von daher zurechenbar kennen mußte, weil der ausländische Güterstand im deutschen Güterstandsregister eingetragen ist. Auch im Rahmen des Art. 16 Abs. 2 EGBGB kommt es unbestritten entscheidend darauf an, daß der schützenswerte Dritte die Maßgeblichkeit des fremden Rechts weder kannte, noch infolge grober Fahrlässigkeit kennen mußte.[434] Maßgeblich für die Heranziehung des Rechtsgedankens des Art. 16 EGBGB ist, daß ein genügender Inlandsbezug gegeben ist und der deutsche Mitbürge im konkreten Fall gegenüber der Inanspruchnahme durch den leistenden italienischen Mitbürgen schützenswert ist. Hierbei liegt die erste Voraussetzung schon deshalb vor, weil das Bürgschaftsstatut des in Anspruch genommenen deutschen Bürgen dem deutschen Recht untersteht.

Somit gilt für den vorliegenden Interessenkonflikt folgendes:

aa) Haftung des deutschen Bürgen bei positiver Kenntnis

Weiß der deutsche Mitbürge positiv, daß auch ein Bürge aus einem anderen Rechtssystem für dieselbe Verbindlichkeit als Mitbürge haftet, so ist er hinsichtlich des Regreßanspruchs des italienischen Mitbürgen kollisionsrechtlich nicht schutzbedürftig. In diesem Fall muß er damit rechnen, daß nach dem Rechtssystem des italienischen Bürgen eine Inanspruchnahme des italienischen Bürgen durch den Gläubiger auch bei nichtiger Hauptverbindlichkeit möglich sein kann

433 Siehe oben unter Punkt § 4 II.

434 Palandt/*Heldrich* Art. 16 EGBGB Rdn. 2, 3.

und somit ein Ausgleichsanspruch nach dem italienischen Rechtssystem zumindest möglich und wahrscheinlich ist. In einem solchen Fall ist der deutsche Mitbürge nicht schützenswert, und ist somit dem Ausgleichsanspruch des italienischen Mitbürgen trotz Nichtigkeit der Hauptverbindlichkeit auszusetzen. Hiergegen spricht auch nicht die Möglichkeit der Einreden gem. §§ 768, 770 BGB, zumal diese nur gegenüber dem Gläubiger geltend gemacht werden können, nicht jedoch gegenüber dem Mitbürgen im Rahmen des Mitbürgenregresses[435].

bb) Haftung des deutschen Bürgen bei Unkenntnis der Mitbürgschaft

Hat der deutsche Bürge jedoch von dem Vorliegen einer Mitbürgschaft keine Kenntnis, so ist er dem Ausgleichsanspruch nicht auszusetzen und diesbezüglich schützenswert. In diesem Fall geht er davon aus, daß auf seine Bürgenverpflichtung ausschließlich deutsches Recht anzuwenden ist, da nach seinem Kenntnisstand kein anderer für die Erfüllung der Hauptschuld gebürgt hat und demnach auch kein ausländisches Recht anzuwenden ist. Folglich kann er davon ausgehen, daß er aufgrund der nichtigen Hauptverbindlichkeit mit keinerlei Inanspruchnahme zu rechnen hat. Auch für den italienischen Mitbürgen ist dieses Ergebnis nicht unbillig. Zwar hat er einen nach italienischem Recht hälftigen Mitbürgenausgleichsanspruch gegenüber dem deutschen Bürgen, jedoch muß er gerade im internationalen Rechtsverkehr damit rechnen, daß die Verpflichtung des deutschen Mitbürgen aufgrund der Geltung von deutschem Recht nichtig sein könnte und von daher ein etwaiger Ausgleichsanspruch gefährdet beziehungsweise von der fremden Rechtsordnung nicht anerkannt werden könnte. Aufgrund dessen kann von dem italienischen Mitbürgen eine gewisse Mitwirkungspflicht verlangt werden. Eine umfassende Kenntnis der ausländischen Rechtsordnung und insbesondere der Rechtsprechung kann hierbei zwar keineswegs erwartet werden, jedoch kann er zumindest den in Unkenntnis weilenden Mitbürgen in Kenntnis setzen, oder diesen mittels des Gläubigers vom Bestehen einer weiteren Mitbürgschaft unterrichten lassen. Unterläßt er jegliche diesbezügliche Initiative, muß er sich den Verlust des Ausgleichsanspruchs zuschreiben lassen. In diesem Zusammenhang ist die nicht erfolgte Inkenntnissetzung des deutschen Bürgen durch den italienischen Mitbürgen als Sorgfaltspflichtverletzung zu werten, die zum Verlust des Ausgleichsanspruchs führen kann.

435 BGH WM 1965, 579.

cc) *Haftung des deutschen Bürgen bei Unkenntnis, jedoch zumutbarem Wissenmüssen um die Mitbürgschaft sowie die diesbezüglichen Kriterien*

Problematisch ist jedoch der Fall, in welchem der deutsche Bürge keine positive Kenntnis von dem Vorliegen der Mitbürgschaft hat, diese aber zumutbar haben müßte, wobei diesbezüglich weiter zu konkretisieren ist, welche Anforderungen an das „Wissenmüssen" zu stellen sind. Ausgehend vom Rechtsgedanken des Art. 16 EGBGB schadet neben positiver Kenntnis nur grob fahrlässige Unkenntnis.[436] In diesem Zusammenhang ist jedoch wiederum zu fragen, ob nicht auch etwaige Mitwirkungspflichten des um Ausgleich ersuchenden italienischen Bürgen bei den Überlegungen hinsichtlich der zumutbaren beziehungsweise zurechenbaren Kenntnis des deutschen Bürgen von der Mitbürgschaft des italienischen Bürgen zu berücksichtigen sind. Diesbezüglich wurde bei Unkenntnis des deutschen Bürgen auf die Mitwirkungspflicht des italienischen Mitbürgen hinsichtlich der Inkenntnissetzung des offensichtlich in Unkenntnis weilenden deutschen Bürgen hingewiesen. Unter Punkt b) wurde soeben jedoch die Aufklärungspflicht des italienischen Mitbürgen nur deshalb bejaht, um aus italienischer Sicht zu hinterfragen, ob bei offensichtlicher Unkenntnis des deutschen Mitbürgen dessen Inanspruchnahme im Rahmen des Mitbürgenausgleichs aus italienischer Sicht hingenommen werden kann und somit ein Interessenausgleich gefunden wurde.

Hinsichtlich der nunmehr nochmals aufgeworfenen Problematik des deutschen Mitbürgen, der von der Existenz des italienischen Mitbürgen Kenntnis haben müßte, spielen die Mitwirkungspflichten der italienischen Partei eine noch größere Rolle, zumal hier die Bejahung eines Ausgleichsanspruchs noch stärker von Wertungsfragen abhängt, welche schon bei der Wertigkeit des Grades der Fahrlässigkeit des deutschen Bürgen beginnen.

Hierbei stellt sich die Frage, nach welcher Rechtsordnung die Kenntnis beziehungsweise die grob fahrlässige Unkenntnis definiert werden muß. Anders als bei den Mitwirkungspflichten des italienischen Mitbürgen hinsichtlich der Wertung, ob bei Wegfall seines Ausgleichsanspruchs ein kollisionsrechtlich vertretbares Ergebnis gefunden worden ist, muß bei der Frage der fahrlässigen Unkenntnis allein von der deutschen Rechtsordnung ausgegangen werden. In diesem Zusammenhang muß die Frage der Interessenkollision zwischen dem Ausgleichsanspruch des italienischen Bürgen und dem schutzwürdigen deutschen Bürgen von der Frage unterschieden werden, wann bei dem deutschen Bürgen ein grober Pflichtenverstoß hinsichtlich seiner Kenntnis von der Existenz eines italienischen Mitbürgen und eines möglichen Ausgleichsanspruchs desselben gegeben ist. Bei der Beurteilung des Pflichtenverstoßes ist nicht wie bei der nachfol-

---

436 Palandt/*Heldrich* Art. 16 EGBGB Rdn. 3.

genden wertenden Betrachtung einer Interessenkollision eine Gesamtbetrachtung der kollidierenden Rechtssysteme entscheidend, sondern vielmehr, ob die Unkenntnis noch dem jeweiligen Bürgen angelastet werden kann. Dies ist nur nach der jeweiligen Rechtsordnung des jeweils betroffenen Bürgen zu beurteilen. Folglich stellt sich die Frage, wann der deutsche Bürge zumutbar von dem Vorliegen der Mitbürgschaft des italienischen Bürgen hätte Kenntnis haben können, nur nach deutschen Recht.

Im Rahmen dieser Problematik stellt sich erneut die Frage, welcher Grad an Fahrlässigkeit hinsichtlich der Unkenntnis des deutschen Mitbürgen angenommen werden muß. Als Ausgangspunkt für die Beantwortung dieser Frage muß im Rahmen der Anwendung des Rechtsgedankens des Art. 16 EGBGB an dessen Fahrlässigkeitsmaßstab angeknüpft werden. Gem. Art. 16 EGBGB wird als Maßgeblichkeitskriterium für die Kenntnis beziehungsweise mögliche Kenntnis von grober Fahrlässigkeit ausgegangen.[437] Da im Rahmen der Beurteilung der Kenntnis beziehungsweise möglichen Kenntnis des deutschen Bürgen, wie zuvor erörtert wurde, vom deutschen Recht auszugehen ist, ist somit die deutsche Rechtsbegriffsdefinition maßgeblich. Nach der deutschen Rechtsbegriffsdefinition liegt grobe Fahrlässigkeit vor, wenn die im Verkehr erforderliche Sorgfalt in besonders schwerem Maße verletzt wurde, schon einfache, ganz naheliegende Überlegungen nicht angestellt werden und das nicht beachtet wurde, was im gegebenen Fall jedem einleuchten mußte.[438] Dies ist jedoch lediglich eine generelle Definition, die übertragen auf den Mitbürgenausgleich im deutsch-italienischen Rechtsverkehr der Konkretisierung bedarf. Es stellt sich demnach die Frage, wann der deutsche Mitbürge die im Verkehr erforderliche Sorgfalt hinsichtlich seiner Kenntnis von der Existenz des italienischen Mitbürgen und demnach der möglichen Inanspruchnahme in besonders schwerem Maße verletzt hat.

(1) Verweise im Bürgschaftsvertrag

Dies ist mit Sicherheit dann zu bejahen, wenn der Bürgschaftsvertrag des deutschen Bürgen Verweise enthält, die auf die Existenz eines anderen Mitbürgen schließen lassen. Nicht erforderlich ist hierbei, daß es sich um einen ausländischen (italienischen) Mitbürgen handelt, da den deutschen Bürgen in einem solchen Fall eine Informationspflicht treffen dürfte.

437 Palandt/*Heldrich* Art. 16 EGBGB Rdn. 3.
438 So der BGH in ständiger Rechtsprechung; siehe BGH, BGHZ 10, 16; 89, 161; BGH NJW 92, 3236.

(2) Übernahme der Bürgschaft nur für einen Teil der Hauptverbindlichkeit

Weiterhin dürfte dem deutschen Mitbürgen der Vorwurf der groben Fahrlässigkeit dann zu machen sein, wenn der deutsche Bürge nur für einen Teil der Hauptverbindlichkeit seine Bürgschaftsverpflichtung übernimmt. In einem solchen Fall besteht zumindest eine große Wahrscheinlichkeit, daß noch ein anderer Bürge für die Erfüllung der Hauptverbindlichkeit eine Bürgschaftsverpflichtung übernommen hat, so daß auch in einer solchen Konstellation dem deutschen Bürgen eine Pflicht zur Information obliegt.

(3) Weitere Fälle grober Fahrlässigkeit

Darüber hinaus liegt grobe Fahrlässigkeit nahe, wenn es sich bereits bei der Hauptverbindlichkeit um ein Kreditgeschäft im deutsch-italienischen Rechtsverkehr handelt, so beispielsweise, wenn eine deutsche Bank einem italienischen Hauptschuldner einen Kredit gewährt hat und umgekehrt. In einem solchen Fall muß der deutsche Bürge damit rechnen, daß es aufgrund der „Internationalität" bereits des Hauptgeschäfts bei der Bürgschaftsübernahme durchaus wahrscheinlich ist, daß auch ein italienischer Mitbürge für die Erfüllung der Hauptverbindlichkeit einsteht. In einem solchen Fall wird jedoch zumeist schon aufgrund des Kriteriums, daß der deutsche Bürge lediglich eine Bürgschaft für einen Teilbetrag übernommen hat (siehe soeben unter (2)), eine grob fahrlässige Unkenntnis des deutschen Bürgen zu bejahen sein.

f) Zusammenfassung

Zusammenfassend ist bezüglich des Mitbürgenregresses im deutsch-italienischen Rechtsverkehr bei nichtigem Hauptschuldverhältnis wegen Geschäftsunfähigkeit des Hauptschuldners festzuhalten, daß kollisionsrechtliche Probleme lediglich bei der Inanspruchnahme des deutschen Mitbürgen durch den vom Gläubiger in Anspruch genommenen italienischen Mitbürgen im Rahmen des Mitbürgenregresses entstehen. Dies jedoch nur dann, wenn im Hauptschuldverhältnis italienisches Recht anwendbar ist, weil in diesem Fall die deutsche Bürgenverpflichtung weiterhin besteht. Die hierdurch entstehenden, nicht akzeptablen Benachteiligungen sind über den Rechtsgedanken des Art. 16 EGBGB auszugleichen. Eine Korrektur der Haftung des deutschen Mitbürgen im Rahmen des Mitbürgenausgleichs über den Rechtsgedanken des Art. 16 EGBGB ist dann nicht vertretbar, wenn dieser Kenntnis oder grob fahrlässige Unkenntnis von der Existenz des italienischen Mitbürgen hatte. Eine Korrektur ist dann vertretbar, wenn er nachweisbar keine Kenntnis von der Existenz des Mitbürgen hatte.

Bei positiver Kenntnis des deutschen Mitbürgen von der Existenz des italienischen Mitbürgen und dem somit möglichen Ausgleichsanspruch nach italienischem Recht ist ein solcher Regreßanspruch seitens des Ausgleich begehrenden italienischen Mitbürgen demnach trotz der nationalen, italienischen Regreßregelung im deutsch-italienischen Rechtsverkehr zu bejahen. In diesem Zusammenhang ist der kollisionsrechtlichen Gerechtigkeit und auch dem mit Sicherheit zunehmenden Verkehrsschutz im deutsch-italienischen Rechtsverkehr der Vorrang vor der nationalen Lösung einzuräumen, zumal der Bürge, der von der Nichtigkeit des Hauptschuldverhältnisses sowie der Existenz eines Mitbürgen, dessen Bürgschaft einer anderen Rechtsordnung unterstellt ist, positiv Kenntnis hatte, hinsichtlich des Ausgleichsanspruchs nicht schutzwürdig ist. Bei einer solchen kollisionsrechtlichen Konfliktsituation spricht die Gewichtung der Interessen für denjenigen, der den Ausgleichsanspruch nach seiner Rechtsordnung geltend macht, zumal bei positiver Kenntnis des in Anspruch genommenen Mitbürgen auch der Grundsatz der Trennung der Statuten für den Regreß begehrenden italienischen Mitbürgen spricht. Eine diesbezügliche Durchbrechung dieses Grundsatzes zugunsten des in Anspruch genommenen deutschen Bürgen ist bei positiver Kenntnis des deutschen Bürgen von der Mitbürgschaft und der damit zusammenhängenden Regreßmöglichkeit seitens des italienischen Mitbürgen nicht ersichtlich. Hiergegen sprechen auch nicht Schutzvorschriften wie etwa die §§ 768, 770 BGB, da diese nur gegenüber dem Gläubiger gelten und folglich beim Mitbürgenausgleich auch nicht mißachtet werden.

Auch bei zurechenbarer fahrlässiger Unkenntnis des deutschen Bürgen kann der Ausgleichsanspruch des italienischen Mitbürgen von dem deutschen Mitbürgen nicht zurückgewiesen werden. Auch hierbei ist der internationalen Harmonie vor der nationalen Harmonie der Vorrang einzuräumen. Die Schutzbedürftigkeit des dem Regreßanspruch ausgesetzten, deutschen Mitbürgen ist in dieser Fallgestaltung kollisionsrechtlich ebenfalls nachrangig gegenüber dem berechtigten Ausgleichsanspruch desjenigen, der den Ausgleich begehrt. Hierfür spricht wiederum der kollisionsrechtliche Grundsatz der Trennung der Statuten. Eine Begründung für die Durchbrechung des Grundsatzes der Trennung der Statuten ist nicht gegeben.

Bei Unkenntnis des ausgleichspflichtigen Bürgen von der Existenz des ausländischen Mitbürgen, welche diesem auch nicht unter Fahrlässigkeitsgesichtspunkten zuzurechnen ist, überwiegt hingegen bei der kollisionsrechtlichen Abwägung der widerstreitenden Interessen das Schutzbedürfnis des deutschen Mitbürgen, der sich dem Regreßanspruch nach nationalem italienischen Recht ausgesetzt sieht. Insofern entfällt in diesem Falle der Ausgleichsanspruch des in Anspruch genommenen Bürgen gegenüber seinem ausländischen Mitbürgen. Somit ist der in Anspruch genommene Bürge aufgrund des Wegfalls des Ausgleichsanspruches als alleiniger Schuldner zum Ausgleich des Anspruchs des Gläubigers verpflichtet.

IV. Anknüpfung der Hauptschuld und deren Verhältnis zur Bürgenverpflichtung bei Verstoß gegen den ordre public

Kollisionsrechtliche Probleme, die auch im deutsch-italienischen Rechtsverkehr relevant werden können, ergeben sich dann, wenn das Recht des Bürgschaftsstatuts und dasjenige der Hauptschuld nicht miteinander harmonieren. Dies ist etwa dann der Fall, wenn hinsichtlich der Hauptverbindlichkeit bei Anwendung des Rechts der Hauptschuld kein Verstoß gegen den ordre public vorliegt, jedoch unter Zugrundelegung der Rechtsauffassung des auf die Bürgenverpflichtung anwendbaren Rechts auf das Hauptschuldverhältnis ein Verstoß gegen den ordre public gegeben wäre.

Es tauchen folglich Konflikte auf, wenn Wertungsentscheidungen des Rechts des Bürgschaftsvertrages und des Rechts der Hauptschuld nicht miteinander in Einklang sind. Diesbezüglich kann es beispielsweise der Fall sein, daß das Hauptschuldverhältnis, welches deutschem Recht untersteht, wirksam ist, jedoch bei der Anwendung von italienischem Recht, welches beispielsweise auf das Bürgschaftsverhältnis anwendbar ist, sittenwidrig und damit nichtig wäre. Es stellt sich somit die Frage, ob dann das italienische Recht, welches zwar nicht auf das Hauptschuldverhältnis anzuwenden ist, jedoch bei der Anwendung auf das Hauptschuldverhältnis zur Sittenwidrigkeit und somit zur Nichtigkeit desselben gelangen würde, überhaupt relevant sein kann. Bei stringenter Anwendung des kollisionsrechtlichen Grundsatzes der Trennung der Statuten, käme es auf das Recht des Bürgschaftsvertrages (hier: italienisches Recht) bei der Frage nach der Sittenwidrigkeit des Hauptschuldverhältnisses nicht an.

Problematisch ist dies jedoch dann, wenn, wie im gebildeten Beispielsfall, das Ergebnis, welches aus der Anwendung des Rechts der Hauptschuld resultiert, gegen den ordre public des Rechts des Bürgschaftsvertrages verstößt und somit gerade nicht mehr hingenommen werden kann.

Wenn ein Verstoß gegen den deutschen ordre public vorliegt, gilt es diesen gem. Art. 6 EGBGB immer zu beachten, unabhängig davon, ob deutsches Recht das Bürgschaftsstatut bildet.[439] Wenn jedoch, wie im gebildeten Beispielsfall, lediglich ein Verstoß gegen ausländisches Bürgschaftsrecht zu konstatieren ist, ist dessen Beachtung im Hauptschuldverhältnis problematisch.

---

439 BGH ZIP 1988, 764.

Gegen eine Beachtung des ausländischen ordre public spricht zunächst der kollisionsrechtliche Grundsatz der Trennung der Statuten. Da das Recht der Bürgenverpflichtung grundsätzlich nur im Verhältnis des Bürgen zum Gläubiger wirkt, darf es im Hauptschuldverhältnis zwischen dem Gläubiger und dem Hauptschuldner keine Wirkung entfalten. Der ordre public ausländischer Staaten ist grundsätzlich sowohl nach deutschem als auch nach italienischem Kollisionsrecht unbeachtlich.[440]

Für die Beachtung des ausländischen ordre public spricht, daß das Recht der Hauptschuld nur aus dem Grunde ermittelt und angewandt wurde, weil das Bürgschaftsstatut dies aus Akzessorietätsgründen verlangt. Verstößt nämlich das aus dem Recht der Hauptschuld gewonnene Ergebnis gegen den ordre public des Statuts des Bürgschaftsvertrages, so folgt die Bürgenverpflichtung aufgrund der nach beiden Rechtsordnungen geltenden Akzessorietät der Bürgenverpflichtung einer Hauptschuld, die beispielsweise wegen einer Knebelung sittenwidrig und folglich nichtig ist.

Es ist jedoch zu beachten, daß der ordre public zu dem Kollisionsrecht zugeordnet werden muß, zu dem er auch gehört. Der ordre public kann somit nur dann beachtlich sein, wenn das Kollisionsrecht, dem er angehört, auch anzuwenden ist.[441] Dies korrespondiert mit der grundsätzlichen kollisionsrechtlichen Trennung der Statuten. Folglich kann und muß bei Anwendung deutschen Rechts auf das Hauptschuldverhältnis ein Verstoß gegen italienisches Recht, welches nicht auf das Hauptschuldverhältnis anzuwenden ist, unbeachtlich bleiben.

Auch ein möglicher Verstoß gegen ordre public Grundsätze des, wohlgemerkt nicht anzuwendenden, italienischen Rechts müssen außen vor bleiben. Gleiches gilt selbstredend für den umgekehrten Fall.

Folglich ist ein Verstoß gegen den ausländischen ordre public des Bürgschaftsrechts im Hauptschuldverhältnis nicht beachtlich.

---

440 MüKo/*Sonnenberger* Art. 6 EGBGB Rdn. 73 m. weit. Nachw.; ebenso im italienischen Recht, siehe hierzu *Ballarino,* S. 295 unten.

441 Vgl. dazu *Kegel* IPR, § 10 VI, S. 296 und § 2 III, S. 116.

§ 11 Die Auswirkungen des rechtsgeschäftlichen Parteiwechsels im Hauptschuldverhältnis auf die Bürgschaft im deutsch-italienischen Rechtsverkehr

I. .Der rechtsgeschäftliche Gläubigerwechsel im Hauptschuldverhältnis

1. Gesetzliche Regelungslücke in Art. 12 EVÜ und Art. 33 EGBGB

Die rechtsgeschäftliche Abtretung einer Forderung wird im Gegensatz zum gesetzlichen Forderungsübergang durch Art. 33 Abs. 1, 2 EGBGB bzw. für das italienische Recht durch Art. 12 Abs. 1, 2 EVÜ geregelt. Hierbei untersteht gem. Art. 33 Abs. 1 EGBGB bzw. Art. 12 EVÜ die Verpflichtung zwischen Zedent und Zessionar nicht dem Statut der Hauptforderung, sondern ihrem eigenen Recht.[442] Lediglich die Forderung ist hierbei Objekt der Übertragung und nicht das Grundverhältnis, in welchem die Parteien die mögliche Abtretung regeln konnten.[443] Nach Absatz 2 der soeben zitierten Vorschriften folgt jedoch die Abtretung, als Verfügungsgeschäft, dem Recht der abgetretenen Forderung (Forderungsstatut), das auch eine Reihe weiterer Einzelfragen regelt. Der identische Wortlaut des Art. 33 Abs. 2 EGBGB sowie des Art. 12 Abs. 2 EVÜ nennt insbesondere das Verhältnis zwischen neuem Gläubiger und Schuldner, ferner die Voraussetzungen unter denen die Übertragung dem Schuldner entgegengehalten werden kann sowie die befreiende Wirkung einer Leistung des Schuldners. Welches Recht jedoch für die Auswirkungen der Abtretung der Hauptforderung auf die bestellten Sicherheiten maßgeblich sein soll, wird nicht bestimmt. Hinsichtlich des Schicksals der für die abgetretene Forderung bestellten Sicherheiten besteht also eine Regelungslücke.

2. Mögliche Anknüpfungspunkte im Fallbeispiel und Lösungsansatz

Wenn beispielsweise die Forderung italienischem Recht unterliegt, die Bürgschaft hingegen deutschem Recht und für die Verpflichtung zwischen Zedent und Zessionar aufgrund einer Rechtswahl gem. Art. 3 EVÜ französisches Recht gilt, so stehen drei verschiedene Rechtssysteme für die Auswirkung der Abtretung auf die bestellte Sicherheit zur Verfügung.

Für die Auswirkungen des Forderungsübergangs auf die bestellten Sicherheiten kommen somit entweder das Recht, das die Kausalbeziehung zwischen dem

---

442 MüKo/*Martiny* Art. 33 Rdn. 4; *Kegel* IPR, § 18 VII 1; *Valentino* Convenzione di Roma Art. 12, S. 1064, 1065.

443 *Valentino* Convenzione di Roma Art. 12, S. 1065.

Zedent und dem Zessionar beherrscht (hier: französisches Recht), oder das Recht der abgetretenen Forderung (hier: italienisches Recht) oder das Bürgschaftsstatut (hier: deutsches Recht) in Betracht. Bei der Lösung dieser Frage ist zunächst von der in Art. 33 Abs. 1, 2 EGBGB bzw. Art. 12 Abs. 1, 2 EVÜ normierten Regelung des rechtsgeschäftlichen Forderungsübergangs auszugehen. Vor diesem Hintergrund scheidet somit das Bürgschaftsstatut aus, da es, ausgehend von der Normierung des EVÜ bzw. des EGBGB, für die Abtretung der Hauptforderung nicht maßgeblich ist. Darüber hinaus umfaßt das Bürgschaftsstatut zwar die Frage, ob der Bürge die Leistung verweigern kann, wenn ihm der Gläubiger nicht seine Ansprüche gegen den Hauptschuldner abtritt (sog. beneficium cedendarum actionum)[444], jedoch ist nach dem Bürgschaftsstatut nicht zu beurteilen, welche Auswirkungen die Abtretung der Hauptforderung auf die bestellte Bürgschaft hat. Eine entgegenstehende Beurteilung würde auch dem Prinzip der selbständigen Anknüpfung von Bürgschaftsstatut und Recht der Hauptschuld widersprechen.

Somit verbleiben, ausgehend von dem gesetzlichen Hintergrund der rechtsgeschäftlichen Abtretung der Hauptforderung, zwei Lösungsmodelle. Dafür, daß für die Auswirkungen der Abtretung der Hauptforderung auf die bestellte Bürgschaft das Recht für die Verpflichtung zwischen Zedent und Zessionar im Sinne des Art. 12 Abs. 1 EVÜ bzw. Art. 33 Abs. 1 EGBGB maßgeblich ist[445], spricht, daß diese Rechtsbeziehung wirtschaftlich von dem Wert der zu übertragenden Forderung beeinflußt wird und dieser Wert maßgeblich dadurch mitbestimmt wird, ob Rechte aus den bestellten Sicherheiten übergehen[446]. Jedoch ist diese rein wirtschaftliche Betrachtungsweise nicht mit dem Grundgedanken der gesetzlichen Regelung vereinbar. Zu Recht wird hiergegen vorgebracht, daß die Frage, ob die Rechte aus der Bürgschaft mit der abgetretenen Forderung übergehen, die Zessionswirkungen betrifft. Diese sind aber nicht auf das Verhältnis zwischen Zessionar und Zedent beschränkt.[447] Darüber hinaus entspricht es auch eher der akzessorischen Rechtsnatur der Bürgschaft, wenn die gesetzlich nicht geregelten Auswirkungen der Abtretung der Hauptforderung auf die hierfür bestellten Sicherungsrechte dem Recht der übertragenen Hauptforderung unterstellt werden.

Bezugspunkt für die Sicherungsrechte muß somit die Hauptforderung sein und nicht das Recht des Zessionsstatuts, das aufgrund der möglichen Rechtswahl wiederum einem anderen Recht unterstellt werden kann. Somit ist, auch wenn die Auswirkungen der rechtsgeschäftlichen Abtretung nicht in Absatz 2 genannt werden, eine entsprechende Anwendung des Art. 33 Abs. 2 EGBGB auf die für die

---

444 *Reithmann/Martiny*, Rdn. 511.
445 So *Raape*, S. 507.
446 So *Severain* Bürgschaft, S. 120.
447 *Severain* Bürgschaft, S. 120.

übertragene Hauptforderung bestellten Sicherungsrechte und aufgrund ihres akzessorischen Charakters insbesondere auf die Bürgschaft zu befürworten.

Auch wenn somit das Forderungsstatut für die Auswirkungen auf die Bürgschaft bei Abtretung der Forderung durch den Gläubiger maßgeblich ist, darf dennoch das Bürgschaftsstatut nicht gänzlich außer Acht gelassen werden. Ordnet dieses etwa an, daß die Bürgschaft im Fall der Abtretung nicht übergeht, so muß dies nach unbestrittener Auffassung auch berücksichtigt werden.[448] Aufgrund der akzessorischen Natur der Bürgschaft führt sowohl in Deutschland[449] als auch in Italien[450] ein Forderungsübergang auch zum Übergang der Sicherungsrechte, wie der Bürgschaft. Somit ist abschließend festzuhalten, daß sich im deutsch-italienischen Rechtsverkehr bei einer Abtretung der Hauptforderung die Auswirkungen auf die für diese bestellten Bürgschaften entsprechend des Absatzes 2 von Art. 12 EVÜ bzw. Art. 33 EGBGB nach dem Recht der übertragenen Forderung beurteilen.

II. Rechtsgeschäftlicher Schuldnerwechsel im Hauptschuldverhältnis

Als das passive Gegenstück zur Abtretung[451] stellt sich im Gegenzug die Frage, wie sich ein rechtsgeschäftlicher Schuldnerwechsel auf die Bürgenverpflichtung im deutsch-italienischen Rechtsverkehr auswirkt. Im Rahmen des rechtsgeschäftlichen Schuldnerwechsels ist es denkbar, daß der Gläubiger der Hauptforderung mit dem Hauptschuldner und einem Dritten vereinbart, daß dieser Dritte an die Stelle des Hauptschuldners tritt.[452] Ebenfalls möglich ist es, daß der Schuldner unter Zustimmung des Gläubigers mit dem Dritten vereinbart, daß dieser die alleinige Schuldnerstellung einnimmt.[453] Für letztere Möglichkeit des Schuldnerwechsels ist auch nach italienischem Recht die Zustimmung des Gläubigers notwendig, auch wenn dies nach dem Wortlaut des Art. 1273 cod. civ. zunächst nicht so erscheint. Fehlt eine Zustimmung des Gläubigers zu der vertraglichen Regelung zwischen Schuldner und Drittem, so ist die Schuldübernahme zwar zustandegekommen, wirkt jedoch lediglich als interner, kumulativer Schuldbeitritt, ohne daß der bisherige Schuldner aus dem Vertragsverhältnis befreit wird.[454] Nur

448 *Wolff*, S. 152; vgl. auch *Raape*, S. 507, 525 f.
449 § 401 BGB.
450 Art. 1263 Abs. 1 cod. civ.
451 *Kegel*, § 18 VII 3.
452 Im italienischen Recht ausdrücklich geregelt gem. Art. 1272 cod. civ. (Espromissione).
453 Siehe § 415 BGB.
454 *Rescigno* Cod. Civ. Art. 1273 Rdn. 3.

bei der ausdrücklichen Zustimmung des Gläubigers zu dem Vertragsabschluß zwischen Schuldner und Drittem wird jener befreit.[455]

Es stellt sich somit die Frage, welches Recht bei einer Auswechslung des Schuldners hinsichtlich der Bürgenverpflichtung maßgeblich ist. Da die privative Schuldübernahme das passive Gegenstück zur Abtretung darstellt, beurteilt sich auch die Übernahme einer Schuld durch einen Dritten nach ihrem eigenen Recht, welches vom Grundgeschäft selbständig anzuknüpfen ist[456]. Es sind somit mehrere Anknüpfungen denkbar: zum einen die kausale Rechtsbeziehung, welche den Schuldnerwechsel beherrscht, der Hauptvertrag zwischen Gläubiger und bisherigem Schuldner sowie das Recht des Bürgschaftsvertrages. Auch bezüglich des rechtsgeschäftlichen Schuldnerwechsels, wie schon beim rechtsgeschäftlichen Gläubigerwechsel[457], fehlt es an einer kollisionsrechtlichen Normierung. Unabhängig davon, ob man die Befreiung des Bürgen dann annimmt, wenn etwa das Recht der Hauptverbindlichkeit *oder* das Recht des Bürgschaftsvertrages dies bestimmen[458], so muß zumindest die Einstandspflicht des Bürgen dann wegfallen, wenn das Recht des Bürgschaftsvertrages dies anordnet. Dies folgt aus den schutzwürdigen Interessen des Bürgen, zumal ein materieller Erlöschenstatbestand des für die Bürgenverpflichtung maßgeblichen Rechts nicht ignoriert werden darf[459].

Somit stellt sich für den deutsch-italienischen Rechtsverkehr die kollisionsrechtlich relevante Frage, ob sowohl das deutsche als auch das italienische Recht bestimmen, daß die Einstandspflicht des Bürgen beim Schuldnerwechsel wegfällt. Nach dem deutschen Recht erlischt die Bürgschaft gem. § 418 BGB, sofern der Bürge nicht einwilligt. Dies gilt auch für den Fall der Vertragsübernahme, wobei hierbei § 418 Abs. 1 S. 1 BGB analog angewandt wird.[460] Nach italienischem Recht erlischt die für die Hauptforderung bestellte Bürgschaft gem. Art. 1275 cod. civ. dann, wenn der Gläubiger den ursprünglichen Schuldner befreit. Da im vorliegenden Fall gerade nicht von einem rein intern wirkenden Schuldbeitritt ausgegangen, sondern vielmehr eine Auswechslung des Schuldners angenommen werden soll, bei der der bisherige Schuldner aus seiner vertraglichen Verpflichtung entlassen wird, erlischt in diesem Fall auch gem. Art. 1275 cod. civ. die für die Hauptforderung bestellte Bürgschaft. Somit wird, gleich ob italienisches oder deutsches Recht auf den Bürgschaftsvertrag anwendbar ist, beim Schuldnerwechsel nach beiden Rechtsordnungen das Erlöschen der Bürgschaft

455 *Rescigno* Cod. Civ. Art. 1273 Rdn. 4.
456 *Kegel* IPR, § 18 VII 3.
457 Siehe oben unter Punkt I 2.
458 So *Severain* Bürgschaft, S. 123.
459 *Severain* Bürgschaft, S. 122.
460 OLG Hamm NJW-RR 1991, 48, 49.

angeordnet, so daß diesbezüglich im deutsch-italienischen Rechtsverkehr eine alternative Anknüpfung etwa an das Recht der Hauptforderung entbehrlich ist. Im übrigen erscheint eine alternative Anknüpfung gerade an das Recht der Hauptforderung dort durchaus sinnvoll, wo das Bürgschaftsstatut ein Erlöschen nicht anordnet, zumal der Bürge auf den Schuldnerwechsel im Gegensatz zum Gläubiger keinerlei Einflußmöglichkeit hat, und er vor einer aus seiner Sicht willkürlichen Auswechslung des Schuldners, für dessen Bonität er einzustehen hätte, unbedingt schützenswert ist.

§ 12 Prozeßrechtliche Konflikte im Rahmen der Anerkennung und Vollstreckung einer Bürgschaftsentscheidung

I. Gerichtsstände bei Bürgschaftsklagen

Die Zuständigkeit des angerufenen Gerichts im Rahmen einer Rechtsstreitigkeit aus einem Bürgschaftsverhältnis im deutsch-italienischen Rechtsverkehr wird durch das Brüsseler EWG-Übereinkommen über die gerichtliche Zuständigkeit und die Vollstreckung gerichtlicher Entscheidungen in Zivil- und Handelssachen (EuGVÜ) geregelt. Durch den Vorrang des Abkommens[461] vor den nationalen Vorschriften der Mitgliedstaaten Deutschland und Italien beurteilt sich daher die Zuständigkeit der Gerichte für Klagen aus einem Bürgschaftsverhältnis ausschließlich nach diesem Abkommen.

1. Zuständigkeit gem. Art. 2 und Art. 5 Ziff. 1 EuGVÜ bei Bürgschaftsklagen

Klagt beispielsweise der deutsche Gläubiger gegenüber dem italienischen Bürgen aus dem Bürgschaftsverhältnis auf Zahlung, so kommen im Rahmen der Zuständigkeitsfrage des anzurufenden Gerichts die Art. 2 und 5 Ziff. 1 EuGVÜ in Betracht. Beide Normen sind wahlweise anwendbar, so daß der Kläger nicht ausschließlich auf den Gerichtsstand am Wohnsitz bzw. gem. Art. 53 EuGVÜ am Firmensitz des Bürgen angewiesen ist, sondern nach seiner Wahl auch auf den Gerichtsstand am Erfüllungsort ausweichen kann.[462] In der dargestellten Fallkonstruktion kann der deutsche Gläubiger den italienischen Bürgen zum einen aufgrund der allgemeinen Zuständigkeitsnorm des Art. 2 Abs. 1 EuGVÜ in Italien verklagen.

---

461 *Kropholler* EuGVÜ Einl. Rdn. 13.
462 *Kropholler* EuGVÜ Art. 5 Rdn. 2.

Im Rahmen der besonderen Zuständigkeit des Art. 5 Ziff. 1 EuGVÜ bestimmt sich der Erfüllungsort nach dem Recht, das nach den Kollisionsnormen des mit dem Rechtsstreit befaßten Gerichts für die streitige Verpflichtung maßgeblich ist.[463] Das Gericht hat demzufolge nach seinen Kollisionsnormen das auf das betreffende Rechtsverhältnis anwendbare materielle Recht zu ermitteln und alsdann den Erfüllungsort der streitigen vertraglichen Verpflichtung nach diesem Recht zu bestimmen.[464] Hierbei ergeben sich gerade im deutsch-italienischen Rechtsverkehr erhebliche Unterschiede. Ist das deutsche Recht anwendbar, weil die Bürgschaft von einem Deutschen übernommen wurde, so ist seine Geldschuld (Schickschuld[465]) gem. § 270 Abs. 4 BGB, § 269 Abs. 1 BGB von seinem Wohnort aus zu leisten[466], mit der Konsequenz, daß Erfüllungsort gem. Art. 5 Nr. 1 EuGVÜ der Wohnort des Bürgen ist. Somit besteht in diesem Fall für den Gläubiger das oben geschilderte Wahlrecht hinsichtlich der Gerichtsstände nicht, da Art. 2 und Art. 5 Ziff. 1 EuGVÜ zum gleichen Ergebnis führen.

Zu einem unterschiedlichen Ergebnis gelangt man jedoch im oben gebildeten Beispiel, wenn ein italienischer Bürge in Anspruch genommen wird. Im Gegensatz zum deutschen Recht lokalisiert das italienische Recht auch den Erfüllungsort für Geldschulden am Sitz des Gläubigers gem. Art. 1182 Abs. 3, 43 cod. civ., und zwar bezogen auf den Zeitpunkt der Fälligkeit.[467] Somit kann der Bürge von dem Gläubiger in diesem Fall wahlweise an seinem Wohnort/Sitz in Italien gem. Art. 2 EuGVÜ oder am Erfüllungsort der geschuldeten Geldleistung am Wohnort/Sitz des Gläubigers in Deutschland verklagt werden. Sofern die Zahlungsklage des deutschen Gläubigers gegenüber dem italienischen Bürgen sowohl vor dem deutschen Gericht des Erfüllungsortes als auch vor dem italienischen gem. Art. 2 EuGVÜ anhängig gemacht wird, hat sich zur Vermeidung von Kompetenzkonflikten gem. Art. 21 EuGVÜ das später angerufene Gericht von Amts wegen zugunsten des zuerst angerufenen Gerichts für unzuständig zu erklären. Hierbei ist der Begriff der Anhängigkeit entsprechend dem in Staatsverträgen üblichen Sprachgebrauch im Sinne von Rechtshängigkeit zu verstehen.[468]

Unabhängig davon kann der Erfüllungsort auch durch eine vertragliche Vereinbarung der Parteien festgelegt werden. Eine solche soll nach der nunmehr vorliegenden Entscheidung des EuGH nicht von der Einhaltung der in Art. 17

---

463 EuGH NJW 77, 491 ff., da die Entscheidung im Fall Tessili/Dunlop erging, wird diese Qualifikationslösung auch als „Tessili-Regel" bezeichnet.

464 *Kropholler* EuGVÜ Art. 5 Rdn. 16; *Carpi/Taruffo* Appendice I Art. 5 EuGVÜ Rdn. 10.

465 MüKo/*Keller* § 270 BGB Rdn. 1.

466 MüKo/*Keller* § 270 BGB Rdn. 15.

467 *Kindler* Einführung, § 14 Rdn. 14.

468 BGH IPRax 1987, 314; s. dazu Anm. *Jayme* IPRax 1987, 295 ff.

EuGVÜ für Gerichtsstandsvereinbarungen vorgeschriebenen Form abhängen.[469] Zu beachten bleibt jedoch die hierdurch mögliche Gefahr der bewußten Umgehung der Formvorschriften des Art. 17 EuGVÜ. Daher kann eine von Art. 17 EuGVÜ abweichende Beurteilung der Erfüllungsortsvereinbarung nur dann vorgenommen werden, wenn die Vereinbarung ernsthaft auf die materiellrechtliche Begründung eines tatsächlichen Leistungsorts abzielt und nicht lediglich eine nur prozessual gemeinte „abstrakte" Erfüllungsortsvereinbarung darstellt.[470]

2. *Sachzusammenhang bei Bürgschaftsklagen*

Gem. Art. 22 EuGVÜ können zusammenhängende Verfahren, die vor Gerichten verschiedener Vertragsstaaten anhängig sind, verbunden werden, oder das Verfahren vor dem später angerufenen Gericht ausgesetzt werden. Im Rahmen der Klagen auf Inanspruchnahme des Bürgen stellt sich die Frage, ob ein Zusammenhang zwischen der Klage aus dem Hauptschuldverhältnis und der Bürgschaftsklage sowie der Regreßklage des in Anspruch genommenen Bürgen aufgrund des durch gesetzlichen Forderungsübergang übergegangenen Anspruchs gegeben ist. Nach der Legaldefinition des Art. 22 Abs. 3 EuGVÜ muß eine enge Beziehung zwischen den Klagen bestehen, die eine gemeinsame Verhandlung gebietet, gerade um sich widersprechende Entscheidungen in getrennten Verfahren zu vermeiden. Aufgrund dieser recht unbestimmten und weiten Begriffsbestimmung[471] kann im Verhältnis zwischen der Klage aus dem Hauptschuldverhältnis und der Bürgschaftsklage unbedenklich ein solcher Zusammenhang bejaht werden, zumal gerade hier aufgrund der Abhängigkeit der Bürgschaft von der Hauptverpflichtung sich widersprechende Entscheidungen vermieden werden müssen. Insbesondere wenn die Einrede der Vorausklage ausgeschlossen ist oder wie im italienischen Recht nicht besteht, ist eine gleichzeitige Inanspruchnahme des Hauptschuldners und des Bürgen seitens des Gläubigers der Forderung möglich. Würde nun das Gericht des einen Staates zu einer anderen Auffassung etwa im Hinblick auf das Bestehen bzw. Nichtbestehen der Hauptverbindlichkeit kommen, so würden hierdurch widersprechende Entscheidungen erzielt, die zu vermeiden sind.

Bei der Regreßklage ergibt sich der Zusammenhang daraus, daß der Regreß des Bürgen unmittelbar aus seiner Inanspruchnahme aus der Bürgschaft resultiert und diese wiederum, wie soeben bereits geschildert, unmittelbar mit der Hauptforderung verknüpft ist. Sofern eine Klage aus dem Hauptschuldverhältnis und

---

469 BGH RIW 1980, 725 mit Verweisen auf das Urteil des EuGH vom 17.1.1980 - 56/79 Zelger/Salinitri.

470 *Kropholler* EuGVÜ Art. 5 Rdn. 23 m. weit. Nachw.

471 *Carpi/Taruffo* Appendice I Art. 22 EuGVÜ Rdn. 5.

eine gleichzeitige Klage gegenüber dem Bürgen anhängig sind, ist der Zusammenhang dadurch gegeben, daß die Bürgschaftsklage (bzw. die Inanspruchnahme aus der Bürgschaft) der Regreßklage notwendigerweise vorausgehen muß und der Ausgang der Bürgschaftsklage nicht zu einer widersprechenden Entscheidung zu der gleichzeitig erhobenen Klage aus dem Hauptschuldverhältnis führen sollte.

Bei einer Klage gegenüber mehreren Bürgen, welche für die gleiche Forderung gebürgt haben, ergibt sich der Zusammenhang schon daraus, daß bei unterschiedlichen Entscheidungen der Mitbürgenausgleich schwer realisierbar wäre beziehungsweise zu unterschiedlichen Ergebnissen führen würde, was in jedem Fall vermieden werden sollte.

II. Auswirkungen eines Urteils im Hauptschuldverhältnis auf die Bürgenverpflichtung im deutsch-italienischen Rechtsverkehr

Die Anerkennung eines Urteils im Hauptschuldverhältnis richtet sich im deutsch-italienischen Rechtsverkehr ausschließlich nach dem EuGVÜ. Aufgrund dessen Anwendbarkeit bei Urteilen im deutsch-italienischen Rechtsverkehr verdrängt es das autonome Anerkennungs- und Vollstreckungsrecht[472] der Vertragsstaaten Deutschland und Italien. Somit wird gem. Art. 26 EuGVÜ die in einem Vertragsstaat ergangene Entscheidung gem. Art. 25 EuGVÜ anerkannt, ohne daß es hierfür eines besonderen Verfahrens bedarf.[473] Abgesehen von den Ausnahmefällen der Art. 27 und 28 EuGVÜ, auf die hier zunächst nicht näher eingegangen werden soll,[474] bereitet somit grundsätzlich die Anerkennung eines Urteils im Hauptschuldverhältnis keinerlei Probleme.

Es stellt sich jedoch die Frage, ob ein rechtskräftiges Urteil, das im Verhältnis zwischen dem Gläubiger und dem Hauptschuldner über die gesicherte Forderung ergangen ist, auch für oder gegen den Bürgen wirkt. Vorliegend sind somit vorab zwei Möglichkeiten zu unterscheiden. Zum einen, daß das Urteil zwischen Gläubiger und Hauptschuldner für den Bürgen günstig ist (so im Fall der Klageabweisung), zum anderen, daß es für den Bürgen ungünstig ist, was dann der Fall ist, wenn es den Hauptschuldner zur Leistung verurteilt. Fraglich ist hierbei, inwieweit das Urteil im Hauptschuldverhältnis auf das Bürgenverhältnis „durchgreift" gerade auch im Hinblick auf die Akzessorietät der Bürgschaft. Im Verhältnis zwischen Deutschland und Italien sind hierbei folgende Fälle zu unterscheiden.

---

472 *Kropholler* EuGVÜ Art. 25 Rdn. 6; siehe auch *Geimer/Schütze* § 124, S. 1005.
473 *Carpi/Taruffo* Appendice I Art. 26 EuGVÜ Rdn. 2.
474 Siehe hierzu unter Punkt III.

1. Auswirkungen eines italienischen Urteils im Hauptschuldverhältnis auf die Bürgschaft bei deutschem Bürgschaftsstatut

a) Klageabweisung im Prozeß zwischen Gläubiger und Hauptschuldner

Ergeht im Hauptschuldverhältnis zwischen dem Gläubiger und dem Schuldner ein klageabweisendes italienisches Urteil, so stellt sich die Frage, wie dieses sich auf die Bürgschaft des deutschen Bürgen auswirkt. Aufgrund der soeben dargestellten, problemlosen Anerkennung des italienischen Urteils in Deutschland gem. Art. 25 ff. EuGVÜ wird jedoch lediglich geklärt, daß das italienische Urteil im Fall der Anerkennung zu berücksichtigen ist, jedoch wird durch das EuGVÜ nicht geregelt, welche konkreten Wirkungen diesem zukommen. Hierzu wird vertreten, daß ein ausländisches Urteil im Fall der Anerkennung wie eines des anerkennenden Staates (hier: Deutschland) wirken würde.[475] Die überwiegende Auffassung geht hingegen davon aus, daß einem ausländischen Urteil grundsätzlich die Wirkung zukommt, die ihm das Recht des Urteilsstaates beimißt. Die Berechtigung dieses Grundsatzes ergibt sich aus der Überlegung, daß der dem Urteil zugrunde liegende Prozeß gerade im Hinblick auf die Wirkungen geführt wurde, die das Recht des Urteilsstaates anordnet.[476]

Es stellt sich somit die Frage, wie das italienische Recht die Wirkungen des klageabweisenden Urteils auf die Bürgenverpflichtung beurteilt. Bei einem klageabweisenden Urteil im Hauptschuldverhältnis zwischen Gläubiger und Hauptschuldner kann das zugunsten des Bürgen wirkende Urteil von diesem dem Gläubiger entgegengehalten werden und entfaltet somit Rechtswirkung auch für den Bürgen.[477] Dieses Ergebnis ist einleuchtend, zumal der Bürge auch davor geschützt werden muß, daß der Gläubiger bei einem klageabweisenden Urteil im Hauptschuldverhältnis nunmehr ihn (zum Beispiel bei Ausschluß der Einrede der Vorausklage) in Anspruch nimmt und somit die Wirkungen des Urteils umgeht.

b) Verurteilung des Hauptschuldners im Rechtsstreit mit dem Gläubiger

Als Gegenstück hierzu stellt sich das Problem, ob auch ein für den Bürgen ungünstiges Urteil im Hauptschuldverhältnis zu akzeptieren ist. Dies ist dann der Fall, wenn der Hauptschuldner zur Leistung verurteilt wird, der Gläubiger folglich mit seiner Klage obsiegt. In diesem Fall nehmen die italienische Rechtsprechung und einige Stimmen in der Literatur an, daß dieses für den Bürgen ungün-

---

475 *Matscher* ZZP 86 (1973), 404, 408.
476 *Severain* Bürgschaft, S. 54 m. weit. Nachw.
477 *Ravazzoni*, Fideiussione, in: Novissimo Digesto, S. 282; *Bozzi*, S. 254.

stige Urteil im Hauptschuldverhältnis keine Wirkungen hinsichtlich des Bürgen entfalten würde.[478] Begründet wird dies damit, daß im Prozeß einzig der unterlegene Hauptschuldner Prozeßpartei war.[479] Insofern hatte der Bürge keinerlei Verteidigungs- und Einflußmöglichkeit auf den Ausgang des Rechtsstreits. Hiergegen spricht sich jedoch ein Teil der italienischen Doktrin aus, der in erster Linie auf den akzessorischen Charakter der Bürgschaft in bezug auf die Hauptschuld abstellt.[480] Als weitere Begründung für eine wirksame Geltendmachung des Urteils im Hauptschuldverhältnis seitens des Gläubigers gegenüber dem Bürgen wird mit Verweis auf Art. 1945 cod. civ. angeführt, daß der Bürge lediglich bestehende Einwände des Hauptschuldners gegenüber dem Gläubiger geltend machen könne und nicht solche, die lediglich abstrakt denkbar seien.[481] Dem muß jedoch entgegengehalten werden, daß eine Wirkung des Urteils im Hauptschuldverhältnis zu Ungunsten des Bürgen ein tiefgreifender Eingriff in dessen Recht wäre, wodurch der auch in Italien geltende Grundsatz auf rechtliches Gehör verletzt wäre. Auch vermag die Ansicht nicht zu überzeugen, daß das für den Bürgen ungünstige Urteil im Hauptschuldverhältnis aufgrund der Akzessorietät der Bürgschaft Wirksamkeit entfalte. Die Akzessorietät der Bürgschaft ist eine rein materiellrechtliche Verbindung zwischen Hauptschuld und Bürgenverbindlichkeit. Diese materiellrechtliche Abhängigkeit impliziert jedoch nicht gleichfalls eine prozessuale Verbindung. Eine solche ist vielmehr zu verneinen. Es kann gerade nicht hingenommen werden, daß der Gläubiger, der einen Titel gegen den Hauptschuldner erstritten hat, diesen automatisch auch gegen den Bürgen verwenden kann, zumal er auch nicht vollstreckbar wäre, da der Titel insofern keinen vollstreckungsfähigen Inhalt aufweist. Somit ist von der prozessualen Autonomie der Bürgschaft in bezug auf das Hauptschuldverhältnis auszugehen.[482] Demnach wird man sich der vorherrschenden Ansicht in Italien anschließen müssen, mit der Konsequenz, daß eine Wirkung des für den Bürgen ungünstigen Urteils, durch welches der Hauptschuldner zur Leistung an den Gläubiger verurteilt wird, abzulehnen ist.

Abschließend läßt sich somit festhalten, daß ein für den deutschen Bürgen günstiges italienisches Urteil Wirkungen für ihn entfaltet, hingegen ein dem Bürgen ungünstiges Urteil ihm nicht entgegengehalten werden kann.

---

478 *Bozzi*, S. 254; *Rescigno* Cod. Civ. Art. 1944 mit Verweis auf Corte Cass. 17.11.1976, 4192; *Fragali* Voce Fideiussione, S. 369.
479 *Fragali* Voce Fideiussione, S. 369.
480 *Ravazzoni*, Fideiussione, in: Novissimo Digesto, S. 282.
481 *Ravazzoni*, Fideiussione, in: Novissimo Digesto, S. 282.
482 *Bozzi*, S. 254.

2. *Auswirkungen eines deutschen Urteils im Hauptschuldverhältnis auf die Bürgschaft bei italienischem Bürgschaftsstatut*

Auch in dieser Fallkonstellation wird, wie bereits oben geschildert, das Urteil im Hauptschuldverhältnis in den Vertragsstaaten des EuGVÜ anerkannt, ohne daß es hierzu eines besonderen Anerkennungsverfahrens bedarf. Wie bereits unter Punkt 1 behandelt, wird hierdurch lediglich geregelt, daß das ausländische (deutsche) Urteil in Italien anerkannt wird, nicht jedoch, welche konkreten Wirkungen diesem zukommen. Nach der überwiegenden Ansicht werden dem ausländischen Urteil in Italien durch die Überprüfung (sog. delibazione) die eigenen Wirkungen zuerkannt.[483] Somit werden auch nach dem italienischen Recht dem anerkannten Urteil dessen Wirkungen zugesprochen.

Es stellt sich in der vorliegenden Fallkonstellation die Frage, wie das deutsche Recht die Wirkung eines Urteils im Hauptschuldverhältnis auf die zur Absicherung der Forderung bestellte Bürgschaft beurteilt. Obsiegt der Hauptschuldner im Prozeß gegen den Gläubiger (Klageabweisung), so kann sich der Bürge dem Gläubiger gegenüber darauf berufen, daß die Forderung gegen den Hauptschuldner rechtskräftig abgewiesen ist. Hierbei handelt es sich um einen Fall der Rechtskrafterstreckung, in dem die Rechtskraft auf Grund von Bestimmungen des materiellen Rechts für einen Dritten wirkt, der nicht Partei des Rechtsstreits war.[484]

Im umgekehrten Sachverhalt, nämlich in dem Fall, in dem der Hauptschuldner gegenüber dem Gläubiger zur Leistung verurteilt worden ist, ist nach deutschem Recht ebenfalls unbestritten, daß ein gegenüber dem Hauptschuldner ergangenes Urteil auf Zahlung keine Rechtskraftwirkung gegenüber dem Bürgen entfaltet.[485] Dem ist auf der Grundlage der Ausführungen unter Punkt 1 b zuzustimmen.

Somit kommt man auch bei der Fallkonstellation eines deutschen Urteils und italienischem Bürgschaftsstatut zu dem Ergebnis, daß lediglich das Urteil im Hauptschuldverhältnis, welches für den Bürgen günstig ist, Rechtskraftwirkungen für diesen entfaltet.

Abschließend läßt sich somit zusammenfassen, daß im deutsch-italienischen Rechtsverkehr, unabhängig davon, ob im Hauptschuldverhältnis ein deutsches oder italienisches Urteil vorliegt, beide Rechtsordnungen zu dem Ergebnis gelangen, daß ein Urteil im Hauptschuldverhältnis zwar zugunsten, jedoch nicht zuungunsten des Bürgen Rechtskraftwirkungen haben kann.

---

483 *Carpi/Taruffo* § 796 Punkt II (Necessità della delibazione) Rdn. 2.
484 BGH NJW 1970, 279.
485 BGH, BGHZ 76, 222, 230.

III. Anerkennung einer Gerichtsentscheidung bei Verstoß gegen den ordre public

1. Einführung in die Problematik

Die Anerkennung von Gerichtsentscheidungen im deutsch-italienischen Rechtsverkehr beurteilt sich vom deutschen Standpunkt aus gem. Art. 25 ff. EuGVÜ. Ebenso finden sich jedoch auch Normen in der Zivilprozeßordnung (§ 328 Abs. 1 Nr. 4 ZPO).

Vom italienischen Standpunkt her finden sich diesbezügliche Normen sowohl in der italienischen Zivilprozeßordnung (siehe insbesondere Art. 797 n. 7 cod. proc. civ.) als auch in den Art. 64 ff. dir. int. priv. sowie in den Art. 25 ff. EuGVÜ. Folglich ist zunächst der Zusammenhang dieser unterschiedlichen Normen zu unterscheiden.

Es stellt sich somit die Frage, ob es aufgrund der Vielzahl von Regelungen im deutschen und italienischen Recht hinsichtlich der Versagung der Anerkennung einer ausländischen Gerichtsentscheidung bei einem Verstoß gegen den ordre public im deutsch-italienischen Rechtsverkehr zu Konflikten kommen kann. Was zunächst das Verhältnis zwischen internationalem und nationalem Prozeßrecht anbelangt, bringt das EuGVÜ eindeutig zum Ausdruck, daß die Regelungen der Art. 25 ff. EuGVÜ die nationalen, italienischen wie deutschen Vorschriften verdrängen.[486] Folglich haben im Rahmen des internationalen Zivilprozeßrechts die Art. 25 ff. EuGVÜ im deutsch-italienischen Rechtsverkehr immer Vorrang vor den nationalen Regelungen.

Ebenso verhält es sich grundsätzlich mit den Regelungen hinsichtlich des materiellen ordre public. Aufgrund der umfassenden Verweisung in Art. 57 dir. int. priv. auf das EVÜ und aufgrund der Inkorporierung des EVÜ in das EGBGB ergeben sich zunächst keine Konflikte im deutsch-italienischen Rechtsverkehr aufgrund möglicher Disharmonien zwischen nationalen italienischen und/oder deutschen Normen zu internationalen Abkommen. Dennoch stellt sich die Frage, ob nicht etwa durch eine national unterschiedliche Interpretation des Begriffs des ordre public im Rahmen der Anerkennung einer ausländischen Gerichtsentscheidung gem. Art. 27 Ziff. 1 EuGVÜ kollisionsrechtliche Probleme hinsichtlich des Bürgschaftsrechts auftreten können. Des weiteren ist es denkbar, daß bereits die Abgrenzung zwischen dem anerkennungsrechtlichen ordre public und dem materiellen ordre public in Deutschland und Italien völlig unterschiedlich gehandhabt wird und bereits hieraus bei der Anerkennung einer Entscheidung kollisions-

486 *Kropholler* EuGVÜ Art. 25 Rdn. 6; siehe auch *Kropholler* EuGVÜ Einleitung Rdn. 13; siehe auch *Geimer/Schütze*, 1. Band § 124, S. 1005.

rechtliche Konflikte auftreten können. Folglich muß zunächst untersucht werden, wie sich die strukturellen Unterschiede des anerkennungsrechtlichen und des materiellen ordre public nach deutschem und italienischem Recht darstellen.

2. *Strukturelle Unterschiede zwischen dem ordre public Vorbehalt im internationalen Privatrecht und internationalen Zivilprozeßrecht*

Bevor auf die prozessuale Problematik der Anerkennung einer Gerichtsentscheidung bei Verstoß gegen den ordre public eingegangen werden kann, muß zunächst der strukturelle Unterschied zwischen dem ordre public Vorbehalt im internationalen Privatrecht und internationalen Zivilprozeßrecht aufgezeigt werden, um Ungenauigkeiten zwischen dem Prozeßrecht und dem materiellen Recht im Hinblick auf Verstöße gegen den ordre public zu vermeiden.

Hierbei ist zunächst herauszustellen, daß sowohl nach der deutschen als auch nach der italienischen Rechtsordnung eine Unterscheidung zwischen dem anerkennungsrechtlichen ordre public und dem kollisionsrechtlichen ordre public vorgenommen wird.

a) *Der ordre public in der italienischen Rechtsordnung*

Bei der Behandlung des ordre public in der italienischen Rechtsordnung wird zwischen dem anerkennungsrechtlichen ordre public gem. Art. 64 Ziff. 1 g) der italienischen Zivilprozeßordnung und dem kollisionsrechtlichen ordre public gem. Art. 16 dir. int. priv. unterschieden werden. Im Zuge der Reform des italienischen internationalen Privatrechts wurde der Art. 64 Ziff. 1 g) dem Art. 27 Ziff. 1 EuGVÜ angepaßt, auch um Divergenzen zwischen dem nationalen Recht und dem internationalen Vertragsrecht zu vermeiden.

Die kollisionsrechtliche Regelung des italienischen ordre public wird nach der grundlegenden Änderung des italienischen internationalen Privatrechts nunmehr in Art. 16 dir. int. priv. geregelt. Die Änderung der kollisionsrechtlichen Regelung hinsichtlich des ordre public gegenüber der bisherigen des Art. 31 prel. ist darin zu sehen, daß durch Art. 16 dir. int. priv. gegenüber der bisherigen Regelung die Begrenzung der Vorbehaltsklausel nicht deutlicher zum Ausdruck gebracht wird.[487] Im Rahmen der Neuregelung des Art. 16 dir. int. priv. ist hervorzuheben, daß bei ordre public Verstößen zunächst nach einer Ersatzlösung innerhalb des anzuwendenden Rechts zu suchen ist, was den Grundsätzen des Art. 6 EGBGB entspricht. Führt dies ebenfalls zu keinem Erfolg, so wird nicht wie nach bisherigem Recht auf die lex fori zurückgegriffen, sondern in erster Linie gem.

487 *Kindler* in RabelsZ 61 (1997), 255 m. weit. Nachw.

Art. 16 Abs. 2 dir. int. priv. auf diejenige Rechtsordnung, die durch andere, eventuell für den gleichen Regelungssachverhalt vorgesehene Anknüpfungsmerkmale zur Anwendung berufen ist.[488]

Auch hinsichtlich des materiellrechtlichen ordre public ist nochmals eine Unterscheidung vorzunehmen. Diesbezüglich ist zwischen dem sog. internationalen ordre public gem. Art. 16 dir. int. priv. und dem sog. inneren ordre public[489] zu unterscheiden.[490] Diesbezüglich ist zu beachten, daß der internationale ordre public enger gefaßt ist als der innere ordre public.[491] Der internationale ordre public wird als Norm angesehen, welche den Schutz der gemeinsamen, fundamentalen Wertanschauungen und Prinzipien sowie der fundamentalen Menschenrechte der zivilisierten Vielvölkergemeinschaft, welche in internationalen Staatsverträgen verankert sind, gewährleisten soll,[492] während der nationale ordre public den Erhalt der fundamentalen Prinzipien, welche die ethisch-sozialen Strukturen der nationalen Gemeinschaft charakterisieren, gewährleisten soll[493]. Beide Rechtsnormen erfüllen somit die gleiche Funktion, nämlich die Gültigkeit fremder rechtlicher Wertvorstellungen auf das interne Regelungswerk zu begrenzen.[494]

b) Der ordre public in der deutschen Rechtsordnung

Auch im deutschen Recht wird zwischen dem kollisionsrechtlichen ordre public gem. Art. 6 EGBGB und dem anerkennungsrechtlichen ordre public gem. § 328 Abs. 1 Nr. 4 ZPO unterschieden. Hierbei hat der kollisionsrechtliche ordre public eine ausschließlich negative Funktion. So ist nach Art. 6 EGBGB die Anwendung eines ausländischen Gesetzes ausgeschlossen, wenn sie zu einem Ergebnis führt, das mit den wesentlichen Grundsätzen des deutschen Rechts, insbesondere mit den Grundrechten, unvereinbar ist.[495]

Demgegenüber ist der Anwendungsbereich des anerkennungsrechtlichen ordre public gem. § 328 Abs. 1 Nr. 4 ZPO viel weiter.[496]

---

488 *Kindler* in RabelsZ 61 (1997), 257 m. weit. Nachw.

489 Verstoß etwa gegen Art. 1375 cod. civ.; siehe auch 1343 cod. civ. und 1418 cod. civ.

490 *Ballarino*, S. 290.

491 *Ballarino*, S. 291.

492 Cass. sez. un. 08.01.1981, n. 189 Riv. dir. int. priv. proc. 1981, S. 787; *Ballarino*, S. 292.

493 Cass. sez. un. 08.01.1981, n. 189 Riv. dir. int. priv. proc. 1981, S. 787; *Ballarino*, S. 292.

494 *Ballarino*, S. 292.

495 *Geimer* IZPR, Rdn. 24.

496 *Geimer* IZPR, Rdn. 26.

Strukturelle Unterschiede zwischen dem ordre public im internationalen Privatrecht und dem ordre public im internationalen Zivilprozeßrecht ergeben sich daraus, daß der anerkennungsrechtliche ordre public gegenüber dem kollisionsrechtlichen ordre public nach der deutschen Rechtsordnung ein weiteres Anwendungsfeld hat.[497] Der Anerkennungsstaat setzt beim anerkennungsrechtlichen ordre public über diese Klausel auch sein international zwingendes Recht durch, also jene Normen, die der inländische Richter, hätte er den Prozeß anstelle des Erstrichters entscheiden müssen, kraft des Geltungsbereichs angewandt hätte, ohne seinen kollisionsrechtlichen ordre public zu bemühen.[498]

Des weiteren wird auch in der deutschen Rechtsordnung zwischen dem materiellen und dem prozessualen beziehungsweise verfahrensrechtlichen ordre public unterschieden. Unter dem materiellen ordre public wird hierbei der unverzichtbare Kernbereich der deutschen Sachrechtsordnung verstanden, aufgrund dessen das Anwendungsergebnis fremder Sachnormen oder die Anerkennung beziehungsweise die Vollstreckbarkeit ausländischer Entscheidungen abgewehrt wird. Der prozessuale ordre public meint hingegen den unverzichtbaren Teil des eigenen Verfahrensrechts, folglich fundamentale Prozeßgrundsätze wie beispielsweise Art. 103 Abs. 1 GG, welche zur Nichtanerkennung beziehungsweise Nichtvollstreckbarkeit der ausländischen Entscheidung führen.[499]

c) *Zwischenfazit*

In beiden Rechtsordnungen wird zwischen dem anerkennungsrechtlichen (prozessualen) und dem materiellrechtlichen ordre public unterschieden. Aufgrund dieser Übereinstimmung hinsichtlich der Unterscheidung zwischen dem anerkennungsrechtlichen und dem materiellrechtlichen ordre public sind allein aufgrund der Struktur des ordre public keine kollisionsrechtlichen Konflikte ersichtlich.

3. *Verstöße gegen den materiellrechtlichen ordre public*

a) *Mögliche Verstöße gegen den materiellrechtlichen ordre public im deutsch-italienischen Rechtsverkehr*

Verstöße gegen den materiellen ordre public sind insbesondere dann nach beiden Rechtsordnungen gegeben, wenn gegen die jeweils nationalen guten Sitten verstoßen wird. Auf Bürgschaftsverträge im deutsch-italienischen Rechtsverkehr

---

497 *Geimer* IZPR, Rdn. 23.

498 *Geimer* IZPR, Rdn. 26 mit Beispiel.

499 MüKo/*Sonnenberger* Art. 6 EGBGB Rdn. 21 m. weit. Nachw.

übertragen, wäre dies dann der Fall, wenn ein Bürgschaftsvertrag beispielsweise gegen den deutschen § 138 BGB[500], nicht jedoch gegen die guten Sitten nach italienischem Recht gem. Art. 1343, 1418 oder Art. 1375 cod. civ. verstieße[501] oder umgekehrt.

b) Rechtsfolgen nach deutschem und italienischem Recht

Die Rechtsfolgen eines Verstoßes gegen den materiellen ordre public nach italienischem Recht beurteilen sich seit der Änderung des italienischen internationalen Privatrechts gem. Art. 16 dir. int. priv., so daß zunächst innerhalb des anzuwendenden Rechts nach einer Ersatzlösung zu suchen ist[502]. Diese Regelung der Rechtsfolgen eines Verstoßes gegen den italienischen materiellen ordre public entspricht auch den in Art. 6 EGBGB anerkannten Grundsätzen.[503] Somit läßt sich hierzu anmerken, daß Verstöße gegen den materiellen ordre public in beiden Rechtsordnungen nach den gleichen Grundsätzen behandelt werden.

4. Verstöße gegen den prozessualen ordre public

Hinsichtlich eines möglichen Verstoßes gegen den prozessualen, anerkennungsrechtlichen ordre public sind ebenfalls generell Verstöße im deutsch-italienischen Rechtsverkehr denkbar.

Im ausländischen Rechtsschutz sind ausländische Verfahren denkbar, die vom inländischen Standard erheblich abweichen. Beispielsweise ist die Sicherungsbeschlagnahme (sequestro conservativo) des italienischen Rechts (Art. 671, 673 ff. cod. proc. civ.) für den Schuldner wesentlich ungünstiger als ein vergleichbares deutsches Verfahren. Dennoch wurde ein solche Sicherstellungsbeschlagnahme in Anbetracht der gebotenen zurückhaltenden Anwendung des ordre public als vereinbar mit den deutschen rechtsstaatlichen Grundsätzen betrachtet.[504]

5. Konsequenzen eines Verstoßes gegen den anerkennungsrechtlichen ordre public

Bei der Anwendung des anerkennungsrechtlichen ordre public stellt sich – anders als beim kollisionsrechtlichen ordre public – nicht das Problem der Lückenfüllung. Hier geht es ausschließlich um die Anerkennung oder Nichtanerkennung

---

500 MüKo/*Sonnenberger* Art. 6 EGBGB Rdn. 37 m. weit. Nachw.
501 *Ballarino*, S. 290, 291.
502 *Ballarino*, S. 296.
503 BGH, BGHZ 120, 29, 37 ff.
504 *Kropholler* EuGVÜ Art. 27 Rdn. 12; OLG Hamm RIW 1985, 973.

der Wirkungen der ausländischen Entscheidung, wobei in diesem Fall eine Zurückverweisung eine Nichtbeachtung darstellt[505].

Dies führt dazu, daß bei einem Verstoß gegen den anerkennungsrechtlichen ordre public im deutsch-italienischen Rechtsverkehr das betreffende Urteil nicht anerkannt wird. Aufgrund der Tatsache, daß sich eine solche Prüfung in beiden Ländern gem. Art. 25 ff. EuGVÜ beurteilt, sind die diesbezüglichen Voraussetzungen jeweils die gleichen.

Hinsichtlich des Bürgschaftsrechts hat der Bundesgerichtshof zu Art. 27 Nr. 1 EuGVÜ festgestellt, daß, wenn ein zuständiges ausländisches Gericht auf der Grundlage des anwendbaren ausländischen Rechts einen Bürgen zur Zahlung verurteilt hat, vor einer Vollstreckbarkeitserklärung des ausländischen Urteils in Deutschland nur geprüft werden kann, ob der Schuldner wegen besonders krasser struktureller Unterlegenheit durch die Vollstreckbarkeit zum wehrlosen Objekt der Fremdbestimmung gemacht wird.[506] Ähnlich hierzu hat der italienische Kassationshof entschieden, daß bei der Anerkennung eines ausländischen Urteils in Italien nur krasse Unstimmigkeiten berücksichtigt werden dürfen.[507] Somit besteht auch hinsichtlich der Rechtsprechung Übereinstimmung hinsichtlich der Anerkennung eines ausländischen Urteils bei Verstoß gegen den ordre public.

Es ergeben sich folglich keine anerkennungsrechtlichen kollisionsrechtlichen Probleme.

6. Ergebnis

Trotz einer Vielzahl von Regelungen im deutschen und insbesondere im italienischen Recht hinsichtlich der Versagung der Anerkennung einer ausländischen Gerichtsentscheidung bei einem Verstoß gegen den ordre public im deutsch-italienischen Rechtsverkehr sind kollisionsrechtliche Konflikte nicht vorprogrammiert. Dies wird im deutsch-italienischen Rechtsverkehr insbesondere dadurch erreicht, daß im Verhältnis des internationalen Prozeßrechts aufgrund der Anwendung des EuGVÜ die Anerkennung einer Gerichtsentscheidung gem. Art. 25, 27 Nr. 1 EuGVÜ einheitlich geregelt wird. Die Regelungen der Art. 25 ff. EuGVÜ verdrängen hierbei die nationalen, italienischen wie deutschen Normen.

505 *Geimer/Schütze*, 2. Band § 198, S. 1594, 1595.

506 BGH WM 1999, 681.

507 Corte Cass. 5.5.1989, Nr. 2102; *Mosconi*, S. 159.

5. Teil: Schluß

§ 13 Zusammenfassung

1. Anliegen der Arbeit war es, kollisionsrechtliche Probleme bei dem Auseinanderfallen des Forderungs- und des Bürgschaftsstatuts bzw. der Statuten mehrerer Mitbürgen im deutsch-italienischen Rechtsverkehr aufzuzeigen.

2. Die Arbeit hatte sich auf Bürgschaften zu beschränken und war deshalb von anderen Personalsicherheiten abzugrenzen. Die Bürgschaft ist in Deutschland wie in Italien von dem Schuldbeitritt danach abzugrenzen, ob der Beitretende ein unmittelbares eigenes, rechtliches oder wirtschaftliches Interesse an der Schuldübernahme hat. Übernimmt er die Haftung aus altruistischen oder sonstigen Motiven, liegt eine Bürgschaft vor. Für die Abgrenzung der Bürgschaft zur Garantie kommt es in Deutschland zum einen darauf an, ob eine akzessorische Haftung gewollt ist (dann Bürgschaft), und zum anderen auf das Interesse des Sicherungsgebers. Will der Sicherungsgeber den Sicherungsnehmer aufgrund eines eigenen Interesses in jedem Fall schadlos stellen, liegt eine Garantie vor. Bei der Abgrenzung zwischen Garantie und Bürgschaft auf erstes Anfordern kommt es in erster Linie auf die verwendete Terminologie im Sicherungsvertrag an. In Italien hat sich hingegen die Garantie als Unterfall der Bürgschaft entwickelt. Die Abgrenzung ist mithin schwieriger, zumal das italienische Recht akzessorische und nichtakzessorische Garantien kennt. Für die Abgrenzung zur Bürgschaft kommt es maßgebend auf die im Vertrag verwendete Terminologie an. Eventuelle Unklarheiten gehen dabei zu Lasten des Sicherungsnehmers. Im Zweifel ist eine nichtakzessorische Garantie anzunehmen. Die Wechsel- und Scheckbürgschaft ist zwar in Italien, anders als in Deutschland, eine Bürgschaft im Sinne des bürgerlichen Rechts, kollisionsrechtliche Probleme ergeben sich hieraus jedoch nicht. Letzteres gilt auch für das Delkredere von Handelsvertretern, den Kreditauftrag und die Kreditversicherung. Die harte Patronatserklärung ist in Deutschland wie in Italien danach von der Bürgschaft abzugrenzen, ob eine akzessorische Haftung für die Verbindlichkeiten der Tochtergesellschaft des Patrons gewollt ist (dann Bürgschaft) oder nur Schadensersatz geschuldet werden soll, wenn die Mutter eine eventuelle Illiquidität bei der Tochtergesellschaft nicht ausgleicht (dann Patronatserklärung).

3. Die Bürgschaft ist selbständig anzuknüpfen, ihr Statut richtet sich nicht nach dem der Hauptschuld. Bürgschaftsstatut und Statut der Hauptschuld können auseinanderfallen. Das „Ob“ der Haftung des Bürgen bestimmt sich nach dem Bürgschaftsstatut. Hierzu zählen die Fragen, ob dem Bürgen die Einrede der Vorausklage und sonstige Leistungsverweigerungsrechte zustehen und ob die Haftung des Bürgen akzessorisch ist. Der Regreß des Bürgen bei Inanspruchnahme bestimmt sich ebenfalls nach dem Bürgschaftsstatut, der Hauptschuldner kann dem Bürgen jedoch Einwendungen entgegenhalten, die dieser gegen den Gläubiger hätte geltend machen können. Worauf der Bürge haftet, bestimmt sich hingegen nach dem Statut der Hauptforderung; dabei handelt es sich um eine selbständig anzuknüpfende Vorfrage. Kollisionsrechtliche Probleme ergeben sich neben dem Auseinanderfallen von Bürgschafts- und Hauptforderungsstatut aus der Bestellung mehrerer Sicherheiten für eine Forderung, sei es in Form von Mitbürgschaften oder durch weitere, dingliche Sicherheiten, die dann jeweils selbständig anzuknüpfen sind.

4. Die Parteien können das Bürgschaftsstatut und das Statut der Hauptforderung grundsätzlich frei wählen. Probleme ergeben sich insoweit nur dahin, ob sich auch eventuelle Interzessionsverbote, wie ehegüterrechtliche Beschränkungen, nach dem frei gewählten Bürgschaftsstatut regeln oder ob es insoweit bei dem abweichenden Statut des Ehegüterrechts verbleibt. Entgegen der Ansicht des BGH sind die Interzessionsverbote grundsätzlich nicht nach dem Bürgschaftsstatut, sondern nach dem Ehegüterrecht zu bestimmen. Soweit der Gläubiger das Interzessionsverbot der fremden Rechtsordnung aber nicht kannte oder kennen mußte, verbleibt es infolge einer Analogie zu Art. 16 Abs. 2 EGBGB bei der alleinigen Anknüpfung an das Bürgschaftsstatut.

5. Die in Italien bis 1995 bestehenden Widersprüche zwischen dem EVÜ und dem nationalen italienischen internationalen Privatrecht sind durch die IPR-Reform von 1995 beseitigt worden. Seitdem werden die schuldrechtlichen Kollisionsnormen des EVÜ durch Inkorporation als nationales italienisches IPR übernommen. Auch in Italien ist das Bürgschaftsstatut selbständig anzuknüpfen, und folgt nicht aus dem Statut der Hauptforderung. Auch der sich nach dem Bürgschaftsstatut bestimmende Umfang der Bürgenhaftung beinhaltet keine wesentlichen Unterschiede zum deutschen Recht. Kollisionsrechtliche Probleme ergeben sich in erster Linie aus den unterschiedlichen materiellrechtlichen Bürgschaftsvorschriften. Kollisionsrechtliche Probleme können sich jedoch im Bankenverkehr ergeben. Dabei hat in Zweifelsfällen die Anknüpfung im Lichte des EVÜ am Hauptsitz der Bank zu erfolgen. Kollisionsrechtliche Konflikte hinsichtlich des Bürgschaftsrechts im deutsch-italienischen Rechtsverkehr durch die Vorbe-

halte Italiens in Art. 22 Abs. 1 Ziff. b EVÜ hinsichtlich Art. 10 EVÜ sowie Deutschlands hinsichtlich Art. 7 EVÜ gem. Art. 22 Abs. 1 Ziff. a EVÜ sind nicht ersichtlich.

6. a) Bei der Form der Bürgschaft können sich kollisionsrechtliche Probleme daraus ergeben, daß nach Art. 11 EGBGB bzw. Art. 9 EVÜ sowohl an die Ortsform als auch an die Form nach dem Bürgschaftsstatut angeknüpft werden kann und in Italien Bürgschaften formfrei erklärt werden können, ihre Schriftform nur Erleichterungen beim Beweis dient. Diese kollisionsrechtlichen Probleme lassen sich dadurch auflösen, daß man in Deutschland wie in Italien die Orts- und die Geschäftsform als gleichwertig anerkennt und auch eine Abbedingung der Ortsform durch (stillschweigende) Parteivereinbarung nicht für möglich hält. Letzteres gilt auch bei Distanzgeschäften.

b) Entgegen der Rechtsprechung des Bundesgerichtshofs und mit der herrschenden Ansicht in Italien zu Art. 2721 cod. civ. genügt für die Schriftform der Bürgschaft ein Telefax. Zwar erhält der Gläubiger nur ein Kopie. Entscheidend ist aber, daß der Bürge eine eigenhändige Unterschrift unter die ausgedruckte Bürgschaftsurkunde setzt. Damit werden der Warnfunktion und dem Übereilungsschutz als maßgeblichen Formzwecken des § 766 BGB hinreichend Rechnung getragen. Bei einer derartigen Interpretation ergeben sich keine kollisionsrechtlichen Probleme im deutsch-italienischen Rechtsverkehr. Eine per Computerfax oder E-Mail erklärte Bürgschaft genügt hingegen der Form ebensowenig wie diejenige per Telegramm.

7. a) Wenn für eine italienischem Recht unterstehende Hauptforderung neben einer Bürgschaft, auf die deutsches Recht Anwendung findet, noch eine Garantie nach italienischem Recht besteht, stellt sich die Frage, ob der den Gläubiger befriedigende Bürge im Wege des nach deutschem Recht (Art. 33 Abs. 3 S. 1 EGBGB) zu bestimmenden Forderungsübergangs gem. §§ 774 Abs. 1, 412, 402 BGB die Garantie erwirbt. Dies ist infolge einer analogen Anwendung des § 401 BGB dann zu bejahen, wenn die Garantie nach italienischem Recht akzessorisch ausgestaltet ist. Eine analoge Anwendung auf abstrakte Garantien scheidet hingegen mangels Vergleichbarkeit aus. Da der deutsche Bürge nicht schlechter gestellt wird als bei vergleichbaren nationalen Sachverhalten, besteht insoweit kein kollisionsrechtlicher Konflikt.

b) Auch aus der unterschiedlichen Ausgestaltung des § 774 Abs. 1 S. 2 BGB und des Art. 1205 cod. civ. ergeben sich keine kollisionsrechtlichen Konflikte.

c) Sind für die Hauptschuld sowohl eine Bürgschaft als auch ein akzessorisches, dingliches Recht bestellt, so kann es sowohl im deutschen wie im italienischen Recht zum sog. „Wettlauf der Sicherungsgeber“ kommen. Folgt man im deutschen Recht der Ansicht, daß hierbei die Vorschriften über den Mitbürgenausgleich analog anzuwenden sind, so kommt es zu keinen kollisionsrechtlichen Spannungen, da die Rechtslage in Italien ähnlich ausgestaltet ist. Dies gilt im Ergebnis selbst dann, wenn man nach einer anderen Auffassung zum deutschen Recht den Bürgen gegenüber dem dinglichen Sicherungsgeber bevorzugen will. Ebenfalls keine kollisionsrechtlichen Probleme ergeben sich beim gesetzlichen Forderungsübergang dinglicher Rechte im Rahmen der lex rei sitae.

8. Grundsätzlich führt das Wiederaufleben der Hauptforderung nach deutschem Recht nicht zur Wiederbegründung der erloschenen Bürgschaft, da es eine Wiederbegründungsakzessorietät nicht gibt. Kommt es infolge des italienischen Konkursrechts zu einer Wiederbegründung der italienischem Recht unterstehenden Hauptforderung gem. Art. 67 Abs. 2 Regio Decreto Nr. 267, so haftet der Bürge nach deutschem Bürgschaftsstatut nicht. Dies ist kollisionsrechtlich auch hinnehmbar. Im Bürgschaftsvertrag kann jedoch eine Wiederbegründung der Bürgschaft für den Fall des Wiederauflebens der Hauptforderung vereinbart werden. Eine solche Klausel kann auch mittels AGB vereinbart werden, § 9 AGBG steht nicht entgegen. Eine solche Klausel kommt insbesondere bei der Übernahme von Bankbürgschaften vor. Aufgrund der Tatsache, daß eine vertragliche Beziehung zwischen dem Bürgen und dem Gläubiger besteht, sind diese Abreden aus kollisionsrechtlicher Sicht vertretbar und für den Bürgen hinzunehmen.

9. a) Bei der Mitbürgschaft ist jede Bürgschaft selbständig anzuknüpfen. Folglich bestimmt sich der Mitbürgenausgleich nach dem Statut des Mitbürgen, der den Gläubiger befriedigt hat. Insoweit können sich kollisionsrechtliche Probleme ergeben.

b) Im Verhältnis zum Hauptschuldner ergeben sich keine kollisionsrechtlichen Konflikte, wenn mehrere Bürgen für die Hauptverbindlichkeit haften und sowohl deutsches als auch italienisches Recht Bürgschaftsstatut und/oder Obligationsstatut ist.

c) Im italienischen Recht haftet der Bürge neben dem Hauptschuldner als Gesamtschuldner und nicht subsidiär wie der deutsche Bürge. Hieraus ergeben sich nur im Verhältnis mehrerer Mitbürgen beim Mitbürgenausgleich kollisionsrechtliche Schwierigkeiten. Insbesondere besteht die Gefahr, daß der deutsche Mitbürge die Einrede der Vorausklage verliert, wenn er diese nicht dem italienischen Mitbürgen entgegenhalten kann, der vom Gläubiger unmittelbar in Anspruch genommen worden ist und nunmehr seinen deutschen Mitbürgen in Regreß nehmen will. Der deutsche Mitbürge kann dem italienischen Mitbürgen aber ebenso wie einem inländischen Mitbürgen die Nichterhebung der Einrede der Vorausklage entgegenhalten. Für den italienischen Mitbürgen birgt dies keine kollisionsrechtlich nicht hinzunehmenden Konflikte, da er versuchen kann, zunächst den Hauptschuldner in Anspruch zu nehmen. Ist er bei diesem ausgefallen, so kann er sich beim deutschen Mitbürgen doch noch erholen.

d) Probleme beim Mitbürgenausgleich können sich auch daraus ergeben, daß die Bürgschaft des italienischen Bürgen bereits nach zehn Jahren, die des deutschen Bürgen erst nach 30 Jahren verjährt; ferner hat der italienische Mitbürge die Möglichkeit sich auf die Ausschlußfrist des Art. 1957 cod. civ. zu berufen, wenn der Gläubiger binnen eines halben Jahres nach Fälligkeit der Hauptschuld nicht gegen den Bürgen vorgegangen ist. Die sich hierdurch ergebende Verkürzung des Regreßanspruchs eines deutschen Mitbürgen ist jedoch kollisionsrechtlich hinnehmbar, da es sich nicht um gravierende Rechtsunterschiede in beiden Rechtsordnungen handelt.

e) Betraglich unbeschränkte Bürgschaften sind in Deutschland wie in Italien seit 1992 nicht mehr ohne weiteres zulässig. Kollisionsrechtliche Probleme beim Mitbürgenausgleich ergeben sich deshalb seit 1992 nicht mehr.

f) Aus Nebenbürgschaftsklauseln bei Höchstbetragsbürgschaften, die den § 779 BGB verdrängen, ergeben sich keine kollisionsrechtlichen Probleme.

g) Kollisionsrechtliche Probleme können sich aber bei Mitbürgschaften ergeben. Da die Mitbürgschaften unterschiedlichen Rechtsordnungen unterliegen können, kann sich das Problem ergeben, daß die Mitbürgschaft nach einer Rechtsordnung sittenwidrig ist, nach der anderen aber nicht, obwohl sich beide Bürgen bei demselben Gläubiger verbürgt haben. Dabei stellt sich die Frage, ob der wirksam verpflichtete Bürge bei dem potentiellen Mitbürgen gleichwohl Regreß verlangen kann, wenn er auf das Bestehen einer Mitbürgschaft und der damit verbundenen Regreßmöglichkeit vertraut hat. Die Heranziehung des Rechtsgedankens in Art. 16 EGBGB als Lösungsmodell dieses kollisionsrechtlichen Konflikts kommt nicht in Betracht. Vielmehr ist ein Regreß bei der Sittenwidrigkeit einer Mitbürgschaft nach ihrem Bürgschaftsstatut abzulehnen. Auch wenn sich die Frage nach dem Regreß nach der Rechtsordnung des Mitbürgen bestimmt, der vom Gläubiger in Anspruch genommen worden ist, so ist doch für die Frage nach dem „Ob“ des Regresses kumulativ nach jeder der beteiligten Rechtsordnungen zu prüfen, ob die Mitbürgschaft wirksam entstanden ist. Soweit dies für eine Rechtsordnung zu verneinen ist, da die Mitbürgschaft z.B. nach deutschem Recht wegen der Mitverpflichtung finanziell überforderter Angehöriger nichtig ist, kommt ein Regreß nicht in Betracht. Eventuelle Abreden zwischen den Mitbürgen sind vorrangig zu prüfen.

10. a) Im Kausalverhältnis zwischen Bürgen und Hauptschuldner liegt in der Regel ein Auftrag oder ein Geschäftsbesorgungsvertrag vor. Dieses Rechtsverhältnis ist selbständig anzuknüpfen, und kann somit einem anderen Recht unter-

stehen als das Bürgschaftsstatut. Kollisionsrechtliche Probleme ergeben sich hieraus nicht. Gleiches gilt, wenn ein Kausalverhältnis fehlt und der Bürge als Geschäftsführer ohne Auftrag gehandelt hat.

b) Der italienische Bürge kann, anders als der deutsche Bürge, Gestaltungsrechte des Hauptschuldners selbständig ausüben und damit auf das Hauptschuldverhältnis einwirken. Demgegenüber steht dem deutschen Bürgen nur ein Leistungsverweigerungsrecht zu (§ 770 BGB), wenn der Hauptschuldner die Hauptschuld durch Ausübung von Gestaltungsrechten zu Fall bringen könnte. Dies hat zur Folge, daß bei einem italienischem Recht unterliegenden Bürgschaftsstatut der Bürge Gestaltungsrechte des Hauptschuldners auch dann ausüben kann, wenn die Hauptschuld deutschem Recht unterliegt. Diese kollisionsrechtliche Spannung ist jedoch hinzunehmen. Weder ist § 770 Abs. 1 BGB eine zwingende Norm i.S.d. Art. 34 EGBGB, noch liegt ein Verstoß gegen den ordre public vor.

c) Anders als im deutschen Recht ist die Willenserklärung eines geschäftsunfähigen Hauptschuldners nach italienischem Recht nicht ohne weiteres wirkungslos, sondern wird nur dann nichtig, wenn sie durch Gestaltungsklage angefochten wird. Selbst wenn dies geschieht, bleibt die für eine solche Hauptschuld bestellte Bürgschaft wirksam. Diese erhebliche Durchbrechung der Akzessorietät der Bürgschaft führt dann zu Schwierigkeiten, wenn das Statut der Hauptforderung und das der Bürgschaft auseinanderfallen. Für den Fall, daß das Bürgschaftsstatut deutschem Recht untersteht und der italienische Hauptschuldner geschäftsunfähig ist, kann sich der deutsche Bürge auf die (potentielle) Unwirksamkeit der Hauptschuld nach §§ (768) 770 berufen. Diese kollisionsrechtliche Spannung ist für den italienischen Gläubiger hinnehmbar, da er mit dem Bürgen eine vertragliche Beziehung eingegangen ist und die Wahl italienischen Rechts nicht durchgesetzt hat. Untersteht umgekehrt das Hauptschuldverhältnis deutschem Recht, und ist dieses infolge der Geschäftsunfähigkeit resp. beschränkten Geschäftsfähigkeit des Hauptschuldners unwirksam, so kann der Gläubiger den Bürgen gleichwohl in Anspruch nehmen, wenn das Bürgschaftsstatut italienischem Recht untersteht. Dies ist für den italienischen Bürgen hinnehmbar, da er nicht schlechter steht, als wenn im Hauptschuldverhältnis italienisches Recht gelten würde.

d) Schwierigkeiten ergeben sich jedoch, wenn sich ein deutscher und ein italienischer Mitbürge verbürgt haben, der in Anspruch genommene italienische Bürge von dem deutschen Mitbürgen Regreß verlangt und im Hauptschuldverhältnis italienisches Recht anwendbar ist. Da die Bürgschaft des deutschen Mitbürgen zunächst entstanden ist, kann der italienische Mitbürge grundsätzlich Regreß verlangen. Die hierdurch entstehenden, nicht akzeptablen Benachteiligungen sind durch eine Heranziehung des Rechtsgedankens des Art. 16 EGBGB auszugleichen. Eine solche Korrektur der Haftung des deutschen Mitbürgen ist dann nicht vertretbar, wenn dieser Kenntnis oder grob fahrlässige Unkenntnis von der Existenz des italienischen Mitbürgen hatte. Eine Korrektur ist aber dann vertretbar, wenn er nachweisbar keine Kenntnis von der Existenz einer Mitbürgschaft hatte. Der deutsche Bürge kann also dann auf Regreß in Anspruch genommen werden, wenn er die italienische Mitbürgschaft kannte oder kennen mußte, da er dann nicht darauf vertrauen durfte, daß die fremde Rechtsordnung nicht doch eine Regreßmöglichkeit eröffnet. Bei Unkenntnis des ausgleichspflichtigen Bürgen von der Existenz des ausländischen Mitbürgen, welche jenem auch nicht unter Fahrlässigkeitsgesichtspunkten zuzurechnen ist, überwiegt hingegen bei der kollisionsrechtlichen Abwägung der widerstreitenden Interessen das Schutzbedürfnis des deutschen Mitbürgen, der sich dem Regreßanspruch nach nationalem italienischem Recht ausgesetzt sieht. Insofern entfällt in diesem Fall der Ausgleichsanspruch des in Anspruch genommenen Bürgen gegenüber seinem ausländischen Mitbürgen. Somit ist der in Anspruch genommene Bürge aufgrund des Wegfalls des Ausgleichsanspruchs als alleiniger Schuldner zum Ausgleich des Anspruchs des Gläubigers verpflichtet.

e) Ein Verstoß gegen den ordre public in der anderen, aufgrund der Trennung der Statuten nicht anzuwendenden Rechtsordnung schlägt nicht durch, solange in der anwendbaren Rechtsordnung kein Verstoß gegen den ordre public vorliegt.

11. a) Die Abtretung der Hauptforderung führt nicht zu kollisionsrechtlichen Problemen, da aufgrund der akzessorischen Natur der Bürgschaft der Forderungsübergang sowohl in Deutschland wie in Italien auch zum Übergang des Sicherungsrechts, wie der Bürgschaft, führt. Aufgrund einer entsprechenden Anwendung des Art. 33 Abs. 2 EGBGB bzw. Art. 12 EVÜ beurteilen sich die Folgen eines Forderungsübergangs nach dem Recht der übertragenen Forderung, also dem Statut der Hauptschuld.

b) Wird der Hauptschuldner im Wege der Vertragsübernahme ausgetauscht, so wird der Bürge nach deutschem wie nach italienischem Recht geschützt, indem die Bürgschaft erlischt beziehungsweise der Bürge von seiner Verpflichtung befreit wird. Auch insoweit ergeben sich im deutsch-italienischen Rechtsverkehr keine kollisionsrechtlichen Konflikte.

12. a) Erstreitet der Gläubiger gegen den Hauptschuldner ein Urteil, so gilt, unabhängig davon ob im Hauptschuldverhältnis ein deutsches oder italienisches Urteil vorliegt, nach beiden Rechtsordnungen, daß ein Urteil im Hauptschuldverhältnis zwar zugunsten, jedoch nicht zuungunsten des Bürgen Rechtskraftwirkungen entfalten kann.

b) Trotz einer Vielzahl von Regelungen im deutschen und insbesondere im italienischen Recht hinsichtlich der Versagung der Anerkennung einer ausländischen Gerichtsentscheidung bei einem Verstoß gegen den ordre public im deutsch-italienischen Rechtsverkehr sind kollisionsrechtliche Konflikte nicht vorprogrammiert. Dies wird im deutsch-italienischen Rechtsverkehr insbesondere dadurch erreicht, daß im Verhältnis des internationalen Prozeßrechts aufgrund der Anwendung des EuGVÜ die Anerkennung einer Gerichtsentscheidung gem. Art. 25, 27 Nr. 1 EuGVÜ einheitlich geregelt wird. Die Regelungen der Art. 25 ff. EuGVÜ verdrängen hierbei die nationalen italienischen wie deutschen Normen.

FSC
www.fsc.org
MIX
Papier | Fördert
gute Waldnutzung
FSC® C083411

Kolibri 360 GmbH
Ferdinand-Jühlke-Straße 7
99095 Erfurt, Deutschland
produktsicherheit@kolibri360.de

Druck:
CPI Druckdienstleistungen GmbH
im Auftrag der
Kolibri 360 GmbH
Ferdinand-Jühlke-Str. 7
99095 Erfurt